성찰로 학습하기

전환학습의 이해와 촉진

Patricia Cranton 저 | 장성민 역

Understanding and Promoting Transformative Learning
A Guide to Theory and Practice, 3rd ed.

학지사

이 역서는 인하대교의 지원을 받아 수행되었음.

역자 서문

　이 책은 2016년 타계한 캐나다의 저명한 교육학자 Patricia Cranton
(1949~2016)이 집필한 생전 마지막 저서인 『전환학습의 이해와 촉진: 이론
과 실천 가이드(Understanding and Promoting Transformative Learning: A
Guide to Theory and Practice)』 제3판을 번역한 것이다. 전환학습의 선구
자인 Cranton은 풍부한 이론적 통찰과 현장 경험을 바탕으로, 독자가
학습자의 근본적이고 지속적인 변화를 이해하고 이를 효과적으로 지원
하는 방법을 제시하고 있다.

　이 책은 1970년대에 형성된 전환학습 이론의 역사적 발전 과정을 체
계적으로 정리하고, 2010년대 초반까지 이어진 다양한 논의를 포괄한
다. 이를 통해 교육자들은 학습자가 경험하는 관점 전환의 과정을 이해
하고, 이를 촉진할 수 있는 실천적 전략을 모색할 수 있다. 특히 학습자
의 개인차를 이해하고 존중하며, 비판적 자기 성찰과 자기 인식을 도울
수 있다.

　이 책의 가장 큰 강점은 교육적 맥락에서 '성찰'과 관련된 논의를 종
합적으로 다루고, 이를 독자가 쉽게 이해하고 활용할 수 있도록 정리하
였다는 점이다. 성찰을 통한 학습을 설명하는 대표적인 이론으로는 미
국의 사회학자 Jack Mezirow(1923~2014)의 논의가 있다. 하지만 그의
연구는 한국어 번역본이 아직 없는 데다 주로 2000년대 이전의 연구에
집중되어 있어 최근 논의를 충분히 반영하지 못한다는 한계가 있다. 반

면 이 책은 2010년대 초반까지의 연구를 포괄하여 전환학습 이론과 관련된 보다 최근 논의와 발전 과정을 상세히 다루고 있어 그 유용성이 크다.

또한 이 책은 학습자의 다양한 '마음의 습관'과 개인차를 폭넓게 조망한다. 최근 교육학계에서는 합리적이고 인지적인 마음의 습관뿐 아니라, 초합리적(직관적, 영적, 관계적, 정서적) 측면의 중요성도 강조되고 있다. 이는 학습자가 각기 다른 방식으로 학습에 참여할 수 있으며, 동일한 학습자도 상황에 따라 다양한 방식으로 학습할 수 있다는 가능성을 인정하는 접근이다. 이러한 관점은 학습에 대한 시야를 확장하며, 교육자와 학습자 모두에게 새로운 통찰을 제공한다.

역자는 "학습을 위한 글쓰기를 어떻게 가르쳐야 하는가?"라는 주제로 박사학위 논문을 집필하였으며, 학습, 성찰, 논증, 탐구 등의 개념을 중심으로 연구를 이어 왔다. 주 전공인 국어 교과 교육 외에 '독서 MBTI'와 같은 교육심리학적 주제, 'AI 디지털 교과서'와 같은 교육공학적 주제, '지역 연계 교육과정 설계'와 같은 교육과정 주제, 그리고 '쓰기 능력 발달 척도', '상호문화 감수성 척도' 등과 같은 평가 및 측정학적 주제에도 꾸준히 관심을 가져 왔다. 특히 Cranton의 이 책은 인천광역시교육청의 '읽걷쓰 교육'을 지원하는 비교과 교육과정 개발에 주요한 이론적 근거로 활용되었다.

이 책은 역자가 일관되게 탐구해 온 문제의식과 함께, 우리 교육 학문 공동체가 나아가야 할 방향에 대해 의미 있는 통찰을 제공한다. 자산적 학습자관에 기반한 맞춤형 교육의 중요성이 강조되고 '모두를 위한 교육'이라는 가치가 중시되는 세계적 교육 패러다임의 변화 속에서, 이 책은 교육자의 본질적 역할이 '학습자 임파워먼트'에 있음을 분명히 보여 준다. 이는 교육 학문 공동체에 명확하고도 선구적인 메시지를 전달한다.

아울러 Cranton은 성인교육 및 고등교육 연구자를 주요 독자로 상정하였으나, 이 책은 언어교육, 사회교육 등 다양한 분야의 독자들에게도 중요한 통찰을 제공한다. 이를 통해 이론과 실천 양면에서 미래 교육의 새로운 관점을 모색할 수 있는 유용한 지침서가 될 수 있을 것이다.

이 책이 번역되어 세상에 나오기까지 많은 분의 도움을 받았다. 판권 계약, 원고 검토, 편집 등 모든 과정에서 도움을 주신 학지사 관계자 여러분께 감사의 말씀을 드린다. 또한 교육적 맥락에서의 성찰에 대해 일찍이 알려 주시고 지속적으로 영감을 주신 서울대학교 민병곤 선생님과 춘천교육대학교 박성석 선생님께 특별히 감사를 드린다. 마지막으로, '읽걷쓰 교육'을 통해 이 책에 담긴 전환학습의 발상을 현실로 구현하는 데 지원을 아끼지 않으신 인천광역시교육청 도성훈 교육감님과 교육청, 학생교육원 관계자 여러분께도 깊이 감사드린다.

2025년 4월
장성민

저자 서문

전환학습에 대한 관심은 관점 전환에 대한 Jack Mezirow(1978, 1981)의 초기 연구를 통해 촉발되었으며, 이론의 변화와 발전, 다양한 관점으로의 통합에 따라 그 관심이 지속적으로 커지고 있다. 2014년에는 제6차 국제 전환학습 콘퍼런스가 컬럼비아대학교 사범대학에서 개최되었다. 18개 국가에서 고등교육, 사회 정의, 성인교육, 직업교육, 예술 등의 다양한 분야에 종사하는 294명의 참가자가 콘퍼런스에 참가했다. 이 콘퍼런스에서는 Jack과 Edee Mezirow의 타계를 추모하고 'Jack Mezirow 생활 이론상(Jack Mezirow Living Theory Award)'을 제정하여 시상함으로써 Jack Mezirow의 공헌을 기렸다.

2003년 창간된 『전환교육 학술지(Journal of Transformative Education)』는 이론적 발전에 부응하여 지속적으로 성장하며, 그 영역을 확장하고 있다. 또한 『성인교육 계간지(Adult Education Quarterly)』와 『평생교육과 성인교육의 새로운 방향(New Directions for Continuing and Adult Education)』 시리즈 등과 같은 학술지에 전환학습과 관련된 논문이 정기적으로 게재되고 있다. 성인교육 분야에 대해 개관하는 문헌에는 대부분 전환학습에 대한 섹션이 포함되어 있다.

배경

역사적으로 성인교육은 정치적 움직임, 즉 개인적·사회적 자유와 해방을 향한 움직임으로 여겨져 왔다. 1970년대와 1980년대에 이론가, 작가, 실천가들은 성인교육에 대한 인본주의적 접근 방식에 초점을 맞추었다. 이는 Malcolm Knowles의 영향력 있는 저술에 힘입은 바 크다. 1990년대 들어 고등교육과 성인교육 분야의 관심이 이데올로기 비판과 사회 변화로 옮겨 가면서 이러한 경향은 변화하기 시작하였다. 2000년대에 접어들면서 이데올로기 비판은 인본주의적 접근 방식을 대체하지 않고 연구, 이론, 실천에 자리 잡았다. 전환학습의 통합적 이론 추세는 더욱 커지고 있다(Cranton & Taylor, 2012). 미국에서는 Brookfield의 저서(2005, 2012)가 영향을 미쳤으며, 캐나다에서는 Nesbit, Brigham, Taber, Gibb(2013)의 연구가 선도적인 역할을 하고 있다.

전환학습은 전통적으로 마음의 습관이 더 개방적이고, 투과성을 지니며, 분별력 있고, 정당화되어 관점의 깊은 변화를 가져오는 과정으로 정의한다(Cranton, 2006; Mezirow, 2000). 보다 통합적인 정의로 나아가기 위해 합리적(인지적), 초합리적(직관적, 영적, 관계적, 정서적)인 과정과 사회 변화, 사회 정의에 초점을 맞출 수 있다. 개인마다 다른 방식으로 전환학습에 참여할 수 있으며, 같은 개인이라도 상황에 따라 다른 방식으로 전환학습에 참여할 수 있다.

필요성

실천가를 위한 자원과 조언은 여전히 다소 제한적이다. Taylor와 Snyder(2012)는 교육학에 틀을 짓는 연구가 늘어나고 있으며, 교육 분야 밖에서 실천의 지침을 찾기 위한 교육자들의 관심이 커지고 있음을 지적한 바 있다. 교실, 직장, 비공식적인 자조 모임, 지역사회에서 전환학

습을 어떻게 장려할 수 있을까? 우리는 실천을 통해 전환학습을 촉진할 수 있는 환경을 지원하고 조성하는 방법에 관심을 기울여야 한다. 전환학습이 현장에서 점점 더 중요해진 것은 분명하지만, 실천가들이 이론을 실제로 어떻게 적용할 수 있을지 파악하도록 돕는 데는 다소 뒤처져 있다.

목적과 독자

『전환학습의 이해와 촉진(Understanding and Promoting Transformative Learning)』 제1판과 제2판은 전환학습 이론을 설명하고 학습자의 관점에서 그 과정을 기술하며, 전환학습의 개인차를 탐구하고 전환학습을 촉진하기 위한 실천 전략을 제시하는 동시에 성인교육자 자신도 전환적 학습자임을 강조하고자 하였다.

제3판의 주요 목적은 이전 판과 본질적으로 동일하다. 여기에는 John Dirkx(2012)의 전환학습 및 영혼 고양에 대한 Jung의 접근 방식, 전환에서의 상상력과 영성의 역할에 대한 Charaniya(2012)의 생각, Mary Belenky과 Ann Stanton의 연결된 지식에 대한 생각(Belenky & Stanton, 2000), Stephen Brookfield(2012)의 이데올로기 비판에 대한 생각 등 최근의 이론적 발전들을 통합하고자 한다.

이 책에서는 실천적이고 접근하기 쉬운 방식들을 제시하는 데 중점을 두었다. 나는 전환학습에 대해 학사, 석사, 박사과정에서 20년 넘게 가르쳐 왔다. 나는 이러한 경험을 통해 잠재적인 독자들과 소통하는 방법을 익혔다.

제3판의 대상 독자는 제1판, 제2판과 동일하다. 즉, 성인교육 및 고등교육 분야의 교수진과 대학원생, 고등교육 및 기타 환경의 직업교육자, 다양한 맥락에서 활동하는 성인교육 실천가 등이다. 제3판은 교육자들이 전환학습을 이해하고, 이를 다른 형태의 학습과 구별하며, 자신의 실천에서 이를 촉진하는 데 도움이 될 것이다. 책의 전반부는 전환학습 이론을 명확히 하고, 이를 다른 이론적 프레임워크와 연관시키는 데 주력한다. 학습자의 관점에서 전환학습에 대해 살펴보고, 학습자가 그 과정을 거치는 방식에 있어 개인차가 어떻게 나타나는지 논의하고자 한다. 책의 후반부에서는 다양한 맥락에서 전환학습을 촉진하기 위한 전략에 초점을 맞춘다. 실천가들은 책에서 아이디어를 얻어 가르침에 바로 적용할 수 있을 것이다.

목차에 대한 개요

제3판의 일반적인 구성은 제2판과 동일하다. 제1장 '전환학습의 맥락'은 고등교육 및 성인교육에서 학습에 대한 관점을 개관하고, 이러한 맥락 내에서 전환학습의 위치를 정한다. 이를 위해 Jürgen Habermas와 Jack Mezirow의 도구적, 의사소통적, 해방적 학습 분류를 따르고자 한다.

제2장 '전환학습 이론의 기원'에서는 지난 20년 동안에 대한 업데이트를 포함하여 Mezirow가 개발한 원래 이론에 대해 설명한다. 이를 위해 『전환학습 핸드북(The Handbook of Transformative Learning)』에 게재된 Lisa Baumgartner(2012)의 '1975년부터 현재까지 Mezirow의 전환학습 이론(Mezirow's Theory of Transformative Learning from 1975 to Present)'을 참고하였다. 이 장에서는 내용, 과정, 전제 성찰에 대해 설명한다.

　　제3장 '통합적 관점으로서의 전환학습 이론'에서는 전환학습을 이해하기 위한 초합리적 접근 방식을 검토하고, 연결된 학습 및 관계적 학습을 설명하며, 전환학습의 목표로서 사회 변화를 살펴보고, (소)집단과 조직의 맥락에서 전환학습을 고려하며, 이론의 생태학적 차원을 개괄함으로써 Mezirow의 전통적 이론을 정교화하고자 한다.

　　제4장 '전환: 학습자 이야기'에서는 학습자가 전환에 참여할 때 겪는 과정을 설명한다.

　　제5장 '개인차'에서는 Jung의 심리 유형 이론에 대한 이해를 바탕으로 개인마다 다른 방식으로 전환학습을 경험한다는 점을 제시한다.

　　이후로는 전환학습을 촉진하려는 성인교육자를 위한 실천 전략들을 살펴보고자 한다. 제6장 '교육자의 역할'에서는 도구적, 의사소통적, 해방적 학습의 프레임워크 속에서 교육자의 역할을 제시한다. 힘에 대한 논의에서는 Brookfield가 교육자들에게 접근하기 쉽게 만들어 놓은 Foucault의 힘 개념에 대한 이해를 포함한다. 또한 교육자의 진정성에 대한 몇 가지 생각을 통합하고자 한다. Dan Pratt와 John Collins(2014)의 교수관 척도(Teaching Perspectives Inventory)를 참고하여 실천자가 고등교육 및 성인교육에서의 다양한 교육자 역할에 대한 선호도를 이해하도록 도울 것이다.

　　제7장 '힘의 중요성'에서는 임파워먼트(권한 부여, empowerment)의 개념을 확장하여 교육자와 학습자가 힘을 갖는 방법에 대한 새로운 사고를 통합하고자 한다. 이 장에서는 학습자에게 힘을 부여하기 위한 실천 전략을 제공한다.

　　제8장 '비판적 자기 성찰과 자기 인식의 촉진'에서는 비판적 성찰과

10

비판적 자기 성찰을 유도하는 아이디어와 함께 가정, 신념, 관점에 의문을 제기하는 방법의 직관적이고 정서적인 측면에 주목한다. 이러한 전략이 전환학습의 통합적 관점 정립을 위한 다양한 차원(예: 예술 기반 전략, 직관적 전략, 관계적 학습, 내러티브 학습)을 다루는 방식에 대해서도 논의한다.

제9장 '전환학습에 대한 지원'에서는 전환학습을 촉진하기 위한 교육자에게 학생들을 위한 지원을 제시하고 조직해야 할 도덕적 책임이 있음을 제안한다. 여기에서는 학습자 집단 안팎에서 지원을 제공할 수 있는 여러 가지 방법을 제안한다.

마지막으로 제10장 '교육자의 전환 과정'에서는 교육자가 자신의 실천과 관련하여 전환학습을 경험할 때 마주할 수 있는 과정에 대해 논의한다. 연구 결과를 바탕으로 하여 교육자의 진정성이 경험을 통해 어떻게 발전하는지, 그리고 진정성을 높이는 것이 어떻게 전환 과정이 되는지에 대해 설명한다.

차례

차례

제 **1** 장

전환학습의
맥락

전환학습은 다양한 맥락에서 성인이 학습하는 방식의 하위 집합이지만,
모든 지식이 전환적인 것은 아니며
다른 종류의 학습과 분리되어 일어나는 것도 아니다.
전환학습의 잠재력은 도구적, 의사소통적 학습을 통해
우리 자신과 주변 세계에 대하여
기존에 가지고 있던 견해에 의문을 품게 될 때 나타난다.

교육자, 특히 전환학습에 관심이 있는 교육자들은 자신이 가르치는 분야의 경계와 범위를 규정하는 데 어려움을 겪는다. 언제까지 이렇게 말할 수 있을지 모르나, 전환학습은 비교적 새로운 분야이다. 대학원 프로그램이 존재하는지 여부를 통해 생각해 본다면, 성인교육은 최근의 학문이며 전환학습은 이보다 더 최근의 학문이라 할 수 있다. 우리는 우리가 누구인지에 대해 여전히 고민하고 있지만, 지난 20년 동안 관련 연구가 급증하고 이론 개발이 새로운 성숙기에 도달한 것이다.

　이 장의 목적은 성인학습을 설명하는 다양한 방식을 검토하는 것이 아니라, 전환학습 이론 주변의 경계를 만들고 성인교육, 고등교육, 직업교육에서의 학습에 관한 보다 일반적인 문헌 내에서 전환학습 이론의 위치를 정하는 데 있다. 전환학습에 대한 강의를 하고 워크숍을 진행하다 보면, 우리는 필연적으로 모든 것이 전환적으로 보이는 지점에 도달하게 된다. "새로운 컴퓨터 기술을 배우니, 새로운 방식으로 일을 할 수 있고 전환되었다는 느낌이 든다."라거나 "'읽는 법'에 대한 기술을 배움으로써 세계가 열렸다."라는 말을 통해 사람들은 아이들이 전환학습에 참여하게 되었다고 주장할 수도 있다. 그렇다면 청소년이 부모의 규칙에 반항하는 것은 비판적 성찰인 것 아닐까? 대화에서 이러한 딜레마를 해결하기 위해서는 시간이 좀 걸릴 것이다. 우리는 이론의 의미를 해체한 다음 재구성할 것이다. 이를 위해 이 장에서는 그 과정의 일부를 살펴보고, 이 책의 기반이 되는 전환학습에 대한 관점을 명확히 하고자 한다.

기본적으로 이 책은 전환학습을 이전에 무비판적으로 동화된 가정, 신념, 가치, 관점 등에 의문을 제기하고 이를 통해 개방적이고 투과적이며 더 나은 타당화가 이루어지는 과정으로 규정한 Mezirow(2012)의 정의를 따른다. 그러나 나는 그 과정에 대한 이해에 상상력, 직관, 영혼, 정서 등을 통합한 동료들의 연구에 큰 영향을 받았다(Dirkx, 2012). 나는 전환학습에 대한 보다 통합적 이론을 탐구하는 데 관심을 갖게 되었으며(Cranton & Taylor, 2012), 문헌의 다양한 관점을 통합하여 전환학습 이론을 보다 포괄적으로 이해하고자 한다. 하지만 먼저 성인학습이라는 보다 일반적 맥락에서 전환학습을 이해하는 데 초점을 맞추고자 한다.

독특한 과정으로서의 성인학습

성인학습자는 맥락에 관계없이 새로운 지식, 기술, 가치를 습득하고, 기존의 지식, 기술, 가치를 정교화하며, 기본 신념과 가정을 수정하고, 자신 또는 주변 세계를 보는 방식을 바꾸는 공식적, 비공식적 활동에 지속적으로 참여하는 성숙하고 사회적으로 책임감 있는 개인이다. 학습자

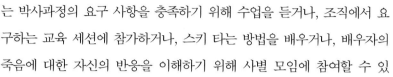

는 박사과정의 요구 사항을 충족하기 위해 수업을 듣거나, 조직에서 요구하는 교육 세션에 참가하거나, 스키 타는 방법을 배우거나, 배우자의 죽음에 대한 자신의 반응을 이해하기 위해 사별 모임에 참여할 수 있다. 어떤 형태로는 배움은 거의 모든 사람의 삶의 한 측면이다.

인간 차이의 복잡성, 사람들이 생활하고 활동하는 다양한 맥락, 사람들이 배우는 다양한 유형을 고려할 때 성인학습의 일반적인 특징을 기술하는 것은 무의미해 보인다. 그럼에도 불구하고 우리는 성인학습이 아동학습과 다르다고 말할 수 있기를 원하기 때문에 수십 년 동안 성인학습을 독특하게 만드는 요소를 나열하기 위해 노력하여 왔다. 이러한 특징이 얼마나 보편적인가에 대해 의문이 들기는 하나, 여기에서는 이러한 특징 중 몇 가지를 검토하고자 한다.

성인학습은 종종 자발적인 것으로 간주된다. 각자는 개인적으로 발전하기를 원하거나 직업적 또는 실천적 필요에 대한 대응으로서, 공식적이거나 비공식적인 학습 활동에 참여하기로 선택한다. 실직, 생활 방식의 변화, 다른 지리적 위치로의 이동 등으로 인해 학습에 대한 욕구가 생길 수도 있다. 성인학습을 자발적인 것으로 간주할 때, 이는 사람들이 자신의 필요와 관련된 내용에 높은 동기와 관심을 가지고 있다고 가정하게 되는데, 이는 사실일 수도 있고 아닐 수도 있다. 많은 사람은 직장 내 학습 활동에 강제로 참여한다고 느끼며, 일부는 훈련이나 재교육에 참여하도록 요구받기도 한다. 프로그램에 의무적으로 참여하는 사람들에게는 숙련된 촉진자나 좋은 교육과정이 관심을 불러일으킬 수 있으나, 학습에 참여하기로 결정한 이후에도 다양한 이유로 인해 관심이 떨어질 수 있다.

19

성인학습은 종종 자기주도적 학습으로 묘사되기도 한다. 자기주도학습의 개념은 성인교육과 거의 동일시될 정도로 성인교육의 이론과 실천에 스며들어 있다. 안타깝게도 자기주도학습의 정의는 다양하고 혼란스럽다. 모든 성인이 자기주도적으로 되는 것을 선호한다고 제안한 것은 Knowles(1975, 1980)에 의해서였다. 그러나 '선호'라는 용어는 간과되었고, 교육자들은 학습자가 자기주도적이라고 가정했다. Knowles는 자기주도학습을 사람들이 자신의 필요를 파악하고, 목표를 설정하며, 학습방법을 선택하고, 자료를 수집하고, 자원을 찾고, 진행 상황을 판단하는 등 교수 설계에 대한 결정을 내리는 과정으로 보았다. Knowles는 이것을 성인학습의 독특한 특징이라고 생각했다. 자기주도학습은 결코 독립적이거나 고립된 학습 방식이 아니지만, 일부에서는 그렇게 적용되었다. 오랜 기간 동안 자기주도성은 개인의 특성(자율성), 교수법, 발달 목표 및 이러한 주제들에 대한 여러 가지 변형들을 의미하게 되었다. 1991년 Candy는 기존 문헌을 정리하고 유용한 프레임워크를 개발하였다. 그는 자기주도성을 (a) 학습자 통제: 공식적인 맥락에서 자신의 학습에 대한 결정을 내리는 것, (b) 자율성: 개인의 특성, (c) 자기 관리: 자신의 교육적 경험에 대한 계획, (d) 자가교수(autodidaxy): 비공식적이고 독립적인 학습 프로젝트에 참여하는 것 등의 측면으로 설명하였다. 최근 몇 년 사이 자기주도학습에 대한 이해는 거의 발전하지 않았다. Knowles의 개념화는 자기주도적 학습자의 특성과 자기주도학습에 참여하는 과정을 설명하는 표준으로 남아 있다. 그러나 성인이라고 해서 자동으로 자기주도적이라고 가정할 수는 없다는 점에 유의해야 한다.

많은 저자는 성인학습이 본질적으로 실천적이거나 경험적이어야 한다고 제안했는데, 이는 Dewey(1938)로부터 시작되어 수십 년 동안 우리가 함께 해 온 생각이다. 이러한 개념화는 성인이 당장 해결해야 할 문제가 있고, 학습한 내용을 직장이나 개인 생활에 바로 적용하기를 원한다는 가정에 기초한다. Kolb(1984, 2015)는 성인교육에서 경험학습의 역할을 정교화하였다. 교육자들이 프로그램에 실생활 적용을 포함시키기 위해 노력을 기울이는 것은 이제 표준 관행이 되었다. 학습에 대한 행동(또는 교실 밖 세계로의 적용을 가리키는 '학습 전이')이 교육의 목표로 기술되는 경우가 많다. Mezirow(2003a)는 개인이 학습한 내용을 행동으로 옮길 때까지 전환이 일어나지 않는다고 설명하였다. MacKeracher(2012)는 전환학습에서 경험의 역할을 명시적으로 다루고, 교사가 되기 위한 학습, 자기주도적으로 되기 위한 학습, 교수가 되는 학습, 은퇴자가 되기 위한 학습 등에 대한 자신의 경험을 사례로 이 과정을 보여 주었다. 그러나 제5장에 제안한 것처럼, 실천적인 학습과 경험 활동을 중요하게 생각하는 정도에 따라 사람마다 차이가 있을 수 있다.

인본주의는 성인교육에 큰 영향을 미쳤다. 1970년대와 1980년대 초에 성인교육을 규정한 Knowles는 내담자 중심 치료로 잘 알려진 Carl Rogers의 제자였다. 훗날 Knowles는 인본주의적 접근 방식으로 인해 비판받았지만(Brookfield, 1986), Knowles의 유산은 계속해서 이 분야에 영향을 미치고 있다. 인본주의의 영향으로 인해 우리는 성인교육을 특히 협력적이고 참여적인 것으로 보는 경향이 있다. 동그랗게 둘러앉아 (소)집단으로 행동하고 타인과 상호작용하는 것은 성인교육 실천의 특징이다. 교육자들은 자신을 교사라기보다 촉진자라고 묘사하며, 학생들과 공동 학습자 역할을 확립하려고 노력한다. 그들은 신체적, 심리적으로 편안하고 안전한 분위기를 중요하게 생각한다. 비판 이론과 포스트 모더니즘이 성인 및 고등교육 이론에 통합되면서 이러한 가정에 의문의 여지가 생겼다. 일찍이 Brookfield(2001)는 힘에 대한 Foucault의 이해를 바탕으로 둥글게 앉는 것과 같은 전통적인 협력 방식이 사람들을 얼마나 취약하고 노출된 느낌을 갖게 하는지, 그리고 개인일지와 같은 기법이 참가자를 감시하거나 "머릿속으로 들어가도록" 한다는 점을 지적한 바 있다. 나중에 그는 비판 이론이 전환학습 이론에 미치는 영향에 대해 포괄적으로 논의하였다(Brookfield, 2012). 이 논의에서 그는 비판 이론이 "성인들이 지배적 이데올로기에 도전하고, 힘을 드러내며, 헤게모니에 저항하는 법을 배우는 방법"(131쪽)에 초점을 맞추고 있음을 강조하였다. Brookfield는 이러한 점이 "자아에 대해 무의식적이지 않도록 하는"(131~132쪽) 전환학습에 있어 매우 중요하다고 지적하였다.

다시 시간을 거슬러 올라가면, 오늘날의 성인교육의 기초를 형성한 Knowles(1980)는 성인이 학습 환경에 가져다주는 풍부한 경험과 자원을 강조한다. 성인교육(andragogy, Knowles는 이를 성인학습을 돕는 예술과 과학으로 정의)과 교육학(pedagogy)을 구별하는 다른 모든 특성들에 동의하지 않는 것이 아니라면, 성인이 아동보다 더 많은 경험을 가지고 있다는 사실을 부인할 수는 없다. 구성주의 관점에서 학습자는 서로의 경험과 자원을 공유하여 새로운 지식을 창출한다. 이 원칙은 성인학습의 다른 특징, 즉 사람들이 자발적으로 협력하여 자기주도적으로 실천적이고 관련성 있는 학습을 구성하는 것과 잘 들어맞는다. 물론 경험을 공유하는 것이 모든 개인에게 중요한지, 그리고 이 과정을 통해 모든 유형의 학습이 향상하는지에 대해서는 의문을 제기할 수 있다.

자아 개념은 성인학습과 관련하여 자주 언급되는 용어이다. 한편으로 자기 이해가 긍정적이지 않은 학생에게는 자아 개념이 학습에 방해가 될 수도 있다. 그러나 이는 학생들이 성장하고 학습할 수 있는 강력한 동기를 제공하기도 한다. 자아 개념의 관련성은 성인 교실의 분위기가 편안하고 안전해야 한다는 일반적인 생각과도 연결이 된다. 같은 맥락에서 "학교로 돌아가는 것", 특히 공식적인 교육 활동에 참여하는 것이 성인에게 불안을 유발할 수 있다는 우려도 있다. 이는 학교가 많은 사람에게 부정적인 경험이었고, 이러한 분위기로 돌아가면 이전의 두려움이 다시 떠오를 수 있다는 가정에서 비롯된 것이다. 그러나 이것이 모든 학생에게 해당되는 것은 아니다. 여기에 대한 또 다른 추론은 많은 성인이 오랜 기간 학습 경험에서 멀어져 읽기, 쓰기, 시간 관련 기술이 녹슬어 성공 능력에 대해 불안감을 느낀다는 것이다. 지난 10~20년 동안 사람들의 직업 이동이 점점 더 많아지고 재교육과 직업교육이 보편화됨에 따라, 이러한 특징은 성인학습에 이전보다 덜 영향을 미칠 수 있다.

성인학습에 대한 논의에는 학습 스타일에 대한 언급이 거의 항상 포함된다. 고등교육과 아동교육을 전문으로 하는 사람들도 학습 스타일에 관심을 갖기 때문에, 이러한 특징은 반드시 한 교육 수준에 국한된 것은 아니다. 인지 스타일은 사람들이 정보를 습득, 처리, 저장, 사용하는 방식을 말하며, 인지 스타일을 정의하는 데에는 다양한 접근 방식이 있다 (Cranton, 2012). 학습 스타일은 특정 조건이나 학습 방식에 대한 선호로 구성되며, 일반적으로 가치 중립적인 것으로 간주된다(MacKeracher, 2004). 즉, 한 스타일이 다른 스타일보다 낫다고 할 수 없다. '수렴자, 동화자,

23

발산자, 조절자'에 대한 Kolb(1984, 2015)의 서술은 오랫동안 널리 통용되어 왔다. 수렴자(convergers)는 구체적이고 특정한 해결책에 빠르게 도달하는 것을 선호한다. 동화자(assimilators)는 아이디어를 모델과 이론에 통합하는 것을 좋아한다. 발산자(divergers)는 아이디어를 생산하고 타인과 함께 활동하는 것을 즐긴다. 조절자(accommodators)는 경험을 통해 배우고 시행착오를 통해 학습한다. 이러한 종류의 명명 체계는 지나치게 단순화하고 고정관념을 심어 줄 가능성이 있으므로, 이러한 아이디어를 어떻게 적용할지에 대해 신중을 기해야 한다.

우리는 다중 지능(음악, 신체적 · 동작적, 논리적 · 수학적, 언어적, 공간적, 대인 관계적, 개인 내적, 자연적)에 대한 Gardner(Gardner, Kornhaber, & Wake, 1996)의 아이디어에 영향을 받았지만, Gardner는 자신의 분류가 학습 스타일이 아니라 지능이 작동하는 다양한 양식 중 하나라는 점을 항상 분명히 밝혔다. 이와 유사하게 Goleman(1998, 2011)의 '정서 지능' 개념도 학습 스타일이라기보다 지능의 한 형태로 간주된다. 정서 지능은 감정을 관리하고, 타인의 감정을 인식하며, 타인과 좋은 관계를 맺는 능력과 관련이 있다.

일부 학자들은 학습 선호도를 성별과 연관시키기도 한다. 예를 들어, MacKeracher(2004)는 여성이 관계적 학습을, 남성이 자율적 학습을 선호한다고 제안한 바 있다. 이는 여성에 대한 고정관념을 형성하고, 여성을 소외시키는 것으로 비추어질 수 있다(English, 2004).

전환학습의 맥락

전환학습의 맥락은 지난 20~30년 동안 문헌에 제시된 성인학습의 특징과 어떻게 부합할까? 이제 전환학습에 초점을 맞추어 그 특징을 살펴보자.

전환학습이 자발적이라는 점에 대해서는 의심의 여지가 없는 것 같다. 사람들이 자신의 신념과 가치에 대해 항상 의도적으로 비판적인 질문을 던지는 것은 아니다. 전환학습은 외부 사건에 의해 촉발되는 경우가 많으며, 그 사건은 예상치 못했거나, 상처를 주거나, 파괴적일 수 있다. 그럼에도 불구하고 사람들은 비판적으로 자기 성찰을 할지 말지를 선택할 수 있다. 교육자가 전환학습을 목표로 삼은 교실이나 기타 학습 환경에서도 참가자들은 자발적으로 그 과정에 참여한다. 만약 누군가가 전환을 강요하거나 사람들에게 그 과정을 강요한다면, 우리는 전환학습의 영역에서 벗어나 세뇌나 주입과 같은 단계에 들어서게 될 것이다.

전환학습은 자기주도적일까? 나는 이 두 가지가 서로 맞물려 있다고 생각한다. 내가 방금 제안한 것과 같이 전환학습이 자발적이라는 데 동의한다면, 개인의 신념, 가정, 관점에 대한 비판적 질문으로 나아가는 단계를 밟기 위해서는 어느 정도의 자기주도성이 필요하다. 완전히 억압받는 사람들은 여러 가지 개인적, 사회적 이유로 이 과정으로 나아가지 못할 수 있다(이것은 사회 변화로서 전환학습을 옹호하는 사람들이 Mezirow의 연구에 대해 비판하는 내용 중 하나이다). Mezirow(2000)는 배고프고 가난하거나 다른 극한 사회적 조건에 처한 사람들이 전환학습에 참여할 가능성이 낮다고 말했다. Merriam(2004)은 사람들에게 일정 수준의 인지 발달과 일정 수준의 교육이 필요하다고 제시하기도 하였다. 이러한 진술은 전환의 중심이 되는 비판적 자기 성찰 이외의 과정에서 의문이 생기게 할 수 있지만, 전환학습이 자기주도성 증대로 이어지는 것은 사실이므로 이 둘은 함께 작용하는 것으로 보인다. 두 가지 모두 발달적 과정이라 할 수 있다.

실천적이거나 경험적이라는 것은 해결하고 싶은 즉각적인 문제가 있다는 점에서 겉으로 드러나는 성인학습의 특징이다(항상 그런지는 모르겠지만, 사람들은 다양한 이유로 학습에 참여한다). 그러나 전환학습이 반드시 이 전제 조건을 충족하는 것은 아니다. 전환학습은 경험에 의해 유발되는 경우가 많다. Kolb(2015)와 MacKeracher(2012)는 경험에 대한 성찰을 학습의 필수적인 부분으로 보았지만, 그 과정은 자아 외부의 세계에 대한 고려 없이 비판적 자기 성찰, 탐구, 직관 등에 의해 주도될 수 있다. 특히 내성적인 사람들(제5장 참조)과 전환에 무의식적인 이미지와 영혼의 작업이 수반되는 경우 그러하다(Dirkx, 2000). 다른 사람들과의 담론이 중요한 역할을 할 수 있고 때로는 전환학습이 문제 해결처럼 보일 수도 있지만, 그것은 실천적인 과정이 아니다. Mezirow(2012)의 생각대로라면 결과는 행동이어야 하지만, 학습 과정은 반드시 경험적이지 않아도 된다.

성인학습이 일반적으로 참여적이고 협력적으로 간주되는 것은, 이론을 어떻게 보느냐에 따라 전환학습에도 어느 정도 적용된다. 예를 들어 Belenky와 Stanton(2000)은 대화, 스토리텔링, 관점 공유를 통해 갈등이 해결된다는 점을 강조했다. Mezirow(2000, 2012)는 다른 사람들과의 담론이 전환학습에 중요한 역할을 한다고 보았다. 편안한 모임 분위기에서 경험과 가치를 공유하는 것은 분명 비판적 질문을 유도하는 자극제가 될 수 있다. 그러나 전환은 협력 없이도 일어날 수 있으므로, 협력을 전환학습의 특징으로 정의할 수는 없다고 생각한다.

전환학습은 경험에서 의미를 만들고 이전 경험을 바탕으로 가정에 의문을 제기하는 것과 관련이 있다. 우리의 습관적인 기대, 즉 과거에 일어난 일을 바탕으로 어떤 일이 일어날 것이라고 기대하는 것은 경험의 산물이며, 이러한 기대는 전환학습의 과정에서 의문을 제기하게 한다. 성인학습이 아동학습과 사람들이 가져오는 경험으로부터 구별된다면, 전환학습도 성인만의 특권으로 설명할 수 있다. Mezirow(2000, 2012)는 사람들이 습관적인 기대에 대한 자신의 추론을 평가하는 데 필요한 성찰적 판단을 개발하는 것이 성인기에 이르러서야 가능하다고 지적하였다.

자아 개념은 일반적인 성인학습과 마찬가지로 전환학습과도 관련이 있다. 그 정의를 기준으로 할 때, 전환학습은 자기 인식의 변화로 이어진다. 사람들이 마음의 습관을 고친다는 것은, 세계와의 관계에서 자아를 재해석한다는 의미이다. 매년 여름 캐나다 해상에서 나와 함께 활동한 대학의 직업 전문 강사(trade instructor)들을 떠올려 보자. 그들은 수년 또는 수십 년 동안 직업 경험을 쌓은 후 학교로 돌아왔고, 그들의 직업 분야에서 교수자가 되기 위한 과정을 밟고 있다. 대학 과정에서 성공할 수 있는 능력에 대한 그들의 자아 개념은 불안정할 수 있지만, 그들은 가르치는 것을 선택했고, 이것이 그들이 해야 할 일이다. 동시에 그들은 전기기사, 목수, 자동차 정비사로서 자신의 기술에 대한 자신감과 확신을 가지고 있다. 이러한 이동의 과정에서 그들이 자신을 어떻게

27

바라보고 어떻게 자신을 인식하는지는 전환의 계기가 된다. 자아 개념은 그들이 겪는 과정의 중심이다.

전환학습 문헌에서 자주 언급되지는 않지만, 학습 스타일은 사람들이 전환을 경험하는 방식을 이해하는 데 중요한 고려 사항이라고 생각한다. 나는 전환학습에 대한 설명이 학습 스타일에 대한 이해로 확장되어야 한다는 점을 오랫동안 주장해 왔다(Cranton, 2006). 이에 대해서는 5장에서 더 자세히 살펴보겠다.

성인학습에 대한 관점

성인학습을 이해하기 위한 패턴이나 체계는 다양하다. Merriam과 Brocket(1997)은 저서 『성인교육의 전문성과 실천: 도입(The Profession and Practice of Adult Education: An Introduction)』에서 자유주의, 진보주의, 행동주의, 인본주의, 급진주의를 포함하는 철학적 분류 체계를 제시하였다. 서구 사회에서 가장 오래된 철학은 자유주의 교육(교양교육)으로, "지적이고, 정보가 풍부하며, 교양 있고, 도덕적인 시민"을 양성하는 것이 그 목표이다(33쪽). 19세기 중반, 산업화에 대응하여 진보주의가 등장했다. 이 철학에서는 과학과 합리성에서 파생된 지식을 더 강조하고 경험을 학습의 원천으로 간주한다. 1950년대의 행동주의자들은 학습을 사람들이 환경의 자극에 반응하고 보상이나 처벌을 받을 때 발생하는 행동의 변화로 보았다. 지식은 자아의 외부에 있는 것으로 간주되었다. 행동주의에 대한 반작용으로 인본주의 철학이 등장하였지만, 이러한 사고방식의 뿌리는 훨씬 더 오래되었다. 1960년대의 인본주의자들은 학습을 대인 관계를 통한 개인의 발전으로 보고, 그것이 인류의 공동선에 기여한다고 생각하였다. 급진적이거나 비판적인 교육 철학의 프레임워크는 1960년대 말과 1970년대 초에 Paulo Freire와 Ivan Illich에 의해 전면에 등장하였다. 그 목표는 현재의 자본주의와 민주주의 시스템에 대한 도전을 통해 사회를 변화시키는 것이다. 페미니즘 이론은 급진주의 교육자들의 생각에 영향을 미쳤다.

성인학습에 대한 다양한 관점의 기저에는 적어도 두 가지 차원이 있다고 볼 수 있다. 첫 번째 차원은 개인과 사회의 연속체이다. 일부 이론가와 실천가들은 개인의 학습 과정에 초점을 맞춘 반면, 다른 이론가들은 사회 변화와 개혁에 더 관심을 갖는다. 인본주의자들은 개인의 발전에, 비판 이론가들은 사회 개혁에 관심을 갖는다. 전환학습은 두 가지 관점 모두에서 볼 수 있으며(Brookfield, 2000, 2012), 실제로 이는 문헌에서 논쟁거리가 되고 있다. 이는 양자택일의 문제가 아니라, 교육자가 시간과 에너지를 어디에 쓰고 싶어 하는지에 대한 선호도의 문제일 수 있다. 개인적 관점과 사회적 관점 모두 중요하며, 두 관점 모두 다른 관점들 속에 존재한다. 우리는 사회 속에서 개인이 된다.

두 번째 차원은 지식의 종류, 즉 학습 과정을 주도하는 관심사와 학습의 결과로 얻은 지식의 유형과 관련된다. 이것은 연속체가 아니라, 세계와 그 세계 안에서 우리 자신에 대한 일련의 상호 연관된 이해의 집합이다(즉, 개인-사회의 연속체는 지식의 종류 안에 존재한다). 성인학습 이론이라는 더 큰 영역으로부터 전환학습을 이해하고자 할 때, 그것이 교육자가 다루는 다양한 종류의 지식과 어떻게 연결되는지 확인하는 것은 도움이 된다. 직업 전문 강사는 전환학습을 촉진할 잠재력을 가지고 있는가? 리터러시 교육자는? 간호학 교수자는? 철학을 공부해 본 사람이라면 알 수 있듯이 지식을 분류하는 방법에는 여러 가지가 있다. 여기에서는 Habermas(1971)의 논의를 바탕으로 한다. 이는 Mezirow(1991)가 전환학습 이론을 포괄적으로 소개할 때 활용한 기초이기 때문이다.

기술적 지식

첫 번째 종류의 지식은 기술적 지식(Technical Knowledge)으로, 이는 환경을 조작하고 제어하거나 관찰 가능한 물리적, 사회적 사건을 예측하여 적절한 조치를 취할 수 있게 해 주는 지식이다. 경험적 또는 자연과학적 방법론은 기술적으로 유용한 지식, 즉 현대 사회의 산업과 생산에 필요한 지식을 만든다. 이 패러다임에서 지식은 외부 현실을 참조하고 감각을 사용하여 정립된다. 관찰 가능한 현상으로 구성된 객관적 세계가 존재한다. 물리적, 사회적 시스템을 지배하는 법칙은 과학을 통해 규명될 수 있으며, 이러한 시스템은 인간의 지각과는 독립적으로 작동하는 것으로 알려져 있다. Habermas(1971)는 도구적 합리성이 너무 널리 퍼져서 모든 지식이 도구적이라고 믿거나 모든 지식을 그 범주에 맞추려고 한다며 비판하였다. 계몽주의 시대에는 이성을 적용하는 것이 세계의 문제를 해결하는 방법으로 여겨졌다. 그 결과 경험적이고 과학적인 방법이 주관적, 질적, 영적인 앎의 방식보다 우월한 것으로 간주되었다. 최근에서야 사회과학과 교육 분야에서 모더니즘(논리의 지배)이 인간 상호작용에 대한 더 깊고 개방적인 이해를 허용하지 않는다는 비판이 제기되었다.

Mezirow(1991)는 도구적 학습을 기술적 지식의 습득으로 규정하였다. 성인교육 실천의 대부분은 도구적 학습을 목표로 한다. 직업 프로그램은 도구적 학습에 초점을 맞춘 훈련 및 재교육 프로그램으로 구성되는 경우가 많다. 직업·기술 프로그램에는 해양·자동차 기계, 임학(林學), 치위생, 전자 통신과 같은 구체적인 분야에 대한 이론적이고 실천적인 학습(실습)이 포함된다. 의료 전문가를 위한 직업교육에서는 새로운 과학적 정보와 기술이 중요하다. 그러나 대인 관계나 의사소통과 같은 영역을 도구적 학습으로 취급하여 교육 모델을 강요할 경우, 문제가 발생한다.

실천적 지식

두 번째 종류의 지식은 언어를 통해 서로를 이해해야 하는 필요에 기반한다. Habermas(1971)는 이를 실천적 지식(Practical Knowledge) 또는 의사소통적 지식이라고 불렀다. 인간은 사회적 동물로서 본능적으로 집단, 부족, 공동체, 문화, 국가를 형성하여 서로의 필요를 충족시켜 왔다. 사람들이 집단과 사회에서 함께 생존하기 위해서는 서로 소통하고 이해해야 한다. 우리는 다른 사람과 소통할 때 자신의 방식으로 상대방의 말을 해석하기 때문에 이러한 의사소통을 지배하는 과학적 법칙은 없다. 그렇다고 해서 의사소통적 지식이 전적으로 개별적이라는 의미는 아니다. 모든 사회는 사회적 지식, 즉 일반적으로 받아들여지는 신념과 행동의 코드를 공유하고 전달한다. 사회는 표준과 가치, 도덕과 정치 문제, 교육과 사회 시스템, 정부의 행동 등과 관련하여 어떻게 해야 하는지를 합의한다. 의사소통적 지식은 공유된 해석과 합의를 통해 도출되며 구체화된다. Habermas는 의사소통적 지식이 주관적 이해에 지나치게 의존한다고 비판했다. 그는 사람들이 자신이나 사회에 대한 왜곡된 가정을 가지고 주변 세계를 잘못 해석할 수 있다고 주장하였다. 우리는 사회적 지식이 객관적이고 구체적이기를 원하며, 이로 인해 우리의 가정에 존재할 수 있는 왜곡을 인식하지 못한 채 주변 시스템에 대한 의문을 제기하지 않는다.

실천적이거나 의사소통적인 지식의 습득이 성인교육 및 고등교육에서 사람들이 하는 일의 상당 부분을 차지한다는 것은 분명한 사실이다. 심리학, 사회학, 정치학, 교육학, 언어학, 문학, 미술학, 역사학 등의 연구는 의사소통적 학습에 초점을 둔다. 리더십 훈련, 대인 관계 기술, 팀워크, 갈등 해결, 의사소통 기술 및 새롭게 강조되는 정서 지능은 직업 환경에서 의사소통적 학습의 중요성을 보여 준다. 사람들이 집단으로 협력하여 경험을 공유하고 해석하며 새로운 이해를 구성하는 대부분의 장소에서 의사소통적 학습이 일어나고 있다.

해방적 지식

세 번째 종류의 지식은 Habermas(1971)가 '해방적 지식(Emancipatory Knowledge)'이라고 불렀던 도구적 지식과 의사소통적 지식에 대한 의문에서 비롯된 것이다. 사람들은 본질적으로 자기 지식, 성장, 발전, 자유 등에 관심이 있다. 해방적 지식을 얻는 것은 스스로 결정하고(자기 결정,

self-determination) 성찰할 수 있는(자기 성찰, self-reflection) 능력에 달려 있다. 자기 결정은 우리 자신과 우리의 사회적, 문화적 맥락을 인식하고 비판할 수 있는 능력이다. 자기 성찰은 지식에 대한 우리의 주관적 인식과 사회적 지식의 제약을 인식하고 비판하는 것이다. 해방적 지식은 우리 자신과 우리가 살고 있는 사회 시스템에 대해 비판적으로 질문하는 과정을 통해 얻을 수 있다. 해방적 지식의 철학적 기초는 비판 이론에 있다. 이 패러다임에서 도구적 지식과 의사소통적 지식은 거부의 대상이 아니라 제한적인 것으로 간주된다. 현재의 과학적, 사회적 이론과 받아들여진 진리에 의문을 제기하지 않는다면, 우리는 그 불가피한 왜곡과 오류로 인해 우리가 얼마나 제약을 받고 있는지 깨닫지 못할 수도 있다. 우리 자신과 우리의 신념에 대해 비판적으로 질문할 가능성이 없다면, 이러한 제한적인 지식은 문화 전체에 나타날 수 있다.

해방적 학습은 시대를 초월하여 여러 문화권에 걸쳐 성인교육의 목표였다. 영국의 성인교육사에서 Harrison(1961)은 "(성인교육이) 개인적, 사회적 자유와 해방을 위한 운동으로 여겨져 왔다."라고 말했다(xii쪽). 북미의 Lindeman(1926)은 이상적인 성인교육을 협력적이고, 비권위적이며, 비공식적이고, 선입견의 근원을 탐구하는 것으로 설명하였다. Freire(1970)는 남미의 리터러시 교육에 대한 자신의 논의를 "(학습자의) 삶을 형성하는 사회문화적 현실에 대해 인식하고, 행동을 통해 이를 전환하는 능력을 심화시키는 것"으로 보았다(27쪽).

Mezirow(1991)가 성인교육의 목표를 전환학습으로 표현한 것을 주의 깊게 읽어 보면, 그것이 Habermas(1971)의 해방적 지식에 대한 아이디어에서 어떻게 도출되었으며, 이전 이론가들의 생각을 어떻게 반영하고 있는지를 알 수 있다.

> 성인교육의 목표는 성인학습자가 더 비판적으로 성찰하고, 합리적 담론과 행동에 더 완전하고 자유롭게 참여하며, 더 포괄적이고 분별력 있고 투과적이고 통합적인 경험의 의미 관점을 향해 발전적으로 나아갈 수 있도록 돕는 데 있다(224~225쪽).

비판적 성찰과 담론의 역할에 대한 표현과 논쟁은 다양해졌지만, 이 진술의 본질은 여전히 전환학습 이론의 핵심으로 남아 있다.

해방적 학습은 지역사회 개발 모임, 자조 모임, 직업교육 프로그램, 리터러시 교육, 조합 교육, 정치 및 환경 운동 등을 포함한 공식적, 비공식적 교육 환경에서 이루어졌다. 중요한 것은 해방적 학습이 학습이 이루어지는 모든 환경에서 일어날 수 있다는 것이다. 기술적 능력을 습득한 사람은 자신감을 얻고 세계에서의 자신의 위치를 새로운 시각으로 바라볼 수 있다. 나는 온라인 교육을 위한 소프트웨어 플랫폼인 Blackboard와 WebCT를 처음 배울 때 도구적 지식을 습득하였지만, 그 결과 좋은 교육이 무엇인지에 대한 관점도 바뀌었다. 캐나다의 "안티고니시(Antigonish)"(MacKeracher, 2009)와 같은 성인교육 분야의 대규모 사회 변화 운동에서 사람들은 기본적인 경제적 기술, 리터러시, 사회적 기술 등을 습득함으로써 해방적 학습의 토대를 마련하였다.

성인학습에 대한 관점 통합하기

이제 전환학습이 어떤 위치에 있는지 알아보기 위해 분리하여 살펴본 여러 종류의 학습에 대하여 다음 장으로 넘어가기 전에 다시 한번 정리해 보자. 범주화하여 살펴보는 것은 대상을 이해하는 데 유용하지만, 이는 자칫 제한적이고 파편적일 수 있다.

Steve의 학습에 대해 생각해 보자. 나는 그를 여름 학교 프로그램에서 만났다. 그는 40대 후반의 선박 정비사이다. 그는 자신의 직업 분야를 가르치는 성인교육 자격을 얻기 위해 대학에 입학하였다. Steve의 손에는 오랜 세월의 흔적이 고스란히 남아 있다. 손은 부어오르고 뻣뻣하며, 검은색 엔진 기름이 피부에 스며 있다. 대부분의 다른 남학생들이 더운 여름날 반바지를 입는 것과 달리(교실에는 에어컨이 없다), 그는 청바지와 티셔츠를 입는다. 그는 친절하고, 자주 웃으며, 수업 시간에는 조용하다.

상상할 수 있듯이, Steve는 많은 것에 긴장감을 느끼고 있다. 그중 한 가지, 다양한 컴퓨터 기술 습득의 필요성에 대해 집중적으로 살펴보자. Steve는 키보드를 잘 치지 못하고 컴퓨터에 익숙하지 않아 이메일 사용과 파일 첨부에 대해 배우는 온라인 강좌를 수강하는 데 어려움을 겪고 있다. 이 수업에서 그는 동료와 함께 블로그에 참여하기로 결심하였다. 집단의 몇몇 사람이 관심 있는 사람들에게 파워포인트를 가르쳐 주겠다고 제안했을 때, Steve도 이 기회에 열광하였다. 그는 이러한 기술이 앞으로의 교수 활동에 어떻게 도움이 될지 확신할 수 없지만, 반드시 알아야 할 기술이라고 생각하였다.

Steve가 블로그에 참여하고 파워포인트 프레젠테이션을 만드는 데 필요한 기술을 습득하는 과정에는 기쁨과 불안감, 그리고 사기꾼이 된 것 같은 기분이 뒤섞여 있다. 그는 여기서 뭘 하는 걸까? 이 모든 것은 어떻게 조화를 이룰까? 그는 대학 과정에 있어야 하는가? 동료들이 자신의 학습에 기여하는 것처럼 자신도 어떻게 다른 사람의 학습에 기여할 수 있을까? Steve의 도구적 학습과 의사소통적 학습을 분리하는 것은 불가능할 것 같다. 그가 블로그에 참여하면서 배운 기술은 동료 그리고 나와의 대화에도 동시에 적용된다. 무언가를 배운 다음 나중에 다른 방식이 사용되는 것이 아니라, 두 가지가 함께 일어나는 것이다. 파워포인트를 배우기 위해 모두가 컴퓨터실에 모이고, 구성원 중 3명이 학습을 주도한다. 나도 학습자로 참여하고 있었는데, 이 기술을 처음 접하는 Steve와 다른 사람들이 어떻게 행동하는지를 살펴보았다. 다시 말하지만, 기술적 지식은 배움의 대상이 되면서 동시에 다른 사람들과 소통할 수 있는 무언가를 만드는 데 사용된다. Steve는 신이 났다. 그는 주변 사람들과 자신의 활동을 공유하고, 웃으며 주위를 둘러보았다.

도구적 학습과 의사소통적 학습이라는 두 가지 유형이 보이지만, 이 두 가지가 어떻게 분리될 수 있는지는 알 수 없다. 그렇다면 해방적 학습은 어떨까? Steve는 자신이 누구인지, 무엇을 할 수 있는지에 대한 가정에 의문을 제기하고, 더 개방적이고 더 정당화될 수 있도록 자기 인식을 수정하였다(그의 자서전과 이 과정에 대한 성찰일지를 읽을 기회가 있었는데, 이는 그의 학습에 대한 나의 관찰을 뒷받침한다). 그는 과거의 마음 습관에서 비롯된 제약으로부터 자유로워졌다. 물론 이 모든 것이 그가 블로그에 참여하거나 파워포인트를 배운 덕분이라고 할 수는 없지만, 그

배움과 분리해서 생각할 수도 없다. Steve는 최종 성찰과 자기 평가에서 "모든 것이 하나로 합쳐졌다."라며, 자신이 어떻게 "교수자가 될 수 있을지"를 알게 되었다고 말했다. 더 이상 "작은 조각"이 아니라 "전체가 의미를 가진" 것이다. 이처럼 도구적 지식과 의사소통적 지식의 통합을 통해 의미 있는 학습이 일어나며, 해방적 학습은 이러한 지식이 자신과 세계에 대한 사람의 관점을 바꿀 때 나타난다.

물론 Steve의 사례가 모든 학습 경험을 대표한다고 할 수는 없지만, 특수하지 않다고 확신할 수 있을 만큼 자주 보이는 사례이기도 하다. 그럼에도 불구하고 사람들이 많은 양의 도구적 지식이나 의사소통적 지식을 습득하고 나서야 조각이 맞춰지는 경우도 있고, 해방적 학습이 일어나지 않는 경우도 있다. Mezirow(2000)가 말했듯이, 학습은 이전에 가지고 있던 가정이나 신념에 의문을 제기하지 않고 새로운 지식을 습득하거나 기존 지식을 정교화하는 것일 수도 있다. 그러나 교육자로서 우리는 새로운 지식의 습득이 해방의 영역으로 옮겨 갈 수 있는 순간의 잠재력을 항상 의식해야 한다. 그러기 위해서는 학습의 총체성(wholeness)을 인식해야 한다. "이것이 전환학습이 될 것이다."라거나 "이것은 전환적일 수 없다."라고 말하는 것이 표면적으로는 유용해 보이지만, 맥락에서 벗어나 학습의 유형을 정의하는 것은 우리 자신에게 해를 끼치는 일이다. 전환학습은 관점의 깊은 변화를 수반하며, 세계를 더 개방적으로 바라보는 방식으로 이어진다. 하지만 어떤 종류의 학습 경험이 어떤 사람에게, 어떤 상황에서 이러한 관점의 변화를 촉진할지는 알 수 없다.

요약

전환학습 이론은 성인교육, 고등교육, 직업교육의 문헌에서 중심적인 위치를 차지해 왔다. 전환학습을 전문으로 다루는 컨퍼런스와 학술지가 있으며, 여기에서 제공되는 내용을 보면 전환학습에 대한 관심이 성인교육을 넘어 어느 정도까지 확산되었는지를 확인할 수 있다. 이 장에서는 두 가지 방식으로 전환학습을 더 넓은 분야에서 탐색하였다. 첫째, 성인학습의 특징으로 규정하는 데 사용되는 몇 가지 특징, 즉 성인학습의 자발적이고 협력적인 본질, 성인의 자기주도성 선호, 실천적인 필요 충족의 중요성, 학습에서의 성인 경험의 역할, 자아 개념의 관련성, 학습 스타일에 대한 강조 등을 검토하였다. 이러한 특징이 모두 성인교육에만 국한되는 것은 아니다. 이는 고등교육 학습자, 청소년 학습자, 전문가, 조직의 리더와 직원 등에도 해당한다. 이 장에서는 이러한 각 특징이 어떻게 전환학습의 속성이 되는지 살펴보았다.

둘째, 학습 철학에 대한 간략한 개관으로부터 시작하여 학습에 대한 다양한 관점을 살펴보았다. 학습을 바라보는 방식에는 적어도 두 가지 차원, 즉 '개인-사회의 연속체'와 우리가 관심을 갖는 '지식의 종류'가 있다. 여기에서는 Mezirow가 전환학습 이론의 기초를 마련하는 데 바탕이 된 Habermas의 세 가지 지식 유형을 활용하여 후자의 차원에 대해 더 깊이 논의하였다. 기술적 지식은 환경을 통제하고 조작할 수 있게 해 주는 원인과 결과의 객관적이고 과학적인 지식이다. 실천적 지식 또는 의사소통적 지식은 우리 자신과 타인, 사회 세계에 대한 지식이다. 해방적 지식은 우리를 개인적, 사회적 제약으로부터 해방시키고 인식과 발전으로 이끄는 지식이다. 해방적 지식은 도구적 지식과 의사소통적 지식에 대한 비판적 검토를 바탕으로 전환을 가져온다.

이 장의 말미에서는 어떤 분류 체계도 한계가 있으며, 학습의 종류를 구분하기 어려운 경우가 많다는 점을 지적하였다. 나는 해방적 학습과 함께 도구적, 의사소통적 지식을 동시에 습득한 Steve의 사례를 통해 이를 설명하였다. 전환학습은 다양한 맥락에서 성인이 학습하는 방식의 하위 집합이지만, 모든 지식이 전환적인 것은 아니며 다른 종류의 학습과 분리되어 일어나는 것도 아니다. 전환학습의 잠재력은 도구적, 의사소통적 학습을 통해 우리 자신과 주변 세계에 대하여 기존에 가지고 있던 견해에 의문을 품게 될 때 나타난다.

제 **2** 장

전환학습
이론의 기원

마음의 습관은 가족, 공동체, 문화로부터 무비판적으로 흡수된다.
우리가 간과할 수 없는 대안적 관점을 마주하지 않는 한
그들은 의심의 여지가 없는 상태로 남아 있다.
의심할 여지가 없는 마음의 습관은 인지 발달, 강력한 사회적 가치,
어린 시절의 개인적 경험이나 트라우마의 산물일 수 있다.

사람들은 평생 동안 자신의 경험에서 의미를 만들어 낸다. 세계를 보는 방식을 구축하고, 자신에게 일어난 일을 해석하는 방식을 정하며, 행동을 결정하는 가치, 신념, 가정 등을 발전시킨다. 이러한 프레임워크의 대부분은 가족, 공동체, 문화 등으로부터 무비판적으로 흡수된다. 사람들은 자신에게 일어난 일이나 보고 들은 것에 의문을 제기하지 않은 채, 친구의 말을 믿고, 사건에 대한 미디어의 해석을 수용하며, 지금까지 자신을 이끌어 온 원칙을 따른다. 사람들은 어린 시절 형성된 경험을 바탕으로 세계에 대해 일련의 기대치를 갖고 있으며, 이러한 기대치는 이후의 삶을 이해하는 필터 역할을 한다.

　예상치 않은 일이 발생했을 때, 과거의 경험에 기반한 자신의 기대치와 맞지 않는 상황에 직면했을 때 선택할 수 있는 것은, 예상치 못한 것을 거부하거나 그 기대치에 의문을 제기하는 것이다. 사람들이 그들의 습관적인 기대치를 비판적으로 검토하고, 이를 수정하고, 수정한 관점에 따라 행동할 때 전환학습이 일어난다. 전환학습은 경험을 보다 포용적이고, 분별력 있으며, 통합적으로 바라보게 한다(Mezirow, 2000).

이 장에서는 전환학습 이론이 1975년부터 현재까지 어떻게 발전했는지 간략하게 개관한 다음, 이론에 대해 자세히 설명하고자 한다. 전환학습 이론은 Mezirow의 연구, 저술, 이론에 토대를 두는 만큼, Mezirow를 중심으로 논의를 전개하고자 한다.

전환학습 이론의 개발

이 장의 초고를 작성한 시점은 Jack Mezirow가 문헌에 "관점 전환(perspective transformation)"이라는 용어를 도입한 지 40년이 지났을 때였다. 그는 연구를 시작한 것으로부터 40주년을 앞두고 2014년 가을에 세상을 떠났다. Mezirow는 아내 Edee의 학교 복귀 경험에 영감을 받아, 12개의 다양한 재입학 프로그램에 참가한 83명의 여성에 대한 연구를 시작했다. Mezirow(1978, 1991)는 개인의 관점 전환 과정을 10단계로 나누어 설명하였다.

1. 혼란스러운 딜레마를 경험함
2. 자기 점검(self-examination)을 거침
3. 내면화된 가정에 대한 비판적 평가를 수행하고, 전통적인 사회적 기대로부터 소외감을 느낌
4. 불만을 타인의 유사한 경험과 관련지음(문제가 공유되고 있음을 인식함)
5. 새로운 행동 방식에 대한 선택지를 탐색함
6. 새로운 역할에 대한 역량과 자신감을 구축함

7. 행동의 방침을 계획함

8. 새로운 행동 방침을 실행하기 위한 지식과 기술을 습득함

9. 새로운 역할을 시도하고 평가함

10. 새로운 관점으로 사회에 재통합됨(Mezirow, 1991, 168~169쪽 일부 수정)

흥미로운 것은 6개 단계가 새롭거나 수정된 관점을 준비하고 실행하는 것과 관련이 있다는 점이다. 최근에는 혼란스러운 사건을 마주하고, 그 사건의 가정과 기대에 대해 비판적으로 질문하거나 대응하는 것이 더욱 강조되고 있다.

Mezirow는 연구 결과를 바탕으로 '관점 전환'이라는 성인 발달 이론의 윤곽을 잡았다. 관점 전환은 "개인이 자신과 자신의 관계를 바라보는 방식을 구조적으로 재조직하는 것"을 의미한다(Mezirow, 1975, 162쪽).

1981년에 Mezirow는 Habermas(1971)의 세 가지 학습 유형(제1장 참조)을 바탕으로 성인학습과 교육에 대한 비판 이론을 구축하였다. Mezirow는 이 글에서 해방적 행동을 관점 전환과 동일시하였다. 당시 그는 "정신문화적 가정"(Mezirow, 1981, 6쪽)에 관심이 있었다. 이는 개인의 과거가 자아 인식과 타인과의 관계를 제약하는 방식이다.

1985년에 Mezirow는 자신의 관점 전환 개념을 정교화하면서 Knowles(1975)가 『자기주도학습(Self-Directed Learning)』이라는 책에서 소개한 또 다른 개념인 자기주도학습과 연관시켰다. 그는 Knowles가 제안한 자기주도학습의 문제 해결적, 도구적 설계(교수 설계) 접근 방식을 따르지 않았다. 대신 Mezirow(1985)는 학습을 가정을 명시적으로 만들고, 맥락화하고, 검증하고, 그에 따라 행동하는 과정으로 기술하였다. 교육

은 이러한 노력을 촉진하는 과정이며, 자기주도성은 자신의 경험을 이해하는 능력인 것이다. 그는 자기주도적 학습자를, 타인의 관점과 비교하여 자신의 관점을 시험하고 그에 따라 수정하기 위해 대화에 자유롭게 참여하는 사람이라고 설명하였다(Mezirow, 1985). 즉 자기주도적 학습자는 전환학습에 참여하는 학습자이다. "의미 관점(meaning perspectives)"은 문화적, 심리적 가정과 의미 체계의 구조 또는 그물망으로 정의되었다. "의미 도식(meaning schemes)"은 우리 삶을 지배하는 규칙과 기대로 작용한다(Mezirow, 1985).

Habermas의 논의를 사용하는 것이 부정확하다는 비판을 받은 Mezirow는, 이에 대응하여 해방적 학습이 별도의 영역이 아니라 도구적 학습과 의사소통적 학습 모두에 적용될 수 있다고 설명하였다(Mezirow, 1989). 1990년에는 비판적 성찰과 그에 따른 전환학습을 어떻게 촉진할 수 있을지에 대한 여러 저자들의 다양한 관점을 모아 『성인기의 비판적 성찰 촉진(Fostering Critical Reflection in Adulthood)』이라는 책을 출간하였다(Mezirow, 1990). 1991년에 출간된 저서 『성인학습의 전환적 차원(Transformative Dimensions of Adult Learning)』은 이 이론을 성인교육 연구사의 최전선으로 끌어올렸다. 이 저서는 사회적 행동, 힘, 문화적 맥락 등의 문제를 다루지 않았다는 비판을 받았다. 또한 지나치게 합리적이어서 학습에서 직관, 상징, 이미지의 역할을 간과했다는 평가도 받았다. Mezirow는 자신의 이론이 전환학습에 관심 있는 교육자 공동체 내에서 계속 발전하기를 바라며 이러한 비판을 적극적으로 수용하였다. 그러나 그는 전환이 인지적이고 합리적인 과정이라는 입장을 유지하였다. "전환학습은 성인의 고유한 메타인지적 추론 형태이다. 추론은 이유를 발전시키고 평가하는 과정으로서, 신념을 뒷받침하는 논증을 바탕으로 행동에 대한 결정을 내리는 과정이다. 신념은 좋은(good) 이유에 기초할 때 정당화된다."(Mezirow, 2003b, 58쪽)

2000년에 Mezirow는 『전환으로서의 학습: 진행 중인 이론에 대한 비판적 관점(Learning as Transformation: Critical Perspectives on a Theory in Progress)』을 출간하였다. 이는 1998년 콜럼비아대학교 사범대학에서 개최된 '제1회 국제 전환학습 컨퍼런스'에서 발표된 논문들을 바탕으로 한 편저이다. 이 책에 실린 자신의 장에서 Mezirow는 전환학습의 정의적(affective), 정서적(emotional), 사회적 맥락 측면의 중요성을 인정하였다. 또한 학습 과정에서 "비대칭적인 힘의 관계"(28쪽)가 존재한다는 데 동의하였다. 다른 장에서는 Daloz(2000)의 발달적 접근 및 Belenky와 Stanton(2000)의 "연결된 앎(connected knowing)" 개념 등과 같은 전환학습의 다양한 관점을 제시하였다. Mezirow의 이론이 어떻게 확장되고 정교화되었는가에 대해서는 제3장에서 더 살펴볼 것이다.

같은 시기에 Mezirow(2000, 2003a)는 "마음의 습관(habits of mind)"과 "관점(points of view)"이라는 새로운 용어를 소개하였다. 그는 앞서 준거 틀(frame of reference)을 우리가 세계를 보는 방식을 필터링하는 가정과 기대의 그물망이라고 설명하였다. 준거 틀에는 마음의 습관과 그에 따른 관점이라는 두 가지 차원이 있다. 마음의 습관은 우리가 경험을 해석하는 데 사용하는 광범위한 성향이다. 마음의 습관은 관점으로 표현된다. 관점은 의미 도식의 집합이고, 의미 도식은 경험을 해석하는 습관적이고 암묵적인 규칙이다.

Baumgartner(2012)는 1975년부터 2012년까지의 Mezirow의 논의에

대한 리뷰를 제공하였다. 이 리뷰에서는 1970년대 후반 이론의 시작, 1980년대 이론의 정교화, 1990년대 이론의 개정, 2000년대 "진행 중인 이론" 등을 포함한다.

전환학습 이론 개관

전환학습은 구성주의적 가정을 기반으로 한다. 즉, 의미는 외부가 아닌 우리 내부에 존재하는 것으로 본다. 우리는 경험을 통해 개인적인 의미를 개발하거나 구성하고, 타인과의 상호작용 및 의사소통을 통해 이를 타당한 것으로 만든다. 우리가 세계를 바라보는 시각은 경험에 대한 인식의 결과이다. 우리가 알고 있는 지식과 무관한 절대적 진리나 보편적 구조의 존재를 주장한다면, 학습의 목표는 세계를 바라보는 우리의 관점을 고민하는 것이 아니라 정답을 발견하는 것이 될 것이다. 전환학습은 우리의 관점을 검토하고, 질문하고, 검증하고, 수정하는 과정이다. 2003년에 Mezirow는 다음과 같이 썼다.

> 전환학습은 고정된 가정과 기대로 이루어진 문제적 준거 틀을 보다 포용적이고, 분별력 있으며, 개방적이고, 성찰적이며, 정서적으로 변화할 수 있도록 전환시키는 학습이다. 이러한 준거 틀은 행동을 안내하는 데 있어 보다 진실되거나 정당하다고 입증될 수 있는 신념과 의견을 생성할 가능성이 높기 때문에 최선의 것이다(Mezirow, 2003b, 58~59쪽).

우리의 경험은 앎, 믿음, 감정 등에 대해 무의식적으로 동화되어 있는 의미 관점이나 마음의 습관을 통해 필터링된다. 여기에는 왜곡, 편견, 고정관념, 단순히 의심하지 않거나 검토되지 않은 신념 등이 포함된다. 의미 관점을 유지하는 것은 안전하다.

학습은 개인이 이전의 마음 습관에 의문을 품는 대안적 관점을 접할 때 일어난다. Mezirow는 애초에 이것을 하나의 극적인 사건, 즉 혼란스러운 딜레마로 생각하였지만, 이후 그와 다른 사람들은 이것이 점진적인 누적의 과정일 수 있다고 보았다(Mezirow, 2000; E. W. Taylor, 2000). Mezirow(2000)는 극적인 사건으로부터 촉발되는 전환학습을 획기적인 것으로, 점진적인 학습을 서서히 진행되는 것으로 설명하였다. Dirkx(2000)는 전환학습이 소위 불타는 덤불 현상이라기보다 일상적으로 일어나는 과정이라고 제안하였다.

기존의 신념 체계를 재고하고 수정함으로써 대안적인 마음의 습관에 반응할 때 학습은 전환적인 것이 된다. Mezirow(1991)가 말했듯이, "성찰적 학습은 가정이나 전제가 왜곡되거나, 실제에 맞지 않거나, 유효하지 않다고 밝혀질 때마다 전환적으로 된다."(6쪽)

Mezirow의 모든 글에서 담론은 전환학습의 핵심이다. 그는 담론을 신념, 감정, 가치 등에 대한 평가와 관련된 대화로 정의하였다(Mezirow, 2003b, 59쪽). (완전히 확립될 수 없지만) 이상적인 조건에서 담론의 참여자들은 다음과 같은 행동을 한다.

- 정확하고 완전한 정보 보유하기
- 강압과 왜곡된 자기 인식에서 자유로워지기
- 증거를 비교하고 논증을 객관적으로 평가하기

- 대안적 관점에 개방적이기
- 전제와 그 결과에 대해 비판적으로 성찰하기
- 동등한 참여 기회 갖기
- 정보에 입각한 객관적 합의를 타당한 것으로 받아들이기(Mezirow, 1991, 78쪽)

마음 습관의 유형

Mezirow(1991)는 애초에 세 가지(인식론적, 사회언어학적, 심리학적) 의미 관점을 구분하였지만, 이후에 이를 여섯 가지 유형의 마음의 습관으로 확장하였다(Mezirow, 2000). 이는 원래의 세 가지 의미 관점에 도덕적·윤리적, 철학적, 심미적 마음 습관이 추가된 것이다. 그는 이러한 범주를 독립적인 것으로 보지 않고, 서로 중첩되고 의미를 주고받는 것으로 보았다. 마음의 습관은 우리의 배경, 경험, 문화, 성격에 따라 세계를 보는 방식이다. 모든 마음의 습관은 그 개인의 이야기를 통해 결정되기 때문에 서로 연관되어 있다고 보는 것이 합리적이다.

인식론적인 마음의 습관은 지식 및 지식을 습득하고 사용하는 방식과 관련된 습관이다. 예를 들어, Coke, Benson, Hayes(2015)는 대학원생에서 교수로 옮겨 가는 과정을 교수자로서 교수·학습에 대한 지식 수정에 따른 전환 경험으로 설명하였다. 나는 20년 이상의 대면 의사소통을 포함한 가르침의 본질에 대해 깊은 확신을 가지고 있다. 제1장에서 Steve가 파워포인트 사용법을 배운 것은, 기술적 지식에 대한 습득뿐 아니라 가르침에 대한 인식론적 가정, 즉 가르침에 대한 지식을 수정한 것이기도 하다.

인식론적인 마음의 습관은 학습 방식, 즉 학습 스타일과 선호에 관한 것이기도 하다. 개인이 종합적으로 생각하거나 세부적으로 생각하는 것, 구체적으로 생각하거나 추상적으로 생각하는 것, 체계적으로 생각하거나 직관적으로 생각하는 것은, 이러한 선호에 따른 인식론적 관점과 관련이 있다. 우리는 학습 방식을 쉽게 바꾸지 않는다. 이러한 선호는 인간으로서 우리가 누구인지에 대한 것이며, 오랫동안 유지되어 온 우리 자신을 바라보는 방식이다. 예를 들어, 이론을 이해하기 위한 분석적 접근 방식에서 벗어나는 것은 거의 불가능해 보이며, 다른 방식으로 학습에 접근하는 것이 어떤 것인지 어렴풋이 알 수 있을 뿐이다.

사회언어학적인 마음의 습관은 사회 규범, 문화적 기대, 언어 사용 방식에 기초한다. 전쟁과 폭력에 대한 미디어 이미지는 폭력에 대한 우리의 인식을 형성한다. 여성의 역할이 복종적인 것으로 두드러지게 규정되는 문화에서 성장하면 여성이 어떻게 행동해야 하는지에 대한 마음의 습관이 형성된다. 예를 들어, Mejiuni(2012)는 나이지리아에서의 여성의 역할 및 힘, 폭력이 그들의 삶에 미친 영향에 대해 포괄적으로 연구를 수행하였다. 여성은 사회언어학적인 마음의 습관을 통해 배려하고 양육하며 평화 유지자로서 행동할 것으로 기대되며, 이는 종교 지도자들에 의해 강화되고 있었다. Mejiuni는 여성에 대한 폭력이 여성과 남성 사이의 불평등한 힘의 관계에 따른 결과라고 주장하였다.

성인교육 연구 컨퍼런스의 패널 발표에서 Brookfield, Sheared, Johnson-Bailey, Colin(2005)은 경험과 이야기의 공유를 통해 인종에 대한 지배적이고 주류적인 관점을 조사하였다. 이러한 관점은 깊고 무의식적으로 흡수되어 있다. 백인 성인교육자들은 유색 인종 동료들의 세계에 들어

갈 수 없으며, 그렇게 하려고 시도하는 것조차 역설적으로 그들의 특권을 강조할 수 있다. 사회언어학적인 마음의 습관을 의식의 전면으로 가져와 전환을 이끌어 낼 수 있도록 고려하는 것은 결코 간단한 문제가 아니다.

심리학적인 마음의 습관은 사람들이 자신을 보는 방식, 즉 자아 개념, 필요, 억제, 불안, 두려움 등과 관련이 있다. 어렸을 때 사랑받지 못한다고 느끼는 것은 성인이 되어서도 무가치하다고 느끼는 것으로 이어질 수 있다. 학교에서의 성취에 대해 부모가 매우 높은 기대를 가졌던 사람은 성취에 대한 강한 동기나, 충분한 성취를 이루지 못한 것에 대한 죄책감을 포함하는 관점을 지니게 될 수 있다. 심리학적인 마음의 습관은 그 원천이 트라우마를 포함한 어린 시절의 경험에 묻혀 있어 자아가 의식적으로 쉽게 접근할 수 없는 경우가 많다.

성격 특성 또한 심리학적인 마음의 습관을 구성한다(제5장 참조). 사고로 판단하는 것을 선호하는지 느낌으로 판단하는 것을 선호하는지, 세계에 대해 내향적인 태도를 가지고 있는지 외향적인 태도를 가지고 있는지, 감각을 통해 세계를 인식하는지 직관을 통해 세계를 인식하는지 여부는 우리가 세계를 보는 방식에 필터 역할을 한다.

도덕적·윤리적인 마음의 습관에는 양심과 도덕성이 포함된다. 선과 악을 판단하는 방식, 선에 대한 자신의 관점에 따라 행동하는 방식, 세계의 정의를 옹호할 책임이 있다고 생각하는 정도는 세계의 의미를 만드는 관점을 형성한다. 사람들은 도덕적·윤리적인 마음의 습관에 따라 자선 단체에 시간과 돈을 기부하고, 전쟁에 반대하며, 제품과 서비스 구매를 거부하고, 이웃을 돕는다.

Brookfield(2005)는 사회 진화에 대한 Habermas의 관점에 대해 논의하면서 "도덕성의 발달은 사람들이 일상적인 사고에서 벗어나 (상황에 접근하는 다양한 방식의 윤리적 정당성을 다른 사람들과 논의한 후) 이데올로기적으로 미리 결정되지 않은 방식으로 행동하는 방법을 결정하는 능력으로 나타난다."라고 설명하였다(257쪽). 개인은 사회 제도로 구현된 것보다 더 높은 단계의 도덕 의식을 발전시킬 수 있다.

철학적인 마음의 습관은 초월적인 세계관, 철학, 종교적 교리 등을 기반으로 한다. 대부분의 종교 체계는 가치, 신념, 행동 지침, 생활 규칙 등이 복잡하게 얽혀 있다. 의식적으로 선택했든 가족으로부터 동화되었든 특정 종교 체계를 받아들이는 것은 강력한 의미 관점을 형성한다. 복장 스타일부터 정치적 견해까지 모든 것이 영향을 받을 수 있다. 세계관에 기초한 철학적인 마음의 습관도 마찬가지로 복잡하다. 예를 들어, 내 주변의 한 사람은 "문명에 대한 총체적 지향"으로 묘사되는 "사회적 신용" 세계관을 신봉하고 있다. 여기에는 부의 재분배, 고용에 대한 근본적으로 다른 관점, 자본주의의 종말 등과 같은 삶의 사회적, 정치적, 경제적 측면이 포함된다.

심미적인 마음의 습관에는 아름다움에 대한 우리의 가치, 태도, 취향, 판단, 기준 등이 포함된다. 심미적인 마음의 습관은 대부분 사회언어학적인 마음의 습관, 즉 공동체와 문화의 사회 규범에 의해 결정된다. 물론 문화적 기대의 다른 하위 집합을 거부하고 그 문화에 남을 수 있는 것처럼, 한 문화의 일부가 되면서도 아름다움에 대해 동일한 기준을 갖지 않는 것도 가능하다.

심미적인 마음의 습관은 더 넓은 의미를 가질 수 있다. 인간이 이성에만 의존할 수 없다고 믿었던 Marcuse(1978)는 예술, 음악, 소설을 통한 심미적 경험이 사람들이 일상 세계에서 벗어나 근본적으로 다른 관점을 볼 수 있도록 도울 수 있다고 제안하였다. Lawrence(2012)는 예술이 우리를 제약하는 경계에서 어떻게 벗어나게 하는지를 설명하였다. 그녀는 예술을 창작하고 감상함으로써 개인과 공동체 모두 "항상 존재했지만 의식적 인식 밖에 있던 지식을 표면화"할 수 있게 된다고 제시하였다(473쪽).

이 여섯 유형의 마음의 습관은 상호의존적이며 서로 연관되어 있다. 각각의 관점에 대해 생각하는 것도 도움이 되지만, 그 연결고리를 보는 것도 중요하다. 나 자신을 보는 방식(심리학적인 마음의 습관)은 문화적 배경(사회언어학적인 마음의 습관)의 영향을 받는다. 교육을 중시하지 않는 고립되고 가난한 공동체에서 자랐기 때문에(사회언어학적인 마음의 습관), 나는 지식에 큰 격차를 갖게 되었다(인식론적인 마음의 습관). 도덕적 · 윤리적, 심미적인 마음의 습관은 사회언어학적, 심리학적, 인식론적 요인의 영향을 받는다. 예를 들어, 클래식 음악이나 미술에 대해 아는 바가 거의 없다면(인식론적 관점), 아름다움에 대한 취향과 기준은 예술에 대해 잘 아는 사람의 그것과 매우 다를 것이다(심미적 관점). 철학적인 마음의 습관은 다른 많은 관점에 대한 우산을 제공할 수 있다.

의심하지 않은 마음의 습관

우리가 세계를 보는 방식은 세계에 대한 지식, 문화적 배경과 언어, 심리적 본성, 도덕적 · 윤리적 관점, 수용하는 종교적 교리나 세계관, 아름다움을 보는 방식 등의 산물이다. 각 관점은 신념, 가치, 감정, 가정 등이 서로 얽혀서 만들어지며, 이러한 관점은 우리가 세계를 보는 렌즈를 만들고 행동의 기초를 형성한다. 나는 동물을 구하는 쪽을 선택한 반면 다른 누군가는 동물을 죽이는 쪽을 선택한다는 것은, 우리의 서로 다른 관점을 반영한다. 누군가는 미국이 주도한 이라크 전쟁에 반대한 반면 다른 누군가는 자살 폭탄 테러범으로 행동한 것은, 상반된 세계관을 보여 준다.

마음의 습관은 무의식적이다. 마음의 습관은 우리가 의식하지 못하는 한계를 만들고, 그 한계를 넘어설 수 없는 틀을 형성한다. Mezirow는 1991년 저서에서 이를 왜곡된 의미 관점이라고 불렀다. 이 "왜곡"이라는 용어는 의문을 불러일으킨다. 우리가 세계에 대한 현실주의적 관점을 고수한다면, 왜곡된 가정은 그 세계와 관련된 우리의 입장을 이해하는 데 도움이 될 수 있다. 그러나 구성주의적 세계관을 견지한다면 몇 가지 의문이 남게 된다. 예를 들어, 어떤 관점이 왜곡되는지 결정하는 권한은 누구에게 있을까? 학생이 자신의 관점이 양호하다고 생각한다면, 교사는 그 관점이 왜곡되었다고 말할 수 있을까? 전체 공동체나 문화가 특정 관점(예: 일부다처제는 잘못되었다, 전쟁은 필요하다.)을 받아들인다면, 이는 그 관점이 왜곡되지 않았다는 의미일까? 그렇다고 하여 모든 의견과 신념이 동등하게 좋고 받아들여질 수 있다고 볼 수는 없다. 이 딜레마를 해결하는 한 가지 방법은 왜곡된 마음의 습관보다는 의심하지 않거나 검토되지 않은 습관에 주목하는 것이다. 또한 한 번 검증되었다고 해서 마음의 습관을 더 이상 신경쓰지 않아도 되는 것은 아니다.

성인 발달 이론가들은 의심하지 않은 마음의 습관을 이해하는 데 도움을 준다. 발달 단계 이론은 세계에 대한 단순한 흑백 인식으로부터 복잡한 상대주의적 인식으로의 발달 진행을 보여 준다. 성인 발달에 대한 고전적인 이론들은 모두 이러한 진행 과정을 반영한다. 인지 발달에 대한 Perry(1970)의 접근, 성찰적 판단에 대한 King과 Kitchener(1994)의 연구, 여성의 앎의 방식에 대한 Belenky, Clinchy, Goldberger, Tarule (1986)의 연구 등이 이에 해당한다. 예를 들어, King과 Kitchener(1994)의 성찰적 판단 모형에는 다음과 같은 7단계가 포함되어 있다.

1. 신념에는 정당화가 필요하지 않다. 신념은 사실이다.
2. 지식은 전적으로 확실하지만, 즉시 사용하기 어려울 수 있다.
3. 지식은 전적으로 확실하지만, 일시적으로 불확실할 수 있다.
4. 지식은 특이하며, 일부 정보에 오류가 있거나 손실될 수 있으므로 확실하게 알 수 없다.
5. 지식은 맥락적이고 주관적이며, 해석을 통해 사용할 수 있다.
6. 지식은 각 개인에 의해 구성되며, 증거와 논증에 대한 평가를 바탕으로 한다.
7. 지식은 합리적인 탐구의 산물이며, 오류가 있을 수 있다.

최근에는 K. Taylor와 Elias(2012)가 Kegan(2000)의 의식 전환 모델에 기초하여 발달적 관점에 대해 논의하였다. Kegan은 우리가 무엇을 아는지가 아니라 어떻게 아는지, 즉 내용보다는 학습의 "형식(form)"에 관심을 가졌다. 그의 모델은 사회화된 자아에서 사회화를 넘어서는 자아 (자기주도적 자아, self-authorizing self), 그리고 소수의 개인만이 도달 가능한 자기 전환(self-transforming)으로 옮겨 간다.

Mark Tennant는 전환학습과 관련하여 성인 발달에 대한 오랜 저술 경력을 가지고 있다. 그의 가장 최근 저서(Tennant, 2012)는 Kegan의 연구와 관련된 흥미로운 관점을 취했다. 그는 자아에 대한 다양한 개념을 분석하고, 각각을 전환학습의 과정과 연관시켰다. 진정한 자아(authentic self)는 생물학적으로 결정되거나 학습될 수 있지만 변화에 저항하는 "'나'라는 본질, 본질적인 자아"가 있음을 의미한다(17쪽). 자율적 자아(autonomous self)는 "주도성, 선택, 성찰, 합리성"을 특징으로 한다(35쪽). 억압된 자아(repressed self)는 무의식적 차원을 고려한다. Tennant는 이 논의를 위해 Freud(1963)에 의존했지만, 그의 개념화에는 전환학습과 유사한 '개성화(individuation)'가 포함되어 있기 때문에 Jung(1971)이 더 적절할 수 있다. 사회적으로 구성된 자아(socially constructed self)는 타인과의 상호작용을 통해 발달한다. 마지막으로 이야기된 자아(storied self)는 개인이 스토리텔링과 내러티브를 사용하여 자아를 이해하는 방법을 설명한다.

Mezirow(1991)는 사회언어학적인 마음의 습관에 대해 명확하게 표현하고 의문을 제기하기가 매우 어렵다고 설명하였다. K. Taylor와 Elias, Kegan, Tennant의 발달적 접근에서 볼 수 있듯이 우리는 사회 세계에 깊이 매몰되어 있어 그 규범과 기대치를 바라보기 위해 그 바깥에 서기 어렵다. Habermas(1984)는 시스템 세계에 대해 썼다. 소유권 및 소유물 교환으로부터 진화한 화폐 체계와 같은 시스템은 개인의 통제 영역에서 벗어나 있다. 그들은 더 이상 의문을 제기하거나 의심스러운 대상으로 간주되지 않는다. 사람들은 법률 시스템의 가치, 재산 교환 수단으로서 화폐의 필요성, 교육 기관의 존재 여부 등에 대해 논쟁하지 않는다. 우리는 힘과 특권이 분배되는 사회 코드에 대해 인식하지 못한다.

비판 이론가들이 일반적으로 통용되는 관점을 해체하도록 장려하고 포스트모더니스트들이 신념을 "문제" 삼거나 "복잡하게" 만들 때, 깊이 내재된 마음의 습관들은 자극을 받는다.

Mezirow(1991)는 자신의 이론에 대한 초기 발표에서 마음의 습관을 의심하지 않게 되는 몇 가지 이유에 대해 설명하였다.

- 언어에 기반한 가정은 교묘하다. 우리는 언어 자체를 사용하여 의문을 제기해야 하기 때문이다. 라벨링을 통해 우리는 이름을 붙인 사람이나 사물에 그 특성을 부여하는데, 그 이름표가 무비판적으로 동화되면 의문을 제기하기가 어렵다.
- 우리는 선택적으로 지각한다. 모든 것을 보고 들을 수 없기 때문에 어떤 것에 주의를 기울이고 어떤 것은 무시한다. 우리가 이미 동의한 것에 주의를 기울이는 것이 더 쉽다.
- Freire(1970)의 '의식 수준'은 시기마다 다른 생각이 쉽게 나타날 수 있다는 점을 상기시켜 준다. 예를 들어, 생존 욕구에 사로잡혀 있거나, 압제자의 가치를 내면화하거나, 포퓰리스트 지도자에게 감명을 받을 때가 있다. 이러한 조건에서는 마음의 습관에 대해 비판적 검토가 일어날 가능성이 거의 없다.
- 사람들은 인간에 대해 제한된 시각을 보이기도 한다. 인간을 결함이 있는 존재로 보고, 이성, 노력, 행동 등을 통해 변화를 가져올 수 없다고 생각한다(예: 학생들은 게으르고 의욕이 없고, 근로자들은 자신의 일에 관심이 없으며, 대중은 어리석고 순진하다).

의심하지 않은 심리학적 신념과 가정은 성인으로서 우리 자신을 바라
보는 방식과 일치하지 않기 때문에 불균형을 초래하기도 한다. 이는 어
린 시절의 트라우마에서 비롯된 방어 기제일 수도 있고, 성인기에 기능
장애를 일으키는 기제일 수도 있다. 전환학습에 깊은 심리학적 접근 방
식을 취한 이론가들(예: Dirkx, 2012)은 우리가 자신을 보는 방식을 형성
하는 데 있어서의 무의식의 힘을 강조하였다. M. Watkins(2000)는 무의
식이 의식적 자아에 정보를 제공하는 초자연적 에너지 또는 다른 자아
들의 먼지로 구성되어 있다고 설명하였다. 당연히 무의식은 검토의 대
상도 아니고 의심의 대상도 아니다. 무의식을 의식으로 가져오는 것은,
Dirkx(2001a)가 명명한 "영혼의 작업(soul work)"의 일부이다.

오늘날 사회에서의 신체적, 성적, 정신적 학대에 대한 미디어의 관심
이 높아지면서, 우리는 이러한 비극적 경험이 사람들의 삶에 미칠 수 있
는 강력하고 평생에 걸친 영향을 잘 알고 있다. 이 경우, Mezirow(1991)
의 원래 용어인 "왜곡된 가정(distorted assumptions)"은 합당해 보인다.
개인이 이러한 관점을 극복하도록 도울 때는 성인교육자보다 상담사와
치료사의 역할이 더 큰 경우가 많다.

우리가 의심하지 않은 심리학적인 마음의 습관은 그 근원이 더 평범
할 수 있다. 트라우마로 분류되지 않는 단순한 어린 시절의 경험도 자
기 인식에 큰 영향을 미칠 수 있다. 예를 들어, 내 다리가 '굵다'고 해서
25센트를 줄 테니 반바지를 입지 말라고 하신 할머니 생각이 난다. 나
는 지금도 반바지나 짧은 치마를 입지 않는다.

어린 시절 학교에서의 실패, 교사와 동료의 비판 등과 같은 과거의
교육적 경험도 학습자로서 자신에 대한 인식에 영향을 미칠 수 있다.

예를 들어, 자신을 무능한 학습자, 글쓰기나 공부를 못하거나 비판적 사고를 할 수 없는 사람으로 생각하는 사람은 자신의 자아 개념을 초기의 학습 경험과 연결할 가능성이 높다.

성찰의 유형

성찰은 전환학습 이론의 핵심 개념이다. 성찰적 사고는 성인교육에서 일반적으로 학습의 목표이다. 이 개념은 성찰을 "어떤 신념이나 가정된 지식의 형태를 그것을 뒷받침하는 근거와 그것이 지향하는 결론에 비추어 적극적이고, 지속적이며, 신중하게 고려하는 것"(9쪽)으로 정의한 Dewey(1933)에서 그 기원을 찾을 수 있다. 성찰에 대한 현재의 정의는 Dewey의 이해와 크게 다르지 않다. 성찰은 여전히 이성을 통해 경험을 재고하고, 경험을 재해석하고 일반화하여 정신적 구조를 형성하는 과정으로 간주된다(Fenwick, 1998; Mezirow, 2003b).

Mezirow는 비판적 성찰이 전환학습의 핵심이라고 주장해 왔다. 2003년에 그는 두 가지 성인학습 역량, 즉 비판적 자기 성찰(Kegan, 2000) 및 성찰적 판단 실천(King & Kitchener, 1994)이 필요함을 제안하였다. Mezirow (2003b)에서는 "이러한 성인 역량은 경험의 의미를 완전히 이해하고, 비판적 담론과 의사소통적 학습에서 효과적이고 합리적인 추론을 하는 데 필수적"이라고 적고 있다(60쪽). 전환학습은 이러한 관점에서 비판적 성찰을 필요로 한다.

Mezirow는 더 이상 내용, 과정, 전제 성찰의 구분을 강조하지 않았지만(Mezirow, 1991), 이러한 구분은 비판적 성찰에 대한 실천과 사고에 여전히 유용하다.

내용 성찰은 문제의 내용이나 설명을 검토하는 것이다. "여기서 무슨 일이 일어나고 있는가? 무엇이 문제인가?" 등을 묻는 것이 이에 해당한다. 차량 역학을 배우는 학습자가 연료 분사 문제를 진단하기 위한 새 장비를 접하게 되면 "이게 뭐지? 무슨 역할을 하는 거지? 무슨 용도로 쓸 수 있지?"라고 물을 수 있다. 이 학생은 장비의 특성을 파악하거나, 다른 사람이 사용하는 것을 관찰하거나, 함께 제공된 설명서를 읽어 볼 수 있다. 이를 통해 도구적 지식과 관련된 문제에 대한 내용 성찰을 할 수 있다.

다른 지식 영역의 사례로, 고등학교 졸업 학력을 취득하기 위해 성인 교육센터로 돌아온 학생은 불편함과 소외감을 느낄 수 있다. 그녀는 "여기서 무슨 일이 일어나고 있는 거지? 내 기분은 어떠하지?"라고 물을 수 있다. 그녀는 상황에 대한 자신의 반응을 성찰하며 자신의 학습 능력에 대한 걱정, 사회적 소외감, 성공하지 못하는 것에 대한 두려움 등을 판단할 수 있다. 이것은 해방적 학습으로 이어지는 성찰 과정의 시작이 될 수 있다.

과정 성찰에는 사용 중인 문제 해결 전략을 확인하는 것이 포함된다. "어떻게 이런 일이 발생하게 되었지?"를 묻는 것이 이에 해당한다. 기계과 학생이 새 장비를 즉시 이해하여 사용할 수 없었다고 가정해 보자. 이 학생은 지금까지의 과정을 검토하면서 "내가 놓친 것이 있나? 매뉴얼을 이해하지 못했나? 선생님의 말씀을 잘못 해석한 것은 아닐까?"라고 물을 수 있다. 학습자는 문제를 이해하는 과정을 성찰하는 것이다.

학교로 돌아온 학습자는 "내가 어떻게 이런 감정을 느끼게 되었을까? 나는 나 자신을 이해하고 있는가? 내가 적응하지 못한 이유는 무엇일까?"라고 물을 수 있다.

전제 성찰은 문제 자체에 의문을 제기할 때 이루어진다. 전제 성찰은 "이것이 나에게 왜 중요한가? 애초에 내가 이 문제에 왜 관심을 갖는가? 이것이 어떤 차이를 가져오는가? 어쨌든 이것이 왜 문제가 되는가?"라는 형태를 보인다. 이는 문제의 전제 또는 토대를 검토하는 것이다. 기계과 학생은 "내가 이 장비를 작동해야 하는 이유는 무엇이지? 누군가가 하라고 했기 때문에 하는 것인가, 아니면 정말 중요한 일인가? 아니면 제조업체의 홍보 때문인가? 내가 이걸 해야 할까?"라고 물을 수 있다. 학교로 돌아온 학습자는 "내가 왜 이것을 문제로 삼고 있는가? 불안감을 느끼는 것은 자연스러운 일이 아닌가?"라고 물을 수 있다.

사람들이 마음의 습관을 전환할 수 있는 잠재력을 가진 것은 전제 성찰이다. Mezirow(1991, 2000)는 특정 가정 또는 신념을 수정하는 전환학습과 보다 복잡하고 폭넓은 관점의 수정을 포함하는 전환학습을 구분하였다. 내용 성찰과 과정 성찰은 특정 신념의 변화로 이어질 수 있지만, 학습자가 자신과 세계를 다른 방식으로 바라보도록 하는 것은 전제 성찰이다. 전제 성찰을 통해 기계과 학생은 새 장비가 어떻게, 누구에 의해, 어떤 이유로 도입되는지 등 직업 분야의 근본적인 측면들을 다르게 볼 수 있다. 또한 학교로 돌아온 학습자는 전제 성찰을 통해 새로운 상황에 반응하는 방식 자체를 수정할 수 있다.

성인교육자인 학생들과 마찬가지로, 나 또한 실천을 통해 이러한 유형의 성찰적 질문을 하는 것이 매우 유용하다는 점을 알게 되었다. 비판적 질문에 대한 자세한 내용은 이 책의 제8장과 나의 다른 저서(예: Cranton, 2003 참조)에도 포함되어 있다. 여기서는 마음 습관의 본질과 지식의 종류에 따라 내용, 과정, 전제 성찰의 질문이 취할 수 있는 몇 가지 형태를 소개하고자 한다. 〈표 2-1〉은 마음 습관의 유형별 질문을, 〈표 2-2〉는 Habermas의 지식 영역에 따른 질문 형식을 포함하였다.

표 2-1 마음의 습관에 대한 성찰적 질문

성찰	마음의 습관		
	심리학적	사회언어학적	인식론적
내용	나는 나 자신에 대해 무엇을 믿는가?	사회 규범은 무엇인가?	나는 어떤 지식을 가지고 있는가?
과정	나는 나 자신에 대해 어떻게 이런 인식을 가지게 되었는가?	이러한 사회 규범은 어떻게 영향을 미쳤는가?	나는 이 지식을 어떻게 얻었는가?
전제	이러한 인식에 의문을 제기해야 하는 이유는 무엇인가?	이러한 규범이 중요한 이유는 무엇인가?	이 지식이 필요한 이유 또는 필요하지 않은 이유는 무엇인가?
	도덕적·윤리적	철학적	심미적
내용	나의 가치는 무엇인가?	나의 세계관은 무엇인가?	나는 무엇을 아름답다고 생각하는가?
과정	나의 가치는 어떻게 형성되었는가?	나는 이 세계관을 어떻게 가지게 되었는가?	아름다움에 대한 나의 관점은 어떻게 형성되었는가?
전제	나의 가치가 중요한 이유는 무엇인가?	이 세계관을 고수해야 하는 이유는 무엇인가?	이러한 아름다움에 관심을 가져야 하는 이유는 무엇인가?

63

표 2-2 지식의 종류에 대한 성찰적 질문

성찰	지식		
	도구적	의사소통적	해방적
내용	무엇이 사실인가?	다른 사람들은 이 문제에 대해 어떻게 생각하는가?	나의 가정은 무엇인가?
과정	이것이 사실인지 어떻게 알 수 있는가?	나는 다른 사람의 관점을 어떻게 통합하였는가?	나의 가정이 타당한지 어떻게 알 수 있는가?
전제	이 지식이 나에게 중요한 이유는 무엇인가?	이 결론을 수용해야 하는 이유는 무엇인가?	나의 관점을 수정하거나 수정하지 않아야 하는 이유는 무엇인가?

요약

　Mezirow가 대학에 복귀한 여성들의 경험을 연구한 이후 40년 동안, 전환학습 이론은 10단계 이행 모델에서 복잡하고 포괄적인 성인학습 이론으로 발전해 왔다. Mezirow는 합리적인 비판적 자기 성찰과 담론을 통해 전환이 일어난다는 관점을 일관되게 유지했지만, 이 분야의 다른 학자들은 전환이 일어나는 방식에 대해 정교화했다.

　전환학습은 문제가 되는 준거 틀을 검토하여 사람들이 보다 포용적이고, 분별력 있으며, 개방적이고, 성찰적이며, 정서적으로 변화할 수 있도록 만드는 과정으로 정의된다. 이는 혼란스러운 딜레마와 같은 단일 사건에 의해 촉발될 수도 있고, 시간이 지남에 따라 점진적이고 누적적으로 발생할 수도 있다. 담론은 이 과정의 핵심이다. 우리는 대안적 관점을 더 잘 고려하고 그 타당성을 판단하기 위해 다른 사람들과의 대화에 참여해야 한다.

준거 틀은 경험을 해석하는 데 사용하는 광범위한 성향인 "마음의 습관"과 경험을 해석하는 데 사용하는 습관적이고 암묵적인 가정의 집합인 "관점"으로 구성된다. 마음의 습관은 관점으로 표현된다. 예를 들어, 어떤 사람이 직업 윤리를 존경하는 마음의 습관을 가지고 있다면, 이는 정부로부터 실업 수당을 부정하게 수령하는 개인에 대한 비판적 관점으로 표현될 수 있다.

마음의 습관은 여러 유형이 있을 수 있다. Mezirow는 서로 중첩되고 상호 연관된 여섯 가지 마음의 습관을 명명하였다. 지식 및 지식을 습득하는 방식과 관련된 "인식론적" 마음의 습관, 사회 규범 및 언어 사용 방식에 기반한 "사회언어학적" 마음의 습관, 사람들이 자신을 어떻게 보는가와 관련된 "심리학적" 마음의 습관, 양심 및 도덕과 관련된 "도덕적·윤리적" 마음의 습관, 세계관 또는 종교적 교리에 기초한 "철학적" 마음의 습관, 아름다움에 대한 기준을 포함한 "심미적" 마음의 습관이 이에 해당한다.

마음의 습관은 가족, 공동체, 문화로부터 무비판적으로 흡수된다. 우리가 간과할 수 없는 대안적 관점을 마주하지 않는 한 그들은 의심의 여지가 없는 상태로 남아 있다. 의심할 여지가 없는 마음의 습관은 인지 발달, 강력한 사회적 가치, 어린 시절의 개인적 경험이나 트라우마의 산물일 수 있다.

Mezirow의 관점에서 비판적 성찰과 비판적 자기 성찰은 전환학습의 핵심이다. 1991년 저서에서 그는 성찰의 세 가지 종류, 즉 내용, 과정, 전제 성찰에 대해 설명하였다. 내용 및 과정 성찰("무엇이 문제인가?", "이것이 어떻게 문제가 되었는가?"라는 질문)은 특정 가정과 신념의 변화로 이어질 수 있다. 문제나 쟁점의 근본에 도전하는 전제 성찰은 우리 자신과 주변 세계를 바라보는 렌즈 역할을 하는 가정과 신념의 그물망, 즉 마음의 습관에 대한 전환을 촉진할 수 있는 잠재력을 가지고 있다.

제 **3** 장

통합적
관점으로서의
전환학습 이론

전환학습 이론은 사람들이 이 이론에 대해 어떻게 생각하고
정교화하는가에 있어서뿐 아니라, 갈수록 연구가 확대됨에 따라
이론적 발전을 어떻게 지지하고 의문을 제기하는가 하는 점에서
"진행 중인(in progress)" 이론이다.

2000년에 Mezirow는 1998년에 열린 제1회 국제 전환학습 컨퍼런스에서 발표된 내용을 바탕으로 출간한 편서(『전환으로서의 학습: 진행 중인 이론에 대한 비판적 관점』)의 부제를 통해 전환학습이 진행 중인 이론임을 선언하였다. 이 관점은 2년마다 열리는 전환학습 컨퍼런스와 2003년 창간된 『전환교육 학술지』에서 지속적으로 중요하게 다루어지고 있다.

　전환학습 이론의 초기 비평가들은 Mezirow가 사회 변화를 다루지 않은 점과 Habermas의 연구에 대한 선택적 해석(Collard & Law, 1989), 힘의 문제에 대한 간과(Hart, 1990), 학습의 문화적 맥락에 대한 간과(M. C. Clark & Wilson, 1991), 합리적 사고의 지나친 강조(Dirkx, 1997) 등에 초점을 맞추었다. 이러한 문제는 학습에 관한 대부분의 문헌 검토에서 언급되고 있다. 2000년 이후 몇몇 학자들은 전환학습 이론에 대한 다양한 접근법을 분류하는 데 주력해 왔다. Baumgartner(2001)는 전환학습 이론의 전개 방향을 이해하기 위해 Dirkx(1998)의 네 가지 렌즈 접근법을 활용하였다. 첫 번째 렌즈는 Freire(1970)의 관점이다. 이는 전환학습의 목표가 억압으로부터의 해방이고, 그 방향은 사회 정의라는 관점이다.

두 번째 렌즈는 Mezirow(2000)의 관점이다. 이는 혼란스러운 딜레마에 대응하고, 가정에 의문을 제기하고 수정하며, 담론에 참여하고, 새로운 관점에 따라 행동하는 과정의 중심으로서 합리적 사고와 성찰에 주목한 것이다(제2장 참조). 세 번째 렌즈는 전환학습에 대한 발달적 접근 방식(Daloz, 1999)이다. 이는 직관적이고, 총체적이며, 맥락적인 과정으로서, 사회적 환경 내에서 일어나는 이행의 여정에 주목한다. 마지막 네 번째 렌즈는 학습과 영성을 연결한 관점이다(Dirkx, 2001b; Tisdell & Tolliver, 2001). Dirkx는 전환학습을 영혼의 작업이라고 묘사했으며, 다른 작가들은 이를 불교 명상(Robinson, 2004)이나 요가(Cohen, 2003) 등과 같은 실천과 연결하였다.

E. W. Taylor(2008)는 전환학습에 대한 몇 가지 "대안적 개념"을 식별하였다. 여기에는 Jung의 관점에서의 '개성화(individuation)' 과정에 주목한 "정신분석학적 관점", 전 생애에 걸친 학습에 주목한 "심리발달적 관점", 억압받는 사람들이 비판 의식을 갖게 되는 과정에 주목한 "사회 해방적 관점", 학습 과정 중 뇌 구조의 변화를 설명하는 "신경생물학적 관점", 문화적으로 관련되고 영적으로 기반을 둔 "문화적 · 영적 관점", 아프리카계 사람들을 전환 과정의 중심에 놓는 "인종 중심적 관점", 전환학습이 우주, 자연 환경, 개인 세계 간 연결을 넘어 전체 시스템을 고려하는 것으로 이어지는 "행성학적 관점" 등이 있다.

이러한 유형의 파편화는 새로운 이론의 개발에서 매우 일반적이지만, 이제 더 이상의 파편화보다는 통합을 향해 노력해야 할 때가 왔다. 이 장에서는 전환학습의 다양한 차원을 검토하고, 그 통합을 모색한다. 먼저 연결된 학습과 관계적 학습에 대해 소개한 다음, 사회 변화와 관런하여 전환학습에 대한 몇 가지 생각을 제시하고자 한다. 이러한 관점은 Mezirow 이론의 토대가 되는 합리주의적 관점을 확장하고 전환학습을 이해하는 대안적 방식의 문을 열어 줄 것이다. 이들은 학습 과정을 매개함에 있어 주로 성찰에 의존하며, 이러한 점에서 제2장에서 설명한 비판적 성찰에 대한 강조의 연장선에 있다고 할 수 있다. 여기에서는 전환학습 이론을 (소)집단과 조직에 적용하기 위한 방법을 논의하고, 세계화와 환경주의 세계관에 대한 접근 방식으로 전환학습을 어떻게 볼 수 있는지 검토한다. 또한 전환학습이 합리적이고 의식적인 인식 수준을 넘어 무의식적인 과정에 의해 매개된다는 점을 제시함으로써, 앎의 방식으로서 비판적 성찰에 대해 근본적으로 도전하는 초합리적(extrarational) 접근에 대해 설명한다. 이를 통해 전환학습의 여러 분파가 어떻게 하나의 통합된 이론으로 존재할 수 있는지 탐구한다. 마지막으로 E. W. Taylor와 Snyder(2012)의 문헌에 대한 검토를 바탕으로 전환학습에 대한 연구의 일부를 요약한다.

연결된 앎

학습이 연결되어 있고 관계적인지, 아니면 독립적이고 자율적인지 여부에 대한 논쟁은 비단 전환학습 이론과 관련된 것만은 아니다(예: MacKeracher, 2004). 전통적인 학습 이론에서는 개인이 어떻게 학습하는지에 초점을 맞추고 있으며, 학습의 맥락을 고려하더라도 다른 사람과의 관계 속에서 어떻게 학습이 이루어지는지가 아니라 그 사람에 주목하는 것이 일반적이었다. 교육에서 집단과 상호작용 방식을 강조하여 왔음을 생각하면 의아할 수 있으나, 토의와 (소)집단 활동을 통해 학습을 성취할 수 있음에도 불구하고 학습은 오랫동안 개별적인 과정으로 여겨져 왔다. 이러한 가정의 뿌리는 개별 유기체를 강조하는 행동주의에 있을 수도 있고, 교육 시스템을 주도하는 평가 모델에 있을 수도 있다. 지능과 적성은 모두 개별적으로 측정되며, 채점 시스템은 개인 간 비교와 경쟁을 기반으로 한다. 학습에 대한 평가는 초등학교 1학년부터 박사과정에 이르기까지 개인의 수행 결과를 바탕으로 이루어진다.

서구 사회는 개인주의를 중시한다. 학습에 대한 생각을 포함하여 우리 삶의 모든 측면이 이 가치의 영향을 받는다(Brookfield, 2005). 우리가 자율적이고 독립적인 학습을 존중한다는 것은 그리 놀라운 일이 아니다. Gardner가 다중 지능의 하나로 "대인 관계적 지능"을 소개하고(Gardner, Kornhaber, & Wake, 1996), Goleman(2011)이 "정서 지능"이라는 개념을 가져온 이후, 우리의 집단적 관점에 변화가 생겼다. 훈련 프로그램 및 직업교육에서는 사람들이 함께 일하는 법을 배우는 데 더 중점을 두고 있다. 하지만 여전히 이는 주로 개인이 다른 사람과 함께 활동하는 방법을 배우는 것이지, 다른 사람과의 관계에서 배우는 것이 아니다.

학습의 성별 차이에 관심이 있는 일부 페미니스트 저자와 이론가들은 전환학습에 관한 문헌에서 여성이 배제되었다고 주장한다(English & Irving, 2012). Hayes와 Flannery(2000)는 관계적 또는 연결된 학습을 강조하였다. 이 분야의 학자들은 여성이 다른 방식으로 학습한다고 주장하였다. 여성은 타인과의 관계, 양육과 배려, 서로 간의 연결을 통해 배운다는 것이다(Belenky & Stanton, 2000). Belenky와 Stanton은 이러한

점을 바탕으로 전통적인 전환학습 이론을 비판하였다. 이들은 Mezirow
가 담론 참여자들 사이의 평등한 관계를 가정했지만, 대부분의 인간 관
계는 비대칭적이라고 주장하였다. 이러한 점은 특히 여성에게 심각한
결과로 나타난다. 남성과 여성, 사고와 감정, 공적인 것과 사적인 것을
나누는 것과 같은 이분법적 사고는 한 극을 높이 평가하고 다른 극이
평가절하되는 위계를 만든다. 따라서 이원론적 범주를 연결, 관계 등과
같은 통합적 사고로 바꾸어야 한다.

Belenky와 Stanton(2000)은 이전의 초기 연구(Belenky, Clinchy, Goldberger,
& Tarule, 1986)를 바탕으로 여성의 앎의 발달 단계를 "침묵, 수용적 앎,
주관적 앎, 분리적 앎, 연결된 앎, 구성주의적 앎"의 여섯 단계로 설명하
였다. 전환학습 이론의 함의를 검토할 때 저자들이 가장 관심을 가졌던
지점은 "분리적 앎"과 "연결된 앎"의 구분이었다. 저자들은 전통적인 이
론에서는 "분리적 앎"이 중심적인 역할을 한다고 제안하였다. 방어 가능
한 지식을 만들기 위해 추론을 하고 논리의 결함을 찾는 "분리적" 지식
인과 달리, "연결된" 지식인은 판단을 유예하고 타인의 관점을 이해하기
위해 노력한다. 이들은 타인의 관점에서 약점보다는 강점을 찾는다.
Belenky와 Stanton은 "연결된 지식인들이 타인의 의견에 동의하지 않을
수록 공감, 상상력, 스토리텔링 등을 그들의 마음의 틀에 들어가기 위한
도구로 사용하여 그 사람이 어떻게 그런 상상을 하였는지 이해하려고
노력한다."로 썼다(87쪽). 이들은 분석적으로 보는 것이 아니라 총체적
으로 보는 것이 목표라는 근본적으로 다른 입장을 취했다.

최근의 몇몇 연구는 이러한 전환학습에 대한 이해를 뒷받침한다.
Stuckey, Taylor, Cranton(2014)은 전환학습의 결과와 과정을 평가하기

위한 설문조사를 개발하는 프로젝트에서 성인 136명을 모집하여 110개 항목으로 구성된 예비 설문에 응답하도록 했다. 통계 분석 결과, 연결된 또는 관계적 학습과 관련된 세 가지 척도(정서, 지원, 대화)가 존재한다는 사실이 입증되었다.

Kroth와 Cranton(2014)은 전환학습을 이해하기 위해 내러티브 접근법을 사용하여 다양한 맥락과 문화에 있는 10명의 참가자로부터 이야기를 수집하였다. 이들은 관계, 특히 배우자나 다른 가족 구성원과의 관계가 중요한 역할을 한다는 사실을 발견하였다. E. W. Taylor와 Snyder(2012)는 전환학습에 관한 문헌을 검토하면서, 관계가 전환학습 과정의 중요한 측면으로 점점 더 인식되고 있다고 보고하였다.

Carter(2000)는 자신이 연구한 고위 관리직 여성들 사이에서 주로 발달적 관계를 통해 전환이 일어났다는 사실을 발견하였다. Carter는 참가자들이 보고한 몇 가지 유형의 관계를 설명하면서 그중 하나를 사랑 관계, 즉 오랜 기간 동안 경험과 감정을 깊고 친밀하게 공유하는 관계로 분류하였다. Carter의 연구 참여자 중 일부는 이미 사망한 사람과 사랑했던 기억을 통해 관계를 유지하고 있었다. Gilly(2004)는 박사과정의 동료 구성원들 사이의 전환교육 경험을 보고하였는데, 여기에서도 협력과 관계가 전환의 핵심 요소였다.

English와 Irving(2012)은 여성의 전환학습에 관한 문헌을 검토하고 분석했으며, 대부분이 억압적 조건에 처한 여성에 대한 연구를 기반으로 하고 있다는 점에 주목하였다. 이들은 또한 이러한 연구들이 여성의 전환 경험에 미치는 관계의 중요성을 강조하고 있다는 점을 지적하였다. 나는 여성이 특정한 방식으로 전환학습에 참여한다고 제안하는 것이 다소 위험할 수 있다고 생각한다. 여성이 특정한 방식으로 학습하고 남성이 다른 방식으로 학습한다고 제안하는 것은 고정관념일 수 있으며, 여성의 학습이 사회에서 덜 가치 있는 것으로 묘사된다는 점을 고려할 때 이는 여성을 더욱 소외시키는 역할을 할 수도 있다. English(2004)는 자원봉사 단체에서 여성의 학습에 대한 연구를 보고하면서 이 문제를 잘 설명했다. 여기서 진짜 문제는, 이러한 관점이 "(유일하게) 옳은 것"이거나 다른 관점보다 우월하다고 믿을 수 있다는 점이다.

사회 변화

전환학습 이론은 사회 변화에 충분한 관심을 기울이지 않는다는 이유로 오랫동안 비판을 받아왔다. Mezirow(1990, 2000)는 사회 변화를 핵심 목표로 삼았던 Freire와 Habermas의 연구를 바탕으로 했지만, Mezirow는 개인의 변화가 사회 변화에 선행한다고 믿었다. Collard와 Law(1989), Cunningham(1992), Hart(1990)는 전환학습 이론 개발 초기에 이러한 견해에 반대했었다.

사회 개혁은 오랫동안 성인교육의 목표였다. 여기서 두 가지 예가 바로 떠오른다. 첫 번째 예는 캐나다에서 시작된 안티고니시(Antigonish) 운동으로, 1920년대 후반 Jimmy Tompkins 신부와 Moses Coady 신부가 협동조합과 신용조합을 통해 일반인들이 경제 발전을 도모할 수 있도록 돕기 위해 시작하였다. 다음의 6대 원칙에 반영된 대로 이 운동의 지도자들은 대중 집회, 스터디 그룹, 식사 모임, 지역사회 강좌 등을 통해

"사람들이 더 크고 나은 민주적 제도를 구축하도록 돕고자" 했다(Coady, 1939, 3쪽).

1. 개인의 필요는 가장 중요하며, 이는 사회적 맥락에서 개발되어야 한다.
2. 사회 개혁의 뿌리는 교육에 있다.
3. 개인은 경제적 필요에 가장 관심이 있으며, 교육은 거기서부터 시작되어야 한다.
4. (소)집단 환경이 교육에 가장 적합하다.
5. 사회 개혁은 사회 및 경제 제도의 변화를 유발하고, 그에 따라 달라진다.
6. 공동체 구성원 모두의 완전하고 자아실현적인 삶이 이 운동의 목표이다.

두 번째 예는 1932년에 Myles Horton과 동료들이 미국에 설립한 하일랜드 민속 학교(Highland Folk School, 현재의 "하일랜더 연구 교육 센터")이다. 안티고니시 운동의 경우와 마찬가지로, 사회 변화에 영향을 미치는 방안으로 일반인을 위한 교육을 제공하는 것이 그 목표였다. 리터러시 능력의 개발은 사회적 변화와 개인적 변화를 촉진하는 방법의 하나로 여겨졌다. Horton의 목표는 사람들을 모아 억압적인 조직과 정부에 도전하는 것이었다. Ebert, Burford, Brian(2003)은 하일랜더 센터의 현직 교육자 8명과의 인터뷰를 바탕으로 전환교육과 관련된 다음 9가지 실천 양상을 기술하였다.

1. 담론과 성찰을 장려하는 안전한 공간 제공하기
2. 참가자가 풍부한 지식과 경험이 있다고 가정하기
3. 사람들이 혼자가 아니라는 것을 발견하도록 돕기

4. 비판적 사고 촉진하기

5. 사람들이 목소리를 내고 행동할 수 있는 자신감을 키우도록 지원하기

6. 시너지를 통해 문제 해결하기

7. 변화를 위한 평생적이고 다양한 학습 장려하기

8. 모든 사람이 공동체의 중요한 구성원이라는 생각 촉진하기

9. 지속적으로 개선하기(325~326쪽 발췌)

사회적 행동을 강조하는 저자와 이론가들은 사회적 행동이 없는 비판적 성찰을 "아무런 실질적인 차이를 만들지 않는 방종한 형태의 사변"으로 간주한다(Brookfield, 2000, 143쪽). 보다 최근에 Brookfield(2012)는 비판 이론과 관련하여 전환학습을 설명하고, "비판 이론이 요구하는 학습과 이러한 학습을 전환적으로 볼 수 있는 정도"에 대해 탐구하였다(131쪽). Mezirow(2000)는 사람들이 억압적인 구조를 인식하고 이를 변화시키는 방법을 배우도록 돕는 교육적 과제와 경제적 변화를 강제하는 정치적 과제를 구분하였다. 이러한 구분은 도움이 된다. Mezirow는 사회적 행동이 성인교육자의 책임 또는 전환학습의 산물이 아니라고 말한 것이 아니다. 그는 교육자들이 학습자가 세계를 변화시키는 방법을 배우도록 도와줌으로써 세계를 변화시킬 수 있다고 말한 것이다. 하지만 그것이 전환학습과 사회적 행동 사이의 연관성을 완전히 설명하지는 못한다.

Brookfield(2003)는 Bell Hooks와 Angela Davis의 연구에 대한 리뷰에서 이 두 저자가 전환학습을 이데올로기 비판으로 보았다고 결론지었다. 전환교육의 목적은 "사람들이 지배적인 이데올로기를 발견하고 이에 도전하며, 비자본주의적 논리에 따라 사회적 관계를 조직하는 방법을 배우도록 돕는 것"이라는 것이다(224쪽). 사회적 행동에서는 모든 관

계에 불균형이 존재한다. 전환에는 개인이 자신과 세계를 보는 방식의 구조적 변화뿐 아니라, 개인의 삶에 맥락을 제공하는 사회 세계의 구조적 변화도 포함된다.

Brookfield(2005, 2012)는 비판 이론에 관한 저서에서 비슷한 입장을 취했다. 이데올로기 비판은 사람들이 무비판적으로 동화된 가정과 신념을 인식하게 되는 방식을 설명한다. 성인교육자의 역할은 사람들이 이러한 이데올로기(가정, 신념)가 자신도 모르는 사이에 어떻게 자신에게 부과되었는지 그리고 그것이 어떻게 경제적, 정치적 불평등을 정당화하고 유지하는지 알 수 있도록 돕는 데 있다(Brookfield, 2005, 13쪽).

Stuckey와 동료들(2014)은 전환학습에 대한 설문조사를 개발하면서(Cranton, 326쪽), 전환학습의 사회 변화 측면을 반영하는 네 가지 하위 척도를 발견하였다. 이 네 가지 하위 척도는 "임파워먼트(권한 부여), 사회적 행동, 억압 폭로, 이데올로기 비판"이다. 이 척도는 설문조사에 대한 통계 분석에서 일관성과 신뢰성을 보여 주었다. Kroth와 Cranton(2014)이 수집한 사례 중 세 가지가 사회 변화와 직접적으로 관련되었다. 이들은 각각 이라크 전쟁 참전 용사의 경험에 대한 이야기, 남한에 거주하는 탈북 학생들을 대상으로 한 프로젝트의 교육자 이야기, 나이지리아 여성이 종교 지도자, 일반 남성, 문화의 사회적 규범에 의한 억압의 본질을 이해하도록 도운 이야기이다.

Torres(2003)는 사회 정의의 도구로서 전환학습에 대한 Freire(1970)의 관점을 따랐다. 그는 흥미로운 역설을 제기하였다. 민주주의는 사람들 사이의 평등을 전제로 한 참여를 의미한다. 그러나 사람들은 민주적 참여에 대한 교육을 받아야 한다. 담론에 참여하고, 타인과 협력하며, 민주적 권리와 의무를 행사하는 방법을 아는 것은 민주적 참여의 전제 조건이자 산물이다. Torres는 "전환적 사회 정의는 사회에서의 소외와 착취의 조건을 밝히고, 이를 통해 사회적 행동의 뿌리를 이해하는 토대를 만드는 데 기여해야 한다."고 주장하였다(429쪽). 그러나 그는 과거를 재고하고 자아 형성을 이해하는 과정인 "자기 전환(self-transformation)"의 중요성을 부정하지 않았다. 우리는 현재 상태를 이해함으로써 "세계 속의 나"가 되는 것의 한계와 가능성을 볼 수 있다(429쪽).

(소)집단과 조직

(소)집단과 조직의 전환은 전환학습 이론의 또 다른 탐구 분야이다. Yorks와 Marsick(2000)은 액션러닝(action learning)과 협력적 탐구에 주목하였다. 이들은 조직 차원의 전환학습을 목표로 성찰하고 행동할 때 사용되는 두 가지 (소)집단 학습 전략이다. Kasl과 Elias(2000)도 그와 유사하게 (소)집단 학습과 조직 변화의 맥락에서 전환학습에 대해 보고하였다. 사회 변화를 목표로 하는 전환학습과 (소)집단 학습을 구별하는 것은 쉽지 않다. Scott(2003)은 "전환에는 사람의 정신과 사회 구조의 구조적 변화가 포함된다."라고 말하여 이를 명확히 했다(281쪽). Scott은 Kegan(2000)의 구성주의적·발달적 접근 방식에 따라, 더 높은 정신 기능을 향한 집단적 움직임이 일어나는 것을 보았다.

(소)집단 학습은 성인교육에서 오랜 역사를 가지고 있지만, 하나의 실체로서 (소)집단이 학습할 수 있다는 생각은 새롭고 참신한 것이다.

Kasl, Marsick, Dechant(1997)는 (소)집단이 하나의 시스템으로서 지식을 스스로 창출할 수 있다고 주장하였다. 학습 조직에 대한 대중적 연구들은 이 모델을 따른다. 이러한 아이디어는 Argyris와 Schon(1974)의 연구에서 시작되었으며, Senge(1990)에 의해 대중화되었다. 그러나 학습 조직을 전환학습과 연결한 것은 Watkins와 Marsick(1993)의 연구에서였다. 조직 전환에 관한 Yorks와 Marsick(2000)의 연구는 액션러닝과 협력적 탐구에 기반을 두고 있다. 액션러닝은 조직 내 실제 프로젝트나 문제를 해결하기 위해 소집단 또는 팀으로 활동하여 학습하는 것을 의미한다. 협력적 탐구도 이와 유사하다. 이는 "동료 집단이 그들에게 중요한 질문에 답하기 위해 노력하는 성찰과 행동의 반복적 이야기(episode)로 구성된 과정"이다(266쪽). 여기에는 공동 탐구, 민주적 과정, 경험에 대한 총체적 이해 등이 강조된다. Yorks와 Marsick에 따르면, 조직은 환경의 특성, 조직의 비전이나 미션, 조직의 산출물이나 서비스, 조직의 구조, 조직 관리, 조직 구성원이 자신의 역할을 보는 방식 등의 여러 차원에 따라 전환된다.

Fenwick(1998)은 이러한 관점에 대해 비판적이었다. 그녀는 학습 조직에 대해 사람들이 조직의 목표와 밀접하게 연결될 수 있기는 하나, 조직 내 구성원들의 비전과 목표는 각자 매우 다를 수 있다고 지적하였다. 또한 조직을 단일하고 지적인 실체로 묘사하는 것이 합리적이지 않다고 주장하였다. 조직은 단일하지도 않고, 경계도 없으며, 안정적이지도 않다. 여기에는 다양한 하위 집단과 문화, 지속적으로 변화하는 사람들이 포함된다.

(소)집단은 학습과 전환이 가능할까? Kasl과 Elias(2000)의 저술은 그

것이 가능하다는 전제를 바탕으로 작성되었다. 그들은 이 가정을 뒷받침하기 위해 (a) "개인과 (소)집단, 조직이 공유하는 공통된 특성"과 (b) "집단 정신(group mind)"의 개념을 사용하였다. 이들은 비판적 성찰과 분별력을 전환학습 개념의 핵심 과정으로 포함하였다. 분별력은 수용과 인식에서 출발하여 관계적 총체성의 패턴을 보는 것으로 나아간다. "준거틀은 분석적이기보다 초월적(transcended)이다."(Kasl & Elias, 2000, 231쪽) 전환학습은 개인뿐 아니라 집단적인 의식의 확장이라 할 수 있다. Kasl과 Elias는 사례 연구를 통해 개인에게 귀속된 과정이 (소)집단 학습을 이해하고 해석하는 모델로 사용될 수 있음을 제시하였다.

Schapiro, Wasserman, Gallegos(2012)는 (소)집단이 전환학습의 맥락을 어떻게 제공하는지에 대한 문헌을 살펴보았다. 이들은 (소)집단을 전환학습에 필수적인 대화의 용기(container)로 묘사하고, 세 가지 유형의 전환학습 (소)집단, 즉 개인적 성장과 자기 인식을 위한 (소)집단, 차이에 대한 관계적 공감을 위한 (소)집단, 비판적인 체계적 의식을 위한 (소)집단에 대해 언급하였다.

K. E. Watkins, Marsick, Faller(2012)는 이 개념을 조직의 맥락에 적용하여, 전환학습이 조직의 학습 및 발달과 어떻게 관련되는지 탐구하였다. 이들은 리더의 역할과 관련하여 개인의 관점과 시스템의 관점을 구별하고 조직의 변화를 도모하기 위한 전환학습 촉진 모델을 제시하였다. 그들은 복잡한 글로벌 업무 환경과 불확실한 경제 환경에서 전환학습을 촉진하는 것이 쉽지 않다는 점을 인정하면서도, 전환학습 이론이 조직이 살아남을 수 있도록 대응책을 마련하는 데 중요한 기초가 된다고 보았다.

생태학적 관점

온타리오 교육연구소 전환학습센터의 O'Sullivan과 그의 동료들은 전환학습에 대한 독특하고 흥미로운 접근법을 제시하였다. 이들의 비전은 개인적, 관계적, 집단적, 제도적, 사회적, 전 지구적 관점을 폭넓게 아우른다.

> 전환학습은 생각, 감정, 행동의 기존 전제에 대해 심층적이고 구조적인 변화를 경험하는 것을 포함한다. 이는 우리가 세계에 존재하는 방식을 극적이고 영구적으로 변화시키는 의식의 전환이다. 이러한 변화에는 우리 자신과 자신의 위치에 대한 이해, 다른 사람 및 자연 세계와의 관계에 대한 이해가 포함된다. 또한 계층, 인종, 성별 등이 서로 얽혀 있는 구조 속에서 힘의 관계에 대한 이해, 신체에 대한 인식, 삶에 대한 대안적 접근 방식의 비전, 사회 정의, 평화, 개인적 기쁨의 가능성에 대한 감각 등이 포함된다(온타리오 교육연구소, 2004).

O'Sullivan(2003)은 전환학습을 개별적(individual) 과정으로 보는 대신 "통합적으로 연결된 전체성"으로 구현되는 개인의(personal) 과정으로 보았다(355쪽). 이러한 이해의 핵심은 우리가 전체의 일부라는 것이다. 우리는 인간의 다양성이 무너지거나 소멸되지 않고 함께 어우러지는 지구 공동체를 위해 노력해야 한다.

몇 년 후, O'Sullivan(2012)은 "우리가 역설적인 순간에 살고 있다."며 "우리 시대는 큰 가능성과 함께 심각한 위험의 시대"라고 말했다(162쪽). 그는 전체론, 여성의 지혜, 토착민의 지혜, 영성 등 자신의 논의의 통합적 본질을 보여 주는 전환학습의 여러 차원들을 강조하였다. 이러한 목소리에 대한 설명을 통해 그는 전환교육이 "우리의 생각, 감정, 행동의 기본 전제에 대해 심층적이고 구조적인 변화를 경험하는 것"이라는 초기 관점으로 회귀하고 있다(175쪽).

스웨덴의 홀마 통합교육 대학(Holma College of Integral Studies)도 전환학습을 이해하기 위해 유사한 접근 방식을 취하였다(Gunnlaugson, 2003). 이 대학은 개인 및 글로벌 웰빙과 관련된 1년짜리 성인교육 집중 프로그램을 만들고 개인적, 집단적 전환을 희망하는 참가자들을 모집하였다. "모든 형태의 삶을 사랑하는 법을 배우고, 이 사랑을 개인적인 영역에서 보다 보편적인 지평으로 확장"함으로써, 학생들은 "통합적인 정보를 갖출" 수 있었다(326쪽).

초합리적 접근

전환학습 이론에 대한 초합리적 접근은 Mezirow의 인지적 이해를 뛰어넘는다. 이 분야의 저자들은 굳이 초합리적이라고 명명하지 않더라도, 인지적 처리 방식을 넘어서는 다른 것들에 주목해 왔다(예: Herman, 2003; Lennard, Thompson, & Booth, 2003). 전환을 이해하는 이러한 방식들을 Mezirow의 논의와 대립적인 입장으로 취급하지 않고 통합할 수 있다면, 통합적이고 총체적인 이론을 발전시키는 데 좋은 진전을 이룰 수 있을 것이다(Cranton & Roy, 2003).

Boyd와 Myers(1988)는 Jung 심리학을 사용하여 전환학습을 설명한 초기 지지자였다(Boyd, 1985, 1989 참조). 그들은 개인의 이해에서 상징, 이미지, 원형이 역할을 하는 분별의 과정을 기술하였다. Boyd(1989)는 개인이 무의식적 내용을 다루기 위해 애쓰는 (소)집단에서의 활동 방법에 대해 보고하였다. (소)집단은 개별 구성원이 이미지를 생성하고, 개인적인 딜레마를 식별하며, 개인의 단계와 발달의 국면을 연관시키는 데 영향을 미친다. Boyd는 개인의 전환(personal transformation)을 "개인적 딜레마의 해결과 의식의 확장을 동시에 포함하는 개인 특성의 근본적인 변화"로 규정하고, 이를 통해 "더 큰 특성들의 통합"이 가능하다고 보았다(459쪽). Boyd는 전환이 각자의 고유성을 구성하는 정신적 구조에 대한 성찰을 통해 학습하는 과정, 즉 개성화(individuation)의 내적인 여정이라고 지적하였다. Boyd의 초기 글이 20년이 지난 지금까지도 자주 인용되는 것은, 많은 사람의 전환 경험에 공감을 불러일으킨다는 것을 보여 준다.

Dirkx(2001b)는 에고(자아, ego) 기반의 합리적, 객관적인 접근 방식을 넘어 전환학습 이론을 확장하는 데 앞장섰다. Dirkx(1997)는 전환학습에 지극히 개인적이고 상상적인 앎의 방식, 즉 로고스(이성, logos)가 아닌 미토스(신화, mythos)의 방식이 포함된다고 설명하였다. Dirkx는 Hillman (2000)과 T. Moore(1996)의 영혼에 관한 저술과 Jung(1971)의 개성화 개념에서 영감을 얻었다.

Drikx(1997)는 전환학습에 상상력과 감성적인 앎의 방식이 포함된다고 말한다. 미토스는 상징, 이미지, 이야기, 신화 등에서 볼 수 있는 앎의 한 측면을 반영한다. 학습을 비판적 자기 성찰의 문제로 이해하면, 전환의 정서적, 영적, 상상적 측면을 소홀히 하고 전체론적, 전인적 이해보다는 제한적이고 단편적인 관점을 갖게 된다. Boyd(1991)는 총체성을 유지하기 위해 전환교육을 이야기하였다. 『전환교육 학술지』의 창립자들 또한 포괄적이고, 통합적이며, 총체적인 의미를 전달하기 위해 의도적으로 이 제목을 선택하였다(Markos & McWhinney, 2004).

이론 및 실천과 관련하여 말하는 것과 그 의미를 이해하는 것은 별개의 문제이다. Dirkx(1997)는 정의가 아닌 경험적 사례를 통해 영혼을 설명하였다. 석양에 경외심을 느끼고, 타인의 고통 앞에서 고통과 무력감에 사로잡힌다는 것이 그 예이다. 우리는 예술, 음악, 영화 등을 통해 영혼을 경험한다. 그것은 합리성을 초월하여 자아와 세계 사이의 연결에 깊이, 힘, 신비, 심층적 의미 등을 부여하는 마법의 순간이자 결정적 순간이다. 영혼을 고양하고자 할 때 우리는 학습 환경의 지적인 측면뿐 아니라 정서적, 영적, 사회적, 신체적 측면에도 주의를 기울인다. 우리는 개인과 집단의 정신에 귀 기울이고, 이미지를 이해하고 감상하며, 학습의 다면적 차원을 존중하는 등 일상의 작은 일에도 주의를 기울인다(Dirkx, 2000).

Jung(1971, 448쪽)은 개인이 일반적이고 집단적인 사회로부터 자신을 구별하는 과정을 "개성화(individuation)"라고 규정하였다. 여기에는 아니마(anima), 아니무스(animus), 에고(ego), 그림자, 집단 무의식 등의 정신적 구조를 인식하고 고려하는 것이 포함된다. 사람들은 자신이 다른 사람과 어떻게 같고 다른지 알게 된다. 개성화를 통한 전환은 우리가 의식하든 의식하지 않든 일어난다. 그러나 의식적으로 상상력을 발휘하여 참여할 때, 우리는 자아에 대한 깊은 감각과 의식의 확장을 경험하게 된다. 전환은 "자아(Self)"의 출현이다(Jung 심리학에서 대문자 S를 사용하는

"자아"는 정신적 구조의 총체를 의미한다).

자신만의 독특한 점을 의식하는 개성화에는 부모, 교사, 멘토 등 우리가 존경하고 본받았던 사람들과 자신을 구별하는 과정이 포함된다 (Sharp, 2001). 개별성과 집단 정체성은 양립할 수 없다. 전환학습 이론에 따르면 개인은 가족, 공동체, 문화 등에서 무비판적으로 받아들였던 가정과 관점에 의문을 제기하게 된다. Mezirow가 의식적이고 인지적이며 합리적인 문제 해결 과정으로 보고, Jung이 직관적이고 정서적이며 종종 자발적이지 않다고 지적한 것을 제외하면, 이는 자신이 모델로 삼았던 사람과 자신을 구별하려 한다는 점에서 매우 유사하다. Jung은 "성격 발달은 어떤 변덕도, 명령도, 통찰도 따르지 않고, 내면의 소박한 운명으로부터 동기화되는 필연에 의해서만 이루어진다."고 말했다 (Sharp, 2001, 66쪽 재인용).

경로는 달라도 지향점은 같다. 전환학습에 대한 총체적 이론을 원한다면 두 경로 모두 타당할 수 있다. 타인의 학습을 설명하기 위해 이론을 개발하려고 노력하는 사람들도 결국 의미 관점의 렌즈를 통해 우리 자신과 세계를 바라보는 인간들이다. 이로 인해 여정을 바라보는 방식이 달라진다는 것은 그리 놀라운 일이 아니다. Jung(1971)은 심리학적 유형 선호에 관한 연구에서 같은 여행을 떠난 서로 다른 사람들의 이야기를 들려준다(제5장 참조). 아름다운 풍경에 대해 이야기한 사람도 있을 수 있고, 식당에서 먹은 맛있는 음식에 주목한 사람도 있을 수 있으며, 사람들을 알고 그들의 문화를 이해하는 데 시간을 보낸 사람도 있을 수 있다.

통합적 이론의 지향

전환학습 이론을 여러 가닥으로 세분화하는 것은 전환학습이 무엇인지 이해하는 데 도움이 된다. 하지만 이론 개발에는 도움이 되지 않는다. 포괄적이고 일관성 있는 전환학습 이론을 개발하려면 각 부분이 서로 잘 맞는지, 어떻게 맞는지 숙고해 보아야 한다. 『전환학습 핸드북』의 서문에서 Cranton과 Taylor(2012)는 이 문제에 대해 탐구한다. 이들은 합리적–초합리적, 개인적–사회적 이원론에서 벗어나 다양한 관점이 어떻게 공존하고 의미 있는 이론에 기여할 수 있는지 고민할 것을 강조하였다. 동시에 우리는 전환학습 이론이 식별 가능한 현상으로 존재하는 것이 아니라 훌륭한 가르침에 대해 이야기하는 하나의 방식일 수 있다는 Newman(2012)의 타당한 비판을 의식해야 한다.

Stuckey와 동료들(2014)은 전환학습 설문조사에 대한 설명에서 전환학습의 과정과 결과를 구분하였다. 이는 통합적 이론이 어떻게 개발될 수 있는지 이해하는 데 도움이 될 수 있다. 이들은 문헌 검토를 통해 전환학습의 결과로 "다르게 행동하기, 더 깊은 자기 인식, 보다 개방적인 관점 갖기, 세계관의 깊은 변화 경험하기" 등을 제시하였다. 전환학습의 과정에는 "인지적/합리적 과정, 초합리적 과정, 사회적 비판과 관련된 과정" 등이 포함되었다. 관계적 학습을 설명하는 과정은 초합리적 과정에 포함되었다. (소)집단 및 조직의 전환학습은 상황에 따라 인지적, 초합리적 또는 사회적 비판과 관련될 수 있다. Stuckey와 동료들(2014)은 설문조사를 개발할 때 어떤 과정을 거치든 전환학습은 동일한 결과를 가져온다고 생각하였다. 따라서 결과와 과정 모두를 평가하는 도구를 개발하는 것이 목표였다.

좋은 이론은 이론의 의미에 충실하면서 다양한 상황과 가능성을 고려한다. Mezirow와 Dirkx 등의 저서에서 볼 수 있듯이 전환학습은 인지적 또는 직관적인 과정을 통해 이루어질 수 있다. 개인이 인지적 과정과 초합리적 과정 중 어느 쪽을 선택할지는 개인의 성격 특성(제5장 참조)이나 학습 상황에 따라 달라질 수 있다. 가령 업무와 관련된 전환학습에 참여하고 있다면, 이 과정은 인지적이고 합리적일 가능성이 높다. 아들의 죽음이나 친구와의 복잡한 관계로 인해 어려움을 겪고 있다면, 이 과정은 비합리적 영역에 속할 수 있다.

마찬가지로 전환학습 과정이 개인적인 것인지 사회 정의를 위한 노력인지는 상황에 따라 다르며, 두 가지 모두 전환학습에 참여하는 타당하고 합리적인 방법이다. 개인의 전환학습은 개인이 자신의 가정, 신념, 가치에 의문을 제기하는 것에 달려 있다. 사회 정의와 관련된 전환학습에는 사회 규범, 사회적 가치, 억압, 학대, 잔인함, 폭력, 전쟁 등과 관련된 문제에 의문을 제기하는 것이 포함된다. 의문을 제기한 대상은 다르지만, 그 과정은 동일할 수 있다. 그리고 우리가 전환학습의 정의를 받아들인다면, 그 결과는 관점의 깊은 전환이다.

전환학습에 대한 연구

올해로 11년째를 맞이한 '국제 전환학습 컨퍼런스'와 12권째를 맞이하는 『전환교육 학술지』를 통해 전환학습에 대해 접근 가능한 연구 자료의 양이 기하급수적으로 증가하였다.

K. Taylor(2000)는 2000년 이전에 발표된 연구들에서 8가지 주제를 요약하였다.

1. 전환학습은 성인 특유의 학습이다.
2. 전환학습은 선형적인 과정으로 보이지만, 반드시 단계적으로 진행되는 것은 아니다.
3. 준거 틀의 성격과 전환 방식은 불분명하다.
4. 전환학습의 출발은 보통 혼란스러운 딜레마이다.
5. 비판적 성찰은 전환학습에 있어 중요하다.
6. 담론은 관계적 학습 방식에도 똑같이 중요하다.
7. 맥락은 전환학습을 형성하는 데 중요한 역할을 하지만, 문화의 영향은 잘 조사되지 않았다.
8. 전환학습을 촉진하는 학습 환경의 일부 특성이 확인되었지만, 더 많은 연구가 필요하다(Cranton, 2011, 331~332쪽 재인용).

이 연구는 관계적 학습 방식의 중요성을 제외하고는 기본적으로 Mezirow(2000)의 이론적 설명을 뒷받침한다. 그러나 Mezirow(2003b) 또한 담론의 조건에 대인 관계 기술, 사회적 관계, 정서 지능 등을 포함하도록 정교화하고 있다. 다른 이론적 모델을 다룬 연구도 있지만, Taylor는 Mezirow의 전환학습 개념을 직접적으로 언급한 연구만을 검토하였다.

이러한 검토를 바탕으로 Taylor는 세 가지 후속 연구 방향을 제안하였다. 여기에는 (a) 광범위한 연구에서 간과되기 쉬운 전환학습의 특정 구성 요소(예: 분노, 행복, 수치심 등의 감정, 정서 관리, 전환에 따른 행동 변화)에 대한 심층 분석, (b) 교실에서 전환학습이 어떻게 촉진되는지에 대한 연구, (c) 종단 연구, 참여 관찰, 협력적 탐구, 실행 연구, 양적 연구 등을 포함한 새롭고 다양한 연구 설계 및 데이터 수집 기술 등이 포함된다.

E. W. Taylor와 Snyder(2012)는 전환학습에 대한 연구가 끊임없이 진화하고 있다고 지적하였다. 방법론의 측면에서는 시간이 지남에 따라 실행 연구, 내러티브 탐구, 자문화기술지, 사례 연구 등으로 변화하고 있으며, 메타 분석, 혼합 방법 접근, 설문조사도 중요한 위치를 차지하고 있다. 학제 간 접근이 성장하고 있으며, 협력적 탐구가 자리를 잡아 가고 있다.

요약

전환학습 이론은 다양한 관점을 가진 학자들의 기여를 통해 수년 동안 발전을 거듭해 왔다. 많은 연구자와 저자는 개별적이고 자율적인 학습보다 관계적이고 연결된 앎을 강조해 왔다. 이러한 관점에서 보아 전환학습은 강조점이 다르고 결과도 다를 수 있다. (합리적인 담론이 아닌) 주관적인 논의들은 참여자가 초합리적인 방식으로 자신의 경험을 공유하도록 장려하며, 연결된 앎은 타인의 추론에서 결함을 찾기보다 타인을 이해하기 위해 노력하는 것을 포함한다.

사회 변화는 성인교육 역사의 핵심이다. 1920년대와 1930년대의 성인교육 실천과 이론은 사람들이 억압적인 조직과 정부에 도전하도록 돕는 것이었다. Mezirow의 연구가 전환학습의 목표인 사회적 행동을 무시했다고 비판하는 사람들은, 억압적 구조를 직접 바꾸기보다 그 방법을 배우도록 돕고자 했던(즉, 교육적 과제와 정치적 과제를 구별한) 그의 지향과 헌신을 간과한 것일 수 있다. 그럼에도 불구하고 성인교육 이론, 특히 전환학습 이론은 최근 수십 년 동안 사회적 문제에서 벗어나 개인의 학습을 강조하는 방향으로 이동해 왔다. Brookfield(2005)의 네 가지 비판적 전통은 성인교육에서 개인과 사회의 전환이 어떻게 이루어지는지 이해하는 데 도움이 된다.

(소)집단과 조직이 실체로서 학습하고 전환될 수 있다는 생각은 전환학습 이론에 대한 또 다른 관점을 제공한다(Kasl & Elias, 2000; Schapiro et al., 2012). (소)집단과 조직이 변화하고 발전한다는 것은 인정할 수 있지만, "집단 정신"이라는 개념에 대해서는 의문의 여지가 있다. 개인의 전환이 곧 집단의 전환을 의미하는지에 대해서는 더 두고 볼 일이다. 집단의 전환은 흥미로운 발상이지만, 전환학습 이론에 더 부합하게 위치 짓거나 다른 이름을 붙일 필요가 있다.

전 지구 공동체를 위해 노력해야 한다는 목표를 지닌 O'Sullivan의 광범위한 비전은 전환에 대한 우리의 이해를 넓히고 모든 관점을 통할 수 있는 잠재력을 포함한다. 이 비전이 전환을 설명하는 기존의 대안적 방식들과 어떻게 연관되어 있는지 더 살펴볼 필요가 있다.

Dirkx와 다른 사람들이 제시한 초합리적 접근은 전환의 중심 과정을 이해하는 흥미롭고 상보적인 방법을 제공한다. 이 접근은 사람들이 자신과 세계를 새로운 시각으로 바라보게 하는 방법으로 상상력, 직관, 영혼의 작업, 정서 등에 주목한다. 초합리적 접근은 전환학습에 대한 Mezirow의 인지적, 합리적 설명과 다르지만, 이 둘을 모순된 것으로 볼 필요는 없다(Dirkx, Mezirow, & Cranton, 2006).

이러한 관점들 사이의 차이를 얼버무릴 생각은 없다. 각각의 관점에 따른 과정과 기대되는 결과는 근본적으로 다르기 때문이다. 예를 들어, 전환을 개성화로 본다면, 그 결과는 자기 지식과 개성화된 성격이 될 것이다. 그러나 전환을 이해하는 각각의 방식은 서로 다른 개인의 경험을 설명하거나, 심지어 동일한 개인의 다양한 상황을 설명할 수 있다.

전환학습 이론은 사람들이 이 이론에 대해 어떻게 생각하고 정교화하는가에 있어서만 아니라, 갈수록 연구가 확대됨에 따라 이론적 발전을 어떻게 지지하고 의문을 제기하는가 하는 점에서 "진행 중인(in progress)" 이론이다. 많은 연구가 Mezirow의 전환에 대한 이해를 지지하지만, 이는 우리가 이 분야를 이해하기 위해 의존하는 리뷰들이 이 접근 방식에 기반한 연구들을 강조하기 때문일 수 있다. 영성, 관계적 학습, 진정성 등에 관한 연구들은 다양한 관점이 어떻게 서로를 보완하고 정교화하는지 파악하는 데 도움이 된다. 가장 중요한 것은, 전환학습 이론의 지속적인 발전에 참여하는 개인들이 우리의 사고를 확장하기 위해 의도적인 노력을 기울이고 있다는 점이다.

제 **4** 장

전환:
학습자 이야기

전환 경험에 대해 이야기할 때에는 극적인 부분을 강조하는 것이 더 매력적이다.
그러나 결국 전환을 경험한 사람의 관점에서는,
일상적 경험이 점진적으로 누적되어 사고의 깊은 변화로 이어지고,
변화가 끝나야만 명확해지는 경우가 더 많은 것 같다.

이 장에서는 학습자의 관점에서 전환학습의 과정을 살펴본다. Michael Kroth와 나는 프로젝트에서 전환학습에 대한 10개의 1인칭 이야기를 수집하였다(Kroth & Cranton, 2014). 우리는 재학생, 졸업생, 동료들을 초대하여 그들의 전환학습 경험에 대해 이야기해 달라고 요청하였다. 이야기 중 2개는 심리적 딜레마에 기반을 둔 것이었고, 2개는 상실과 트라우마에 대한 대응, 2개는 교육적 경험의 산출, 2개는 사회 변화의 맥락에서 일어난 일, 2개는 영성과 관련된 경험이었다. 이들은 전환학습에 대한 다양한 관점과 다양한 종류의 마음 습관을 반영한다.

　여기에는 개인차만 작용하는 것이 아니다. 전환학습은 다양한 맥락에서 일어나고, 다양한 유형의 사건으로부터 유발되며, 다양한 종류의 마음 습관과 관련하여 발생한다. 기존 연구들은 고등교육 환경, 비공식 학습 환경, 조직 등에서 수행되었다(E. W. Taylor & Snyder, 2012). 전환의 과정은 단일한 극적인 사건, 눈에 잘 띄지 않는 일련의 누적된 사건, 개인의 삶을 변화시키려는 의도적이고 의식적인 노력, 성숙을 이끄는 자연스러운 발달 과정 등에 의해 촉발된다. 전환학습은 각자의 개인적 또는 직업적 삶을 대상으로 하며, 이 두 맥락은 상당히 다를 수 있다. 변화의 대상이 되는 마음의 습관이 심리학적, 사회언어학적, 인식론적, 도덕적·윤리적, 철학적, 심미적 여부에 따라서도 학습이 어떻게 느껴지고 경험되는가는 결정될 수 있다.

이 장에서는 이야기의 수가 많고 이해해야 할 유용한 패턴이 있다고 보아, 학습자의 전환학습 과정을 두 차원에서 살펴보고자 한다. 첫째, 앎의 방식의 차원(비판적 성찰 관점, 초합리적 관점)에서 고찰한다. 둘째, 앎의 방식이 발생하는 시간적 틀(획기적, 점진적, 발달적)을 고려한다.

앎의 방식: 비판적 자기 성찰의 관점

Mezirow(1991, 2000, 2012)는 전환학습을 비판적 성찰과 비판적 자기 성찰, 담론이 중심이 되는 단계(phases)로 설명하였다(제2장 참조). 대부분의 저자들은 단계에 기반한 전환학습 과정의 모델이 선형성, 불연속성, 독립성을 암시하려는 의도가 아니었음을 밝혀 왔다. 개인은 일부 단계를 두 번 이상 순환할 수도 있고, 일부 단계를 건너뛸 수도 있으며, 다양한 순서로 과정의 측면들을 경험할 수도 있다. 그러나 모델의 본질로 인해 어느 정도의 순서와 선형성을 내포하기는 한다. 방향 상실(disorientation)과 재통합(reintegration)이 다른 시점에 나타날 수도 있지만, 대체로 처음에는 방향성을 잃고 마지막에는 재통합이 이루어질 가능성이 높다.

Mezirow의 이론을 이론적 프레임워크로 삼은 연구 중에는 이러한 관점을 지지하지 않는 연구들도 많이 있다. 예를 들어, E. W. Taylor와 Snyder

(2012)는 일부 연구들에서 Mezirow의 전환학습 단계가 일반적으로 확인되기는 하나, 동시에 Mezirow의 이론을 넘어서야 한다는 점을 지적하였다. 이제 우리는 전환을 경험하는 학습자의 관점에서 이를 살펴보고자 한다. 우리는 일반적으로 Mezirow의 단계를 따르지만, 그 과정에 대한 나 자신의 생각과 학생들에 대한 관찰, 대화 등을 바탕으로 이를 다소 단축하고 조정하였다.

임파워먼트(권한 부여)

학습자 임파워먼트는 전환학습의 목표이자 조건이다. 힘이 부여된 학습자는 비판적 성찰에 완전하고 자유롭게 관여하고, 담론에 참여하며, 수정된 관점에 따라 행동할 수 있다. 억압받거나, 생활 자체에 여유가 없거나, 우울하거나, 어떤 상황 속에 갇혀 있다고 느끼는 사람은 잠재적으로 전환될 수 있는 방식으로 사건에 대응하기 어려울 수 있다(Mezirow, 2012). 물론 견딜 수 없는 사회적 조건도 전환학습을 촉발할 수 있으며(Kucukaydin, 2010; Wiessner, 2000), Frankl(1984)은 우리가 어떤 조건에서도 전환을 이룰 수 있음을 보여 주었다. 일부 저자들이 사회적 조건의 변화가 개인의 전환에 선행되어야 한다고 주장한 것은 바로 이러한 역설 때문이다.

David는 내가 진행하던 학부 성인교육 입문 과정의 학생이었다. 내가 그를 알았을 당시 그는 50대 중후반이었다. 그는 점잖은 사람이었으며, 말투가 서툴고 수줍음이 많은 성격을 가지고 있었다. 그는 주로 야구 모자를 눈 위로 낮게 내려 쓴 채 수업 시간이 앉아 모자 밑으로 다른

97

사람들을 주의 깊게 바라보곤 하였다. 나중에 그가 아직 입학하지 않은 특수 학생으로 등록되어 있다는 사실을 알게 되었지만, 당시에는 몰랐다. David는 입학하면 특별 학생으로 수강한 과목의 학점을 학위 프로그램으로 이전할 수 있을 것이라고 믿었다. 그는 이 프로그램에 입학하려면 B 이상의 성적을 유지해야 한다고 들었다.

David는 다양한 배경을 가지고 있었다. 그는 내 수업을 듣는 동안 학비와 생활비를 충당하기 위해 야간 근무로 트럭을 운전하였다. 그는 교육자가 되는 것이 꿈이었다. David의 글은 내용과 문체 면에서 항상 신선하고 혁신적이었지만, 수업에는 거의 참여하지 않았다.

프로그램에 입학할 수 없다는 말을 듣기 전까지 그가 얼마나 많은 수업을 들었는지는 확실치 않지만, 적어도 5~6개는 들었던 것 같다. 그는 나에게 두 과목을 들었지만 다른 과목에서는 성적이 좋지 않았고, 어떻게 하면 성적을 올릴 수 있는지 물어보거나 프로그램에서 자신의 불안정한 지위에 의문을 제기할 용기를 내지 못했다. 그는 학비를 내고 책을 사느라 재정적으로 어려움을 겪었고, 결국 모든 것을 잃었다.

David는 나와 사람들이 도와주겠다거나 무엇을 할 수 있을지 알아봐 주겠다는 제안을 거절하고 조용히 자리를 떠났다. 그는 이 학계와 이해할 수 없는 정책, 절차 앞에서 완전히 무력감을 느꼈다. 나는 David가 지금 어디에 있는지 모르지만, 종종 그를 생각한다. 나를 포함한 누군가가 조금만 더 일찍 상황을 파악할 수 있었다면, 그의 이야기는 달라졌을 것이라고 생각한다. David는 자신이 힘을 갖고 있다는 느낌을 받지 못했고, 스스로 행동할 수 없었다.

혼란스러운 사건

선행 문헌에는 비판적 성찰을 촉진하기 위해 교육자가 사용할 수 있는 활동 유형과 접근 방식에 대한 설명이 나와 있다(Brookfield, 1995; Gozawa, 2003; Kreber, 2012). 이에 대해서는 제7장에서 다루고자 한다. 그러나 교육자가 비판적 성찰을 촉진하기 위한 환경을 의도적으로 조성하더라도 모든 사람이 영향을 받는 것은 아니며, 아무도 영향을 받지 않을 수도 있다. 비판적 성찰은 교실 밖에서 예상치 못했거나 모순된 관점을 접함으로써 자극을 받을 수 있다. 책, 친구와의 토의, 특이하거나 비극적인 사건, 활동 환경의 변화, 갑작스러운 통찰 등을 통해 비판적 성찰이 일어날 수 있다.

나는 연방정부 부처의 관리 개발 프로그램에서 일할 때 Sheila를 처음 만났다. 나의 역할은 직원, 상사, 자기 평가가 포함된 성과 평가 결과를 해석하고, 개인이 직업적 발전을 위한 계획을 세울 수 있도록 돕는 것이었다. Sheila는 과업 중심적으로, 빡빡한 일정을 소화하며 일을 완수하는 데 자부심을 가지고 있었다. 그녀는 직원들과 (멀리 있더라도) 동료 관계를 유지하고 있다고 생각하였다. 그녀는 다른 직원들과 어울리지 않았고, 그리고 싶어하지도 않았다. Sheila의 자기 평가는 좋았고, 그녀의 관리 능력에 대한 상사들의 평가도 좋았다. 그러나 직원들의 평가는 최하위권이었으며, 직원들은 Sheila가 오만하고, 배려심이 없으며, 지지적이지 않고, 자신의 업무나 사람으로서 관심이 없다는 개방형 의견을 작성하였다. Sheila는 이러한 예상치 못한 결과에 큰 충격을 받아 사직할 것을 심각하게 고민하였다. 그녀는 직장에서 자신의 성과에 대해 스스로 생각한 것과 완전히 상반된 인식을 접한 것이다.

나는 Sheila와 함께 일련의 목표와 이를 달성하기 위한 전략, 직원들로부터 지속적인 피드백을 받을 수 있는 방법을 설정하도록 도왔다. 1년 정도 후에 그녀가 다른 곳으로 전근 갔다는 소식을 들었을 때, 나는 평가 과정에서 그녀가 할 수 있는 일이 아무것도 없다고 느꼈을 것이라고 생각하였다. 하지만 Sheila는 관리자의 역할에 대한 관점을 전환하고 새로운 곳에서 큰 변화를 보이고 있었다. 예상치 못한 피드백에 대한 초기 충격이 가라앉자 그녀는 자신감이 생겼고, 신중하고 생산적인 방식으로 자신의 실천을 검토하고 질문할 수 있게 된 것이다. 비록 그 계기가 된 사건이 전혀 예상치 못한 것이었지만, Sheila의 배움은 획기적이라기보다 점진적이었던 것 같다.

비판적 성찰을 자극하는 사건은 다양한 형태로 나타날 수 있다. 이전에 받아들였던 지식과 직접적으로 모순되는 지식에 직면하면, 우리는 우리가 알고 있다고 생각했던 것에 의문을 품게 된다. 우리는 교사, 의사, 작가, 종교 권위자 등을 출처로 얻은 지식을 의심 없이 받아들이는 경향이 있으며, 그러한 지식은 무비판적으로 동화된 마음의 습관으로 자리 잡게 된다. 이전에 받아들인 지식에 도전적인 관점들은 소설, 영화, 시, 예술 작품, 타인과의 토의 등의 출처에서 얻을 수 있다.

우리가 받아들인 것이 아닌 다른 사회 규범에 노출되는 것은 혼란스러운 사건이 될 수 있다. 사회 규범과 기대는 너무 깊숙이 자리 잡고 있어서 우리는 그 존재조차 인식하지 못하는 경우가 많다. 학생들에게 자신의 학습을 평가하고 성적을 매겨 보라고 하는 것은, 학생들이 가지고 있는 이전의 교육적 경험이나 교사, 학습자의 역할에 대한 인식과 모순되는 경우가 많다. 학생들은 잘 못하겠다거나 그런 일을 상상도 해 본 적이 없다고 말할 수도 있다. 이러한 관행이 학문적 기준과 전체 교육 시스템의 질을 떨어뜨린다는 것은 분명한 사실이다. 학생들이 자신의 학습을 스스로 판단할 수 있는 가능성을 가로막기 때문이다.

대규모의 사회적, 정치적 사건도 개인의 비판적 성찰을 촉발할 수 있다. 2001년의 9·11 사건, 이라크와 아프가니스탄에서의 미국 전쟁, 나이지리아에서 수백 명의 소녀가 납치된 사건 등은 사람들이 자신의 신념, 가치, 정부 지도자에 대한 인식에 비판적 성찰을 하게 만드는 상황의 예이다.

사랑하는 사람의 죽음, 결혼 생활의 파탄, 실직, 재정적 파탄 등과 같은 삶의 위기나 승진, 퇴직, 수년간의 프로젝트 완수 등과 같은 긍정적인 변화는 개인이 자신의 가치, 기대, 도덕성, 자아 개념 등을 재고하게 만들 수 있다. 가끔 논문 완성을 미루는 대학원생들을 보면, 인생을 좌우하는 과제가 끝나면 일어날 생활 방식의 변화를 무의식적으로 피하고 있는 것은 아닌지 의심이 들 때가 있다. 트라우마로 인해 무력감을 느끼면 비판적 자기 성찰로 이어지지 않거나, 성찰이 가능하기까지 시간이 소요될 수 있다.

Alyssa의 이야기(Kroth & Cranton, 2014)는 아버지의 죽음으로 시작되었지만, 이는 다층적인 경험의 시작에 불과했다. Alyssa는 아버지의 죽음에 대한 어머니의 반응에 대해 "이 이야기는 아버지가 돌아가신 후 어머니에게서 목격한 전환에 관한 이야기이다. 이는 어머니의 개인적 변화를 넘어서, 내가 어머니를 바라보는 방식에 대한 계몽적인 변화였다."(48쪽)라고 적었다. Alyssa는 아버지가 돌아가시고 나서야 어머니를 그 자체로 바라보게 된 것이다.

가정과 관점에 질문 던지기

Mezirow(2000, 2012)의 전환학습 이론의 핵심은 비판적 성찰과 비판적 자기 성찰, 즉 가정과 관점에 의문을 품는 것이다. 사람들은 가정을 인식하고, 이를 명시적으로 만들며, 그 출처와 결과를 고려하고, 그 타당성에 의문을 제기한다. 제2장에서 설명했듯이 이는 내용, 과정, 전제 성찰로 나누어 볼 수 있다.

관련된 가정들의 그물로 구성된 가정이나 마음의 습관을 인식하는 것은 어려운 일이다. 이는 우리가 누구인지 또는 우리를 어떻게 인식하는지에 대한 전체의 일부이다. 우리는 아무 생각 없이 그것들에 따라 행동한다. 우리 자신이나 주변 세계를 바라보는 방식에 문제가 있다고 의심이 들더라도 이것을 공개적으로 드러내어 다른 각도에서 바라보는 것은 어렵다.

훌륭한 교육자, 지역사회 개발자, 상담사, 치료사, 기타 도움을 주는 전문가들은 개인의 말에 귀 기울이고, 개인이 자신의 마음 습관을 비판적으로 성찰하는 데 도움이 되는 질문을 던질 수 있다. 이에 대해서는 제7장에서 자세히 다룬다.

Sam은 나의 온라인 교육과정을 수강한 전문 운동선수이다. 그의 목표는 코치가 되는 것이며, 코치로 취업하는 데 도움이 될 수 있는 교수법을 배우고 싶어 했다. 온라인 과정은 (소)집단 구성원 사이의 토의와 상호작용, 참가자 간 주간(weekly) 활동과 공동 지식 구성을 기반으로

하였다. 이는 Sam이 기대했던 것과 전혀 달랐다. 그는 교수자인 내가 지식을 제공해 주기를 기대하였다. 이는 교수자가 하는 일에 대한 일반적인 기대이기도 하다. Sam은 자신의 기대를 충족시켜 주지 못하는 나의 태도에 상당히 공격적이었다.

나는 우리 문화의 사회적 규범이라는 점에서 그의 관점을 합리적인 것으로 받아들였지만, 내가 하던 일을 바꾸지는 않았다. 이 기간 동안 Sam의 마음속에 무슨 일이 있었는지 짐작할 수 없지만, 다른 참가자들이 그의 게시물에 반응하지 않은 것에 영향을 받았을 수도 있다고 생각한다. 또한 내가 관여하지 않으려는 태도가 그에게 멈추고 성찰하도록 만들었을 수도 있다.

2~3주 후에 Sam은 주간 활동에 반응하기 시작했고, 다른 참가자의 게시물에 댓글을 달았다. 나도 그에게 반응했고, 다른 참가자들도 그에게 반응했다. 이 글을 쓰는 시점에서도 이 과정은 여전히 진행 중이지만, Sam이 교수자의 역할에 대한 몇 가지 가정에 의문을 제기하고 있다는 것은 확신할 수 있다.

또 다른 예로, 성인교육 연구 컨퍼런스의 심포지엄에 참가한 Sheared는 미국 남부에서 아프리카계 미국인 여성으로 성장하면서 자신이 소외된 존재라는 사실을 깨닫지 못했다고 말했다(Brookfield, Sheared, Johnson-Bailey, & Colin, 2005). 나중에 그녀는 인종이 다른 사람들이 사람을 보는 방식에 어떤 영향을 미치는지 이해하게 되었다. 이러한 이해는 Sheared의 문헌과 미디어에 대한 해석으로 일반화되었다.

103

담론, 대화, 지원

제2장에서 논의하고 이 섹션에서 반복적으로 언급했듯이 담론, 대화, 지원은 전환학습에 중요한 역할을 한다. Mezirow(2003b)는 담론을 "신념, 감정, 가치에 대한 평가와 관련된 대화"로 정의하였다(59쪽). 그는 비판적 성찰과 담론을 포함한 전환학습의 여건을 조성하는 것이 성인교육의 본질이자 성인교육자의 역할을 정의하는 특징이라고 보았다. 담론을 통해 우리는 다른 사람의 관점에서 자신의 관점을 볼 수 있고, 이를 통해 비판적 질문을 할 수 있다.

전환학습 중 타인(교수자, 동료, 친구)이 수행하는 역할은 다양하다. 가장 분명한 것은 질문하고 도전하여 우리의 숨겨진 가정을 찾아내고 그 타당성에 의문을 제기하도록 돕는 것이다. 예를 들어, 한 친구가 다른 친구에게 "성인인 아들과 매일 통화를 해야 할 필요가 있나요?"라고 질문함으로써 지나치게 의존적인 관계를 알아차리도록 유도할 수 있다. 교육자는 학생들에게 자신과 반대되는 관점에서 편지를 쓰거나 토론에 참여하도록 요청하여, 그러한 관점의 이유에 대한 인식을 높일 수 있다. 타인은 자신의 관점을 명료하게 표현하도록 도울 뿐 아니라 대안을 찾는 데에도 도움을 줄 수 있다.

대화와 지원은 개인이 자신을 보는 방식이 바뀌는 시기에 좋은 자아감을 유지하도록 돕는 데 중요한 역할을 한다. Stuckey, Taylor, Cranton(2014)의 연구에서는 대화와 지원을 초합리적 관점의 두 척도로 설정하였다. 여기에는 "괜찮아."와 같은 일반적인 지지가 포함될 수도 있지만, 학습자가 고려 중이거나 진행 중인 변화에 대한 구체적인 피드백도 포함될 수 있다. 교육자는 전환학습 중에 지지적이고 도전적인 피드백에 대한 학습자의 필요를 인식해야 한다. Mezirow(1991)는 학습이 진행되는 동안 학습자를 지원할 의사가 없다면, 전환학습에 참여하는 것은 비윤리적이라고 말했다.

여기서 들려줄 수 있는 학습자의 이야기는 정말 많다. 5일간의 전환학습 워크숍 마지막 날에, 몇 년 전 돌아가신 아버지의 죽음에 대하여 발표하겠다고 한 Angela가 생각이 난다. 그녀는 그동안 말하지 못했던 자신의 이야기를 사진과 콜라주를 사용하여 지지적 집단의 사람들에게 처음으로 말하면서 눈물을 보였다. 독립적이고 표현이 뚜렷한 여성으로 대가족을 이끌며 학업과 아르바이트를 병행하던 Lois도 생각이 난다. 그녀는 동료 앞에서 발표를 한다는 생각에 마비될 정도로 겁에 질려 있었으나, 대화, 시연, 피드백 등을 통해 이러한 두려움을 극복하고 이야기를 할 수 있었다. 교육에 대한 대안적 관점을 배우기 위해 부탄에서 캐나다로 선발되어 온 Yeshey도 생각이 난다. Yeshey는 이 낯선 나라에서 동료 부탄 학생들의 지원에 의지하며, 캐나다 교육자들과 점차 가까워졌다.

앎의 방식: 초합리적 관점

절망과 기쁨, 갈등과 조화, 분노와 신남 가운데 어떻게 표현되든, 삶의 사건에 상상력을 발휘할 수 있을 때 전환학습의 극적인 기회가 존재한다(Dirkx, 2001a). Dirkx는 수학 공부보다 도예를 하고 싶다는 좌절감에 빠진 검정고시 학생, 성인 발달 이론을 접하고 자신의 삶을 조명한 개인, 협력적 활동을 할 시간이 없어서 사직한 지역사회 대학 강사 등의 이야기를 통해 그 의미를 설명하였다. Dirkx(2012)는 감정이 담긴 이미지를 사용하고 이러한 이미지(맥락, 감정, 관계, 상호작용)를 주의 깊게 관찰하는 것을 포함하는 영혼의 작업을 "상상적 방법(imaginal method)"이라 명명하였다(124쪽). 상상적 방법의 구성 요소에는 이미지가 과거의 유사한 경험을 어떻게 반영하는지 인식하는 "연상(association)", 대중 문화, 문학, 신화 등과 연결 짓는 "증폭(amplification)", 이미지와의 대화에 참여하는 "애니메이션(animation)" 등의 과정이 포함된다. Dirkx는 초기 저술에서 일기 쓰기, 예술 프로젝트, 소설, 시 등 학습자를 영혼의 작업과 연결하는 모든 전략의 사용을 옹호하였으며, 그것이 개인적 전환에 중요하다고 설명하였다(Dirkx, 2001b).

교실과 워크숍 장소는 일반적으로 정서, 상상력, 공상을 장려하거나 허용하는 장소가 아니다. 교육적 맥락을 정보 전달과 진지하고 합리적인 토의의 장소로 보는 것이 일반적인 마음의 습관이다. 우리는 누군가가 공상에 빠지면 갈등을 피하고 "정상으로" 되돌려 놓는다. Dirkx의 연구를 처음 접했을 때 나는 나의 불편함을 점검할 필요가 있었다. 어린 학생이었을 때 나는 수업 시간에 말할 용기가 없었고, 정서를 표현하거나 상상력을 드러내는 것도 쉽지 않았다. 가르치는 동안에도 나에게는 조용하고, 성찰적이며, 분석적인 태도가 내내 자연스러웠다. 그러나 나는 영혼의 문제에 관심이 끌렸고, 이제는 이미지와 감정을 다루는 것이 전환학습을 촉진하는 데 중요하다는 것을 확신하게 되었다. 나는 오랫동안 일기 쓰기를 장려해 왔으며, 최근에는 모든 종류의 예술 프로젝트

106

를 장려하고 수업에 영화, 음악, 소설 등을 포함시켰다. 이러한 활동이 많은 학생에게 전환을 가져온다는 것은 의심할 여지가 없다. 내가 여전히 어려워 하는 것은 분노, 두려움, 갈등, 절망 등이 있을 때 그 순간을 "그대로" 두는 것이다. 이는 "텍스트에 대한 정서적 반응을 내면적 자아의 상상적 표현으로 간주하는" 전환학습을 촉진하는 것을 의미한다 (Dirkx, 2001a, 15쪽). 우리 자신과 세계가 상호작용해 온 정체성에 의문이 제기될 때, 전환학습의 과정은 위협받을 수 있다.

학습자의 관점에서 이는 어떻게 보이고 느껴질까? Feller와 동료들(2004)은 전환학습이 마음, 신체, 영성, 정서 등의 균형을 도모하는 총체성의 실천으로 간주되었던 14번 코호트(집단, cohort)의 경험을 소개하였다. 참가자들은 다양한 경험을 하면서 일기를 쓰고, 산책을 하거나 명상을 하면서 신체를 통해 배웠으며, 촛불을 켜고 집단 구성원들을 그리는 것과 같은 영적인 활동에 참여하고, 나눔과 신뢰를 증진하기 위해 설계된 특별한 형태의 대화를 연습하였다. 아쉽게도 저자들은 그들이 무엇을 했는지 알려 주고 이를 4차원 모델로 통합하는 것 외에, 그들이 어떻게 전환학습을 경험했는지에 대해서는 설명하지 않았다.

Sawyer(2003)는 환원주의, 결정론적 세계관에서 전체론과 불확실성에 기초한 양자 물리학 기반 이해로의 깊은 패러다임 전환을 경험한 세포 생물학자 Bruce Lipton 박사의 이야기를 들려주었다. Lipton에게 이것은 영적이지 않은 사람에서 영적인 사람으로 바뀌는 갑작스러운 전환이었다. 그는 "기쁨과 환희에 압도되었다."(372쪽)라고 느꼈고, 새벽 2시 15분에 자신의 생각을 다른 사람들과 나누고 싶다는 충동을 느꼈다.

Kasl와 Yorks(2012)는 직관적이고 상상적인 과정을 통해 전환학습이 어떻게 촉진되는지 설명하고자 "발표적 앎(presentational knowing)"이라는 개념을 사용하였다. Kasl은 발표적 앎에 대한 예시를 들려줌으로써 자신의 경험을 생생하게 분석하였다. 그녀는 찰흙 덩어리가 어떻게 여성의 형상으로 변화했는지, 그리고 그 형상이 어떻게 "여성의 출현"으로 보였는지 설명하였다(506쪽). 그녀는 "돌이켜 보면, 이제 나는 알 것 같다. (중략) 내가 3년 동안의 전환학습 경험을 시작하였다고."라고 적었다(507쪽).

나는 3~4년 전 여름에 보았던 Jim이 기억난다. 나는 이 이야기를 여러 번 말했는데, 가장 기억에 남는 이야기는 Jo Tyler가 개최한 스토리텔링 워크숍에서 있었던 일이다. Jim은 성인교육 방법 과정을 수강하는 학생 집단 중 가장 나이가 많은 사람이었고, "학교에 다니는 것"에 대한 두려움을 오랫동안 가지고 있었다. 첫 일주일 반 동안은 학급의 광대와도 같았다. 그는 친절하고 재미있었으며, 우리가 한 모든 일에서 농담을 찾아냈다. 우리는 모두 Jim을 좋아했지만, Jim이 진지해질 수 있는 상황을 피하기 위해 광대 역할을 하는 방식이 불편하기도 하였다. Jim이 극적인 순간을 맞이하게 된 정확한 상황은 기억나지 않지만, Dirkx(2000)가 우리에게 주의를 기울일 것을 제안한 일상적인 사건 중 하나였다. Jim은 갑자기 "나는 이런 일을 못 하겠어. 교사가 될 수 없어. 이건 아니야. 그만두겠어."라고 소리쳤고, 우리는 깜짝 놀랐다. 나는 '내가 뭐라고 말했지? 내가 무슨 일을 한 거야?'라고 생각했고, 다른 사람들의 얼굴에서도 같은 질문을 볼 수 있었다. 그날은 아름다운 여름날이었다. 교실 창문으로 햇빛이 비치고 있었고, 누군가 잔디 깎는 기계를 들고 지나가고 있었다. 내가 생각할 수 있는 유일한 방법은 Jim이 그 순간을 잠시 멈추고 어떻게든 받아들이는 것이었다. 나는 근처 숲속을 걸으며 우리가 여기서 무엇을 하고 있는지 곰곰이 생각해 보자고 제안하였다. Jim은 남자들과 있을 때 훨씬 더 편안해 한다는 것을 알고 있었기 때문에 교실을 나서면서 나는 집단에 있던 두 사람에게 Jim과 함께 걸어 달라고 조용히 부탁하였다.

우리는 30분 정도 방황하였다. 나는 Jim에게 말을 걸지 않았다. 그러지 말아야 한다고 생각하였다. 하지만 나는 다른 사람들과 함께 걷고 생각하면서 참여하였다. 수업이 끝나고 한 무리의 남자들이 Jim을 데리고 나가 미니 골프를 치고, 근처 술집에서 식사를 한 다음, 기숙사로 돌아와 저녁을 함께 보냈다. 다음 날 Jim은 나에게 와서 "괜찮을 것 같다."며 결국 할 수 있을 것 같다고 말했다. 그는 광대 역할을 그만두었다. 그는 진지한 대화에 참여했고, 자신의 두려움에 대해 솔직해졌으며, 글을 쓰는 것이 두려웠다고 고백하였다. 나는 이것이 초합리적인 전환의 경험이었다고 생각한다.

많은 학생은 예술 학습 프로젝트를 통해 전환학습을 경험하였다. 나는 무수히 많은 놀라운 작품을 보았고, 그에 얽힌 이야기를 들었다. 어떤 이야기를 들려줄지 선택하기 어렵지만, Lisa의 경험이 내겐 가장 기억에 남는다. 일주일간의 진행학습 워크숍에서 Lisa는 자신의 전환 경험을 표현하기 위해 콜라주를 만들기로 결정하였다. Lisa는 음악 교사였지만, 시각 예술을 다루어 본 적은 없다. 그녀는 뉴욕 아파트에 콜라주를 위한 공간을 어떻게 마련할지와 프로젝트를 매일 어떻게 할지에 대해 설명하였다. 그녀는 "시간이 순식간에 지나갔다."라거나, "콜라주 작업을 하다 보면 시간이 사라진다."라고 말했다. 주말이 지난 후 Lisa는 콜

109

라주 디지털 사진을 보냈고, 우리는 그녀가 사용한 색상, 그녀가 포함한 이미지와 기호, 작품의 의미에 대해 논의하였다. Lisa로부터 장문의 열정적인 이메일을 받은 것은 약 두 달 뒤이다. 그녀는 새 CD를 출시할 예정이었는데, CD 표지에 대해 문자 즉시 자신의 콜라주를 떠올렸다. 그 콜라주가 바로 CD 커버가 된 것이다. 하지만 그 이상으로 Lisa는 콜라주를 만들면서 겪은 경험의 깊이, 자신을 다른 방식으로 바라보게 된 점, 예술과 음악의 의미와 둘 사이의 연관성에 대한 자신의 변화된 관점 등을 적었다.

그동안 작업한 수많은 조각품, 그림, 시, 단편 소설, 음악 CD, 퀼트(누비이불), 스테인드글라스 작품, 만화경, 콜라주 등을 생각하면, 이러한 프로젝트에 내재된 전환학습의 과정에 놀라움을 금할 수 없다. 이 과정에는 합리적이고 비판적으로 성찰하는 과정이 포함되지 않는다. 전환 경험은 통찰이 번쩍이고 자신과 세계를 바라보는 관점이 바뀌는 심오한 순간일 수도 있고, 암묵적인 것에서 명시적인 것으로 이동하면서 창의적 과정이 천천히 비언어적으로 펼쳐지는 것일 수도 있다. Greene(1995)은 교육자들에게 상상력과 예술을 통해 학습 경험을 재구성하고 강화하도록 제안하였다.

시간적 차원: 점진적인가, 획기적인가

Mezirow(2012)는 전환학습을 시간이 지남에 따라 서서히 일어나는 점진적(incremental)인 것과 갑작스럽고 극적으로 관점이 변화하는 획기적(epochal)인 것으로 나누었다. 점진적 변화는 부분적으로 또는 무의식적인 과정을 통해 수개월 또는 수년에 걸쳐 서서히 진행되며, 어느 날 돌아보고 "그때 나는 다른 사람이었어."라고 말하게 된다. 내가 듣거나 경험한 이야기들에서 전환학습은 획기적이기보다 점진적인 경우가 더 많았다. 전환 과정을 설명하는 연구들은 3주간의 거주 프로그램(Cohen, 2004)이나 3년간의 직업 생활(Cranton & Carusetta, 2004b)에서처럼 정해진 기간에 일반적으로 초점을 맞추곤 한다. 이러한 연구들에서는 해당 기간 동안의 전환을 살피기 때문에, 관점의 점진적이거나 극적인 변화에 주목하지 않는다. K. Taylor(2000)는 전환학습 연구에 대한 리뷰에서, "촉발 사건(trigger events)" 또는 "시작 반응(initial reactions)"도 극적인 순간이 아니라 일정 기간에 걸쳐 진행된다고 제안하였다.

획기적인 전환 경험과 점진적인 전환 경험이 모두 존재한다고 제안한 사람도 Mezirow이고, 비판적 성찰과 문제 해결의 관점에서 전환학습 이론에 접근한 사람도 Mezirow이기 때문에, 획기적인 경험조차도 머리 위로 전구가 불을 밝히는 것과 같은 갑작스러운 경험이 아니라고 가정할 수 있다. 예상치 못한 경험이 불쑥 튀어나오더라도 비판적 성찰, 담론, 가정의 의식적 수정 등과 같은 일련의 과정이 뒤따르는 것으로 보인다.

여기에는 몇 가지 가능성이 있을 수 있다.

- 가치와 신념에 대한 신중하고 합리적인 탐구를 촉발하고 변화된 관점으로 이끄는 충격적 사건
- 오랜 시간 잠복해 있다가 사람을 점진적으로 변화시키는 충격적 사건

- 개인의 마음의 습관이나 세계에 대한 관점에 의문을 품게 하는 깊은 느낌 또는 일련의 긍정적 경험
- 즉각적이고 비합리적인 신념 전환으로 이끄는 갑작스럽고 불안한 경험
- 점진적이고, 눈에 띄지 않으며, 완전히 의식적이지 않은, 이에 따라 회고(retrospect)에 의해서만 인식되는 변화
- 그 자체로 극적이지 않지만 시간이 지남에 따라 누적적으로 마음의 습관을 변화시키는 삶의 작은 변화
- 자신과 세계를 보는 방식을 바꾸기 위해 오랜 기간 기울이는 의도적이고 의식적인 노력

이 모든 것을 전환학습으로 규정할지의 여부는 이론적 관점에 따라 달라질 수 있다.

Anna Quindlen(2002)의 소설 『축복(Blessings)』에서 주인공 Skip은 절도죄로 복역 중이던 감옥에서 막 출소하였다. Skip에게는 자신과 타인에 대한 가정, 즉 자신이 태어난 삶에서 벗어날 수 없다는 가정이 깊숙이 내재되어 있다. 그는 자신이 살고 있는 작은 지역사회의 동료 및 사람들과의 이야기에서 이를 확인한다. 사람들은 쓰레기에서 정직한 시민으로, 빈곤층에서 부유층으로, 실업자에서 존경받는 직장인으로 옮겨가지 않는다. 생후 며칠 된 아기가 집 앞에 놓여 있을 때, 그는 이것이 운명임을 안다. 이 아기는 그가 돌보아야 할 아기다. 그는 자신이 알아야 할 실천적인 것들을 배우고, 육아에 대한 책을 구입하며, 아이에게 필요한 것들을 사기 위해 (그는 알지도 못했던) 인근 지역의 월마트에 갔다. 처음에는 순전히 생존이 달린 문제였다. Skip은 자신이 왜 이 일을 하고 있는지에 대해 고민하지 않았다. 그는 잠 못 이루는 밤을 견디고, 관

112

리인으로 일하는 동안 아이를 숨기며, 이전 술집 친구들을 피하고, 피로와 두려움에도 불구하고 아기의 첫 미소와 손가락을 잡는 모습에 기쁨을 느꼈다. Skip은 그의 거칠고 독재적인 80세가 넘은 고용주와 고용주가정부의 딸 등 예상치 못한 곳에서 도움을 받았다. 그는 아기가 자라서 학교에 가고, 집도 있으며, 작은 사업도 하는 미래를 꿈꾼다. 그리고 그는 사람이 자신이 태어난 것처럼 보이는 삶에서 벗어날 수 있다는 것을 깨닫기 시작한다. 그렇게 해야 하는 이유가 있다면, 그리고 아기가 그 이유라면, 사람은 변할 수 있다. Skip의 세계관은 전환되었다. 오해와 비극이 다시 찾아왔지만, Skip은 자신과 주변 세계를 새로운 시각으로 바라보게 되었다.

산업 및 기술 종사자들이 가르침의 길로 나아가도록 돕기 위한 프로그램에서 실무자에서 교수자로 옮겨가는 것은 인생의 큰 이행이라고 할 수 있지만, 일반 사람들에게는 그리 특별한 사건이 아닐 수 있다. 그러나 문 앞에 아기가 있지는 않다. 이들은 모두 생각하고, 성찰하고, 논의한 끝에 직업 교수자의 길을 선택한 것이다. 내가 맡은 과정은 (지역사회 대학에서 가르치고자 하는) 성인교육 자격증을 취득하는 데 필수적인 과정 중 하나이며, 이번이 두 번째이자 마지막 여름 과정이었다. 나는 매년 그들의 이야기를 듣고 그들의 일기를 읽으며, 사람들은 프로그램이 끝난 뒤에도 다른 학생들 그리고 나와 오랫동안 연락을 주고받곤 한다. 연구 결과에서도 이러한 이행에 참여한 많은 학생이 이를 전환이라고 여기고 있었다(Cranton, 2009).

우리는 3주 동안 하루에 6시간씩 함께한다. 참가자들은 탐구하고 싶은 화제를 선택하고, 나는 읽을거리를 제공하며 (일반적으로 학생들이 학습 활동을 주도하는 마지막 주를 제외하고) 대부분의 학습 활동을 설계한다. 갑작스럽고 극적인 변화는 없지만, 날마다 일련의 다양한 관점, 질문, 가르친다는 것의 의미를 인식하는 것에 대한 도전, 경험의 공유, 교육적 실천에 대한 대화 등이 이어진다. 프로그램이 거의 끝나갈 무렵, 때로는 대학으로 돌아온 후에 이들은 자신의 경험이 전환적이라고 말한다. 나에게는 이것이 점진적 변화이다.

시간적 차원: 발달적 전환

발달적 관점에서 볼 때, 전환학습은 발달적 이행 간 협상을 통해 이루어진다(K. Taylor & Elias, 2012). K. Taylor와 Elias는 "인식론적 복잡성의 증가라는 측면에서 생애 발달을 설명하는" Kegan(1994)의 의식 전환 모델을 따랐다(147쪽). K. Taylor와 Elias는 이를 성인교육자가 학습자가 "인류가 해결해야 하는 위기에 더 잘 대응할 수 있는 방식으로 인식하고, 느끼고, 이해하고, 행동하고, 관계하고, 알도록" 돕는 방법이라고 설명하였다(147쪽). Tennant(1993)는 전환학습이 일상 삶의 이행과 함께 그리고 그 일부로 일어난다고 제안하였다. 대부분의 성인 발달 모델은 사람들이 흑백의 권위적 사고에서 벗어나 자아 외부에 객관적 진실이 없는 복잡하고 통합적인 그물과 같은 사고로 이동하는 발달 단계를 설명한다. Kegan(2000)은 인식에서 출발하여 추상화(사회화된 마음, the socialized mind)와 추상적 체계(자기주도적 마음, the self-authorizing mind)를 거쳐 변증법적(자기 전환적 마음, the self-transforming mind)으로 나아가는 점

114

점 더 복잡해지는 다섯 가지 인식론을 제안하였다. 가장 복잡한 인식론에 이르면 사람들은 자신의 불완전성을 인식하고 모순된 체계를 포용하고자 자신의 내적 이론과 관점으로부터 거리를 두게 된다. Kegan은 현대 사회에서 경험으로부터 의미를 만드는 과정이 점점 더 복잡해지고 있다고 보기는 하였으나, 사건을 시작하거나 촉발하는 데 의존하고 있지는 않다.

K. Taylor(2000)는 문헌과 성인교육자들과의 광범위한 자문을 바탕으로, 발달의 차원을 학습자의 관점에서 설명하였다. 그녀는 36가지 특성을 다음의 5가지 차원으로 요약하였다.

1. **대화적 과정으로서의 앎에 대한 지향**: 타인의 생각을 탐구하고, 이에 반응하며, 객관적인 진실의 가능성을 추구하는 것
2. **자신과의 대화적 관계에 대한 지향**: 분석 프레임워크를 통해 경험을 탐구하고, 맥락 내에서 삶의 이야기의 의미를 만들어 가는 것
3. **지속적인 학습자가 되기 위한 지향**: 새로운 영역에서 학습하기 위해 도전하고, 다양한 학습 능력을 활용하는 것
4. **자기 주도성(self-agency, self-authorship)을 향한 지향**: 선택에 대한 책임을 받아들이고, 스스로 만든 것과 사회적 힘에 의해 부과된 것을 구별하는 것
5. **타인과의 연결을 위한 지향**: 자신을 더 큰 대상의 일부로 경험하고, 집단적 노력에 기여하는 것

전환학습에 대한 발달적 관점에 대해 오랫동안 저술 활동을 한 Tennant(2012)는 자아에 대한 다양한 개념화 방식이 개인의 변화를 이

해하는 데 어떻게 도움이 되는지 탐구하였다. 그는 학습에 대한 의미를 분석하여 진정한 자아(authentic self), 자율적 자아(autonomous self), 억압된 자아(repressed self), 사회적으로 구성된 자아(socially constructed self), 이야기된 자아(storied self) 등에 대해 썼다. "진정한 자아"는 사회적 힘에 의해 왜곡될 수 있는 자아의 본질이 존재한다는 것을 함의한다. 전환학습 이론에서와 마찬가지로, 개인이 사회적 역할의 왜곡된 영향에 의문을 제기할 때 발견할 수 있는 진실된 자아가 있다고 가정하는 것이다. "자율적 자아"는 "주도성, 선택, 성찰, 합리성"을 특징으로 한다 (35쪽). 자기주도학습의 경우와 마찬가지로, 독립성과 자기 통제를 강조하며, 개인의 임파워먼트와 관련이 있다. "억압된 자아"는 무의식을 통해 표현되며, 이는 우리가 인식하지 못하는 동기, 생각, 감정 등이 있음을 의미한다. Jung 심리학에서의 렌즈를 통한 전환에 대한 Dirkx(2012)의 해석은 이러한 차원을 보여 준다. "사회적으로 구성된 자아"는 사회적 맥락을 고려하여 개인을 이해하는 것이다. 개인의 발달 과정은 사회적 관습에 의해 형성된다. "이야기된 자아"는 전환학습을 이해하는 방식으로 내러티브와 이야기에 대한 현재의 강한 관심을 반영한다(C. Clark & Rossiter, 2009; Kroth & Cranton, 2014). 우리는 이야기를 통해 삶을 이해하고 가치와 가정에 대한 의문을 키울 수 있다.

요약

이 장을 쓰면서 학습자들이 전환학습을 어떻게 인식하는지에 대한 문헌의 설명을 읽고, 수업에서 학생들의 경험을 떠올리고 표현하며, 익숙하고 편안한 인지적 관점이 아닌 대안적 관점들을 사용하여 전환 경험들을 고려해 본 것은 흥미로운 경험이었다.

전환을 비판적 자기 성찰과 담론이 중심이 되는 과정으로 볼 경우, 우리는 학습자의 관점에서 전환에 대해 꽤 많은 것을 알고 있다고 볼 수 있다. 전환학습을 이해하기 위한 이러한 방식에 대한 연구는 비교적 많이 이루어진 편이다. 이 장에서는 그러한 과정에 참여하는 사람의 관점에서 혼란스러운 사건을 경험하고, 가정과 관점에 의문을 제기하며, 담론, 대화, 지원을 실천하는 것이 어떤 모습인지에 대해 논의하였다.

나는 Dirkx(2012)의 저술의 도움을 받고 내가 목격한 학생들의 경험을 통해, 학습자 관점에서의 초합리적인 전환학습에 대해 탐구하였다. 사람들의 묘사를 통해 드러난, 신체, 마음, 영성이 교차하는 기쁨, 두려움, 환희, 총체성 등은 언어를 초월하며 일련의 단어로 포착하기 어렵다. 나는 사람들이 인지적 합리성의 영역에서 벗어나 자신과 세계를 보는 방식에서 깊고 강력한 변화를 발견할 때 느끼는 감정이 전달되었기를 희망한다.

합리적 변화와 초합리적 변화는 모두 갑작스럽고 극적으로, 시간이 지남에 따라 점진적으로, 또는 발달적 과정을 통해 나타날 수 있다. 연구는 주로 서서히 진행되는 점진적 경험을 드러내어 왔지만, 불타는 덤불 현상의 매력은 강력하다. 전환 경험에 대해 이야기할 때에는 극적인 부분을 강조하는 것이 더 매력적이다. 그러나 결국 전환을 경험한 사람의 관점에서는, 일상적 경험이 점진적으로 누적되어 사고의 깊은 변화로 이어지고, 변화가 끝나야만 명확해지는 경우가 더 많은 것 같다.

117

발달적 입장에서는 세계를 보는 방식이 단순한 방식에서 점점 더 복잡한 방식으로 옮겨 가고 있음을 설명하였다. Mezirow의 언어를 빌리자면, 사람들은 마음의 습관을 전환시키면서 더 개방적이고, 투과적이며, 더 정당화할 수 있는 관점을 얻게 되는 것이다. 나는 다양한 발달적 관점 가운데 특히 학습 자아에 대한 Tennant의 논의에 주목하였다.

전환학습에 대한 발달적 관점을 더 잘 이해하기 위해서는 전환학습에 대한 종단 연구와 연구자의 직접 경험에 관한 연구(예: 교수 경험에 대한 연구)가 필요하다. 내러티브 탐구와 스토리텔링은 학습자의 관점을 이해하기 위한 유용한 탐구 방법이 될 수 있다.

제 **5** 장

개인차

전환학습의 과정은 사람들마다 지닌 심리 유형 프로파일에 따라 다르다.
내가 살펴본 전환학습의 구성 요소에는 혼란스러운 사건에 대한 반응,
비판적 성찰과 비판적 자기 성찰, 담론,
마음의 습관 수정하기 등이 포함된다.

캐나다의 Jung 심리학 분석가인 Daryl Sharp(1987)는 성격 유형에 관한 그의 저서에 저녁 만찬에 대해 설명하는 재미있는 부록을 포함시켰다. 만찬에 참석한 사람들은 Jung의 심리 유형 모델에 따라 각기 다른 성격 유형을 보여 준다. 매력적인 여주인은 친한 사람들을 한자리에 모은 기쁨을 따뜻하고 환영하는 태도로 표현한다. 주최자는 책을 수집하는 미술사학자이지만, 그 내용을 깊이 파고들지는 않는다. 첫 번째 손님은 변호사이다. 그녀의 논증은 논리와 구체적인 사실에 기초하여 체계적으로 잘 정리되어 있다. 또 다른 손님은 수많은 직원을 책임지고 세부적인 모든 운영 사항을 감독하는 데 시간을 투자하는 선도적인 사업가다. 사업가의 아내는 조용하고 내성적이며, 신비한 깊이를 지닌 듯 감정을 잘 표현하지 않는다. 또 다른 손님은 지루한 강의로 잘 알려진 의학 교수이다. 그는 학생이나 환자들과 잘 어울리지 못한다. 저녁 만찬에 참석한 한 엔지니어는 새로운 아이디어로 가득 차 있으며, 그 아이디어의 가능성에 완전히 빠져 있다. 그는 자신이 살고 있는 세계의 현실을 전혀 인식하지 못하는 듯하다. 마지막으로 원고에 몰두하느라 저녁 만찬에 오는 것을 잊어버린 젊은 시인이 있다.

Sharp의 유쾌한 묘사는 만찬에 참석한 사람들 사이의 차이를 단순화시키는 경향이 있지만, 캐리커처로 보면 어떤 맥락에서든 접하게 되는 다양한 방식의 본질을 포착할 수 있다.

전환학습은 구성주의적 세계관을 기반으로 한다. 구성주의 관점에서는 사람들이 현실의 구성에 참여하며, 이러한 구성은 현실에 영향을 미치는 맥락 속에서 이루어지는 것으로 본다. 일반적으로 받아들여지는 견해는 사회적으로 구성되며, 이해는 사회적 과정에 따라 달라진다. 사람들은 의사소통을 하고 복잡성을 조직할 수 있다. 인간의 상호작용은 암묵적 규칙을 포함하는 사회적 역할을 바탕으로 한다. 다시 말해, 우리는 사회적 맥락과의 상호작용을 통해 구성된 렌즈를 통해 세계를 바라보는 것이다. 또한 우리는 각자의 방식으로 인식하고, 결정을 내린다. 우리는 사회 세계 속에서 사회 세계로부터 영향을 받는 개인으로서 삶, 배움, 활동, 발달 등의 방식에 있어 각자 중요한 차이를 지닌다.

교육 관련 문헌에는 개인차를 분류하고 설명하는 다양한 방법들이 포함되어 있다. 발달 단계, 학습 스타일, 다중 지능, 성격 유형, 인지 스타일, 과거 경험, 자기주도학습 준비도 등은 학습자의 행동을 설명하고 이들이 미래에 어떻게 행동할지 예측하는 데 활용된다. 학습자를 분류하려는 이러한 시도 중 다수는 이분법적이거나 상호 배타적인 범주로 구성되어 있다. 사람들은 시각적 학습자나 청각적 학습자, 집을 떠나는 단계나 성인 세계로 이동하는 단계에 있는 사람과 같이 묘사된다. 대상을 이해하기 위해 패턴, 공통점, 경향성 등에 대한 검토가 필요하기 때문에 이러한 범주화는 가치가 있다. 그러나 너무 경직된 분류 체계를 사용하

122

면 인간 학습의 다양성과 복잡성을 간과할 수도 있다.

Jung(1971)의 심리 유형 이론은 지나치게 단순화하지 않으면서도 개인차를 이해하는 의미 있는 방법이다. Jung은 자신의 심리 유형 연구가 본질적으로 구성주의적이라는 점을 분명히 했다. 그는 "구성적이란 구축하는 것(build up)"(422쪽)을 의미하며, 구성주의를 "환원적인 것과 반대되는"(422쪽) 접근으로 사용했다고 썼다. 안타깝게도 Jung의 논의에 기반한 많은 도구가 고정관념을 포함하고 있기는 하나, Jung은 개인이 세계에 대한 자기만의 의미를 구성한다는 점을 받아들였다. 동시에 그는 복잡성을 놓치지 않으면서 이러한 차이점을 분류하려고 시도하였다.

이 장에서는 심리 유형 이론의 렌즈를 통해 전환학습의 과정을 살펴보고자 한다. 먼저 Jung의 이론을 기술한 다음, 심리적 선호가 다른 사람들에게 전환이 어떻게 다를 수 있는지 알아보기 위해 전환의 다양한 측면을 살펴본다. 나는 Jung과 Mezirow가 인간의 정신에 대해 생각하는 방식에서 보이는 중요한 차이점을 최소화하거나 간과하지는 않을 것이다. 나는 Mezirow의 전환학습 이론에 심리 유형 이론을 적용하는 것에 대한 Dirkx의 우려를 존중한다(Cranton & Dirkx, 2005). 개성화와 기타 심리적 과정에 대한 Jung의 연구는 본질적으로 초합리적이다. 그러나 나는 심리 유형 이론에 대한 그의 저술이 그 자체로 전환학습에 대한 우리의 이해를 심화시키는 데 활용될 수 있다고 생각한다.

심리 유형 이론

과학의 이상과 목표는 사실에 대해 가장 정확한 설명을 제공하는 데 있는 것이 아니라, 아직 어떤 식으로든 서로 관련되어 있다고 생각되지 않는 다양한 과정에 대해 축약적으로 표현하여 법칙을 정립하는 데 있다. 이 목표는 일반적이고 입증된 타당성을 가질 수 있지만, 연구자의 주관의 산물인 개념을 도구로 삼는다는 점에서 경험적인(empirical) 것을 넘어선다. 이러한 점은 심리학에서 특히 중요하다(Jung, 1971, 8~9쪽).

Jung은 심리학에서 관찰자가 주관과 객관 모두를 보아야 한다고 주장하였다. 그는 객관적인 심리학이 있을 수 있다는 생각에 대해 매우 비판적이었다. Jung은 구성주의적 사고를 바탕으로 이론가가 타인의 패턴을 설명하기 위해 자신의 관점을 거친다는 점을 깨닫고 있었다. 그는 심리 유형을 기술하고 해석하는 것이 얼마나 어려운지에 대해 자주 그리고 강력하게 언급하였다. 그는 독자들에게 고정관념을 갖지 말라고 거듭 경고했고, 심리 유형 선호도를 정량화하거나 측정하는 것에 대해 (관찰을 객관화할 위험이 있기 때문에) 강력하게 반대했다. Jung은 또한 심리 유형이 인간의 특성을 논의하는 한 가지 방법일 뿐이라는 점을 분명히 했다.

내향성과 외향성

Jung(1971)은 내향적 태도와 외향적 태도를 구분하여 심리 유형 이론을 개발하기 시작하였다. 완전히 내향적이거나 외향적인 사람은 없으며, 그 선호는 연속체로 존재한다. 안타깝게도 대중 문헌에서는 이러한 복잡성을 간과하는 경우가 많다(예: Cain, 2013). 이로 인해 내향성과 외향성에 대한 논의가 왜곡되어 왔다.

내향성은 내면적인 지향성이다. 주체인 자아가 객체인 자아 외부의 세계보다 더 중요한 태도이다. 내향적인 경향성을 지닌 사람은 세계를 자신과 관련하여 주관적으로 바라본다. 일상 언어에서 우리는 내향성을 조용하고 수줍음을 많이 타는 것과 연관 짓는데, 이는 사실일 수 있지만 반드시 내향성의 특징은 아니다. 중요한 것은 외부 세계가 아닌 자기 자신에 대한 지향성이라는 사실이다. 비가 올 때 내향적인 사람들은 "비가 오면 기분이 우울해진다."라거나 "이 장면은 내가 인생에서 가장 행복했던 순간을 생각나게 한다."와 같이 비를 자신의 감정과 관련지어 해석한다. 다른 사람, 사건, 읽은 내용에 대한 반응은 자기 자신과 관련하여 개인화되는 경향이 있다.

외향성은 외부적인 지향성이다. 외향적인 태도를 보이는 사람은 객체, 즉 세계에 있는 대상과 관련지어 생각하고, 느끼고, 행동한다. 세계의 사물, 사람, 사건은 자신과 관련지어 해석되기보다 받아들여지는 경우가 많다. Jung(1971)은 이를 "외부 사건을 기꺼이 받아들이는 것, 사건과 영향을 주고받으려는 지향, 사건에 참여하고 '함께' 하는 것에 대한 필요, 모든 종류의 번잡함과 소음을 견디고 즐거움을 찾는 능력, 친구와 지인을 발굴하려는 것" 등으로 기술하였다(549쪽). Jung(1971)은 외향성을 지닌 사람들이 지인을 선택할 때 덜 차별적이며, 자신을 어떻게 표현하는가에 높은 관심을 갖고 "자신을 과시하려는 경향이 강하다."고 설명하였다(549쪽). Jung의 언어에 외향성에 대한 혐오가 반영되어 있다는

125

점이 흥미롭다. Jung은 이 연속체에서 내향성의 끝에 있다. 다음의 예는 외향성이 강한 사람과 내향성이 강한 사람의 정보에 대한 반응이 어떻게 다를 수 있는지를 보여 준다. 외향적인 태도를 지닌 사람은 외부 세계에 있는 그대로 초점을 맞추고, 내향적인 태도를 지닌 사람은 정보를 개인화한다.

내향성과 외향성의 예

Sam: 저희 삼촌이 지난 주에 101세가 되셨어요!

Pamela(외향적): 정말 멋지네요! 건강은 어떤가요? 아직도 혼자 생활하시나요?

Arthur(내향적): 저는 그렇게 오래 살 수 없을 거예요. 제가 사는 방식대로라면 65세까지 사는 것도 행운일 거예요.

Jung은 내향적 태도와 외향적 태도를 통합하는 것이 중요하다고 강조하였다. 1920년대에 그는 교회와 현대 과학이 주관적인 내면보다 객관적이고 경험적으로 결정된 묘사를 선호한다고 보고 이에 반대하는 글을 썼다. 그의 사명 중 하나는 개성화와 자아실현에 필요한 관념, 환상, 원형 등에 대한 내적 경험의 타당성을 정립하는 것이었다. 초합리적인 것을 전환학습으로 끌어들이려는 움직임과 관련하여 이를 생각해 보면 흥미로울 것이다(제3장 참조). Jung은 90년도 더 전에 이러한 주장을 했다.

기능

Jung은 사람들 사이의 차이를 설명하는 방식으로 내향성, 외향성에 만족하지 않았다. 이는 그가 관찰한 다양성을 충분히 설명하지 못했다. 지금은 매우 친숙한 네 가지 심리적 기능인 "사고, 감정, 감각, 직관"을 공식화하는 데에는 10년이 더 걸렸다.

이론의 최종 형태에서는 "사고"와 "감정"이 두 가지 판단(합리적) 기능으로 제시되었다. 사고 기능의 사용은 논리적 분석과 문제 해결을 통해 판단과 결정을 내리는 것을 포함한다. 감정 기능의 사용은 자신과 타인의 가치를 고려하여 판단하고 결정하는 것을 포함한다.

"감각"과 "직관"은 두 가지 인식(비합리적) 기능이다. 감각 기능을 사용하여 인식하는 것은 시각, 촉각, 청각, 미각, 후각 등 감각을 통해 정보를 수집하는 것이다. 직관 기능을 사용하여 인식하는 것은 직감, 상상, 환상 등에 의존하여 무의식적인 방식으로 인식이 이루어지는 것이다. Jung(1971)은 "어떤 내용은 그 내용이 어떻게 존재하게 되었는지 설명하거나 발견할 수 없더라도, 총체적이고 완전하게 나타난다."라고 말했다(453쪽).

심리 유형

두 가지 태도(내향성, 외향성)와 네 가지 기능(사고, 감정, 감각, 직관)을 조합하면 8가지 심리 유형이 만들어진다. 마이어스-브릭스 유형 지표(Myers-Briggs Type Indicator: MBTI)와 같이 널리 사용되는 측정 도구에서는 다양한 조합을 제시하지만(MBTI의 경우 16가지 유형), 나는 Jung의 이론과 일치시키는 것을 선택하였다. 태도와 기능의 8가지 조합을 각각 검토할 때 유의할 점은 한 유형의 모든 특성을 가진 사람은 없으며, "유형"은 서로 독립적이지 않고 사람들이 각 유형의 특성을 다양한 강도로 가지고 있다는 점이다.

외향적 사고형(Extraverted Thinking)

외향적 사고형은 자아 밖의 대상, 즉 외부 세계에 초점을 맞추는 사고 방식이다. 외향적 사고를 선호하는 사람은 외부 세계의 정보를 사용하며, 논리적이고 분석적인 과정을 적용하여 문제를 해결하고 판단을 내린다. 삶의 질서를 확립하는 것을 목표로 하며, 다른 사람보다 사실과 아이디어에 더 관심이 많다. 이들은 인간 지향적인 사람들에게 비인격적이거나 비우호적으로 보일 수 있다.

외향적 사고형의 사람들은 보통 주변 사람들이 자신의 원칙을 따르기를 기대한다. 그들은 사회 또는 조직에서 개혁가 역할을 맡을 수 있으며, 일반적으로 이상주의자이다. 이들의 사고는 긍정적이고, 생산적이며, 진보적이고, 창의적이다. 그들은 자신의 이상과 원칙에 대해 확신을 갖고 있으며, 어떤 반대에도 불구하고 이러한 이상을 추구한다.

외향적 감정형(Extraverted Feeling)

감정도 판단 기능의 하나이지만, 이 심리 유형을 선호하는 사람들은 객관적인 준거를 사용하기보다 전통적이거나 일반적으로 받아들여지는 가치(자아 외부의 가치)를 사용하여 판단을 내린다. Jung(1971)은 "예를 들어 어떤 것이 '아름답다'거나 '좋다'고 말하는 것은 나 자신의 주관적인 감정에서 그렇게 생각해서가 아니라, 그것을 그렇게 부르는 것이 적합하고 정치적이기 때문이다. 이를 반대로 판단하면 일반적인 감정 상

128

황을 뒤흔들 수 있다."라고 말했다(355쪽).

외향적 감정형의 사람들은 일반적으로 받아들여지는 가치에 의존하기 때문에 주변 환경과의 조화를 지향한다. 가치의 충돌은 자신의 행동을 결정하기 위해 가치를 활용하는 과정을 뒤흔들 수 있다고 생각한다. 그에 따라, 이들은 자신의 입장을 다른 사람들이 표현한 것과 일치하도록 쉽게 조정한다. 이들은 그 차이를 누그러뜨린다. 이 성향을 가진 사람들은 친구를 쉽게 사귀고, 집단에서 다른 사람과 잘 어울리며, 함께 있는 것을 즐거워한다.

외향적 감각형(Extraverted Sensing)

사람들의 감각 기능이 자아 외부의 세계에 집중되어 있는 경우, 이들은 세계를 있는 그대로 인식하고 해석이나 판단 없이 현실의 경험을 축적하게 된다. 이러한 선호를 가진 사람들은 눈에 보이는 현실에 관심이 많고, 실용적이고 현실적이며, 논리의 위반에 신경 쓰지 않고, 자신이 인식하는 대상 사이의 관계나, 세계의 추상적이고 이론적인 개념에 크게 관심을 두지 않는다.

외향적 감각형의 사람들은 맛있는 음식, 아름다운 물건, 매력적인 사람 등과 같은 감각적인 것을 좋아한다. 감각으로 인지한 구체적인 사실과 경험은 다음에 일어날 일의 기초가 된다. 한 번 일어난 일은 다시 일어날 것이고, 지난번에 잘되었던 일은 다음번에도 잘될 것이다. 다른 사람들은 이들을 좋은 동료이자, 인생을 즐기는 사람으로 본다.

외향적 직관형(Extraverted Intuition)

직관이 외부로 집중되면, 무의식적 인식은 외부 대상을 향하게 된다. Jung(1971)은 이것이 "비전과 통찰에 의한 기대의 태도"로 나타난다고 말했다(366쪽). 직관 기능은 이미지로 전달되어, 사람들이 각 상황에 내재된 가능성을 추구하도록 유도한다. 잠긴 문은 모두 열어야 하는 것처럼, 모든 사건에는 잠재된 가능성이 있다.

외향적 직관형의 사람들은 새로운 상황, 사건, 대상에 관심이 많으며, 판단 없이 접근한다. 이들은 새로운 기업의 창업자, 대의명분의 옹호자, 선구자가 될 가능성이 높다. 이들은 자신의 비전이 아닌 것에 무관심하고, 자신이나 타인의 생각이나 감정에 영향을 받지 않는 것처럼 보일 수 있다. 때로는 새로운 프로젝트의 참신함이 사라지면, 외향적 직관형의 사람들은 흥미를 잃고 프로젝트를 포기할 수도 있다. 때로는 세계의 어떤 측면을 개혁하려고 할 때 교묘하게 조작하는 것처럼 보일 수도 있다. 하지만 이들의 높은 열정과 가능성을 시각화하는 능력은 다른 사람들을 변화시키는 카리스마와 변화에 대한 열망으로 작용할 수 있다. 다음은 외향 기능에 대해 개관한 것이다.

외향 기능에 대한 개관

상황: 작업 팀이 전자 모기 퇴치제에 대한 마케팅 계획을 준비하다가 난관에 봉착하였다.

Sheila(외향적 사고형): 자, 마무리를 합시다! 작업을 다섯 부분으로 나누지요. 각자 한 부분씩 맡아 내일 다시 가져오면 제가 정리할게요.

Pat(외향적 감정형): 모든 사람이 이 결정에 참여하고 있다고 느끼는 것이 중요합니다. 잠시 멈추고 각 팀원의 의견을 듣고, 모두가 무엇을 하고 싶은지 알아봅시다.

Jim(외향적 감각형): 개미 덫에 대한 마케팅 계획을 찾아보면 어떨까요? 그것 잘 먹혔어요. 그걸 따라하면 되죠.

Robert(외향적 직관형): 잠시만요. 좀 더 큰 그림을 고려해 봐야 할 것 같습니다. 환경 문제, 전자 퇴치제의 대안들 말이지요. 계획을 확정하기 전에 고려해야 할 사항이 너무 많아요. 왠지, 저는 우리가 녹색당과 손을 잡을 수 있을 것 같습니다.

내향적 사고형(Introverted Thinking)

사고가 내면으로 집중될 때 판단에 사용되는 기준은, 외향적 사고형의 경우처럼 외부 세계에서 나오는 것이 아니라 개인 내부에서 비롯된다. 아이디어의 기원은 객관적인 데이터가 아니라 주관적인(자기 자신의) 생각에서 유래한다. 내향적 사고형의 사람들은 다른 사람들의 생각과 인식에 상대적으로 영향을 덜 받는다. 이들은 이론과 모델 작업을 좋아하며, 이러한 이론의 실제 적용에는 관심이 적다. 이들은 단지 이론을 만들기 위해 질문을 공식화하고, 새로운 통찰을 얻고, 새로운 이론을 만드는 것을 좋아한다.

내향적 사고형의 장점은 아이디어의 명료성, 조직성, 정교함에 있으며, 독창성이나 다른 사람을 설득하는 능력은 그다지 뛰어나지 않다. 이들은 자신의 견해에 대한 증거로 사실만을 수집하고, 적합하지 않은 것은 폐기할 수 있다. 이들은 내면의 원칙이 강하며, 성찰적이고, 진실을 중요하게 생각한다. 이러한 성향의 사람들은 판단 과정이 내적으로 이루어지기 때문에, 생각할 시간이 필요하다. 내향적 사고형의 사람들은 자신의 생각이 빨리 수용되거나 인정받지 못하면 다른 사람을 가혹하게 판단하는 경향이 있기 때문에, 다른 사람에게는 배려심이 부족하거나 오만해 보일 수 있다.

내향적 감정형(Introverted Feeling)

감정 기능이 내부 지향적일 때는, 외향적 감정형에게 중요한 전통적이고 수용된 가치보다는 주관적인 내면의 가치에 따라 판단이 이루어진다. 가치는 개인화되어 있으며 내면에서 비롯된다. Jung(1971)은 내향적 감정형의 사람들을 "대부분 조용하고, 접근하기 어려우며, 이해하기 어렵다."고 묘사한다(389쪽). 내향적인 초점 때문에 다른 사람들은 그 사람에게서 무슨 일이 일어나고 있는지 보지 못한다. 내향적 감정형의 사람들은 겉으로는 조화로운 태도를 보이지만, 실제로는 우울한 성향이 있을 수 있다. 그들은 자신의 가치, 비전, 감정이 담긴 조용한 내면의 세계에서 사는 것을 선호한다. 그들은 다른 사람들이 볼 수 없는 내면의 강렬함을 가지고 있으며, 이로 인해 오해를 받기도 한다.

내향적 감정형이 강한 경우, 외부 세계는 자극제 역할만 할 뿐, 타인의 행동이나 가치에 크게 영향을 받지 않는다. 대부분 겉으로 표현하지 않는 경우가 많지만, 그들은 타인이 일반적으로 파악할 수 없는 깊은 감정을 가지고 있다. 고독을 즐기고 강한 자립심을 지닌다.

내향적 감각형(Introverted Sensing)

감각 기능이 내향적일 때는, 객관적 자극에 반응하는 주관적 감각이 중요하게 작동한다. 내향적 감각형의 사람들은 타인과 동일한 대상을

132

보더라도 주관적인 방식으로, 즉 개인화되고 특별한 의미가 부여된 대상을 보게 된다. 감각은 세계의 정보를 수집하는 데 사용되며, 그 정보는 즉시 자신과 관련된 개인적인 것으로 받아들여진다.

예를 들어 내향적 감각형을 선호하는 사람은 그림을 수집하고, 그 그림이 자신의 다양한 측면을 어떻게 반영하는지에 주로 관심을 가질 수 있다. 또는 어떤 물건을 보고 비슷한 물건에 대한 기억이나 물건과의 개인적인 연관성을 즉시 떠올릴 수도 있다("저 의자는 제가 어렸을 때 어머니가 앉으셨던 의자를 떠올리게 해요. 저 색은 제가 첫 면접을 보러 갔을 때 입었던 셔츠의 색이에요."). 또한 그들은 대상에 대해 설명해 달라는 요청을 받으면, 대상에 대한 자신의 인상을 표현한다. 내향적 감각형이 강한 사람들은 다른 사람들의 인식보다 현실에 대한 자신의 인식에 더 잘 적응한다. 이들은 조용한 환경과 일상을 선호한다. 이들은 삶의 세세한 부분을 돌보는 것을 좋아하며, 하루의 작은 집안일들을 모두 처리했을 때 성취감을 느낀다. 이들의 가장 큰 장점은 사람과 사물에 대한 감수성이지만, 현실보다는 해석에 기반한 것이기 때문에 자의적이고 예측할 수 없는 것으로 보일 수 있다.

내향적 직관형(Introverted Intuition)

내향적 직관형의 사람들은 외부 대상에 의해 자극을 받기도 하나, 감각 기능에서처럼 대상에 개인적인 의미를 부여하기보다 내면의 이미지와 환상을 방출하도록 유도된다. Jung은 이러한 내면의 이미지가 무의식으로부터 해방되는 것으로 본다. 예를 들어, 이들은 의자를 보고 의자를 배치할 수 있는 수십 가지 방법을 상상하거나, 의자의 다른 용도를

133

떠올릴 수 있다. 이러한 이미지들은 즉각적인 유용성을 지닐 필요가 없으며(다른 사람들은 이를 "공상"이라고 표현할 수 있다), 찰나적인 것일 수도 있다.

내향적 직관형이 강한 사람들은 독특하고 풍부한 상상력을 바탕으로 세계를 바라보는 사람들일 수 있다. 이들은 내향적이기 때문에 이러한 아이디어를 자아 외부의 현실과 연결시키지 못하는 경우가 많다. 내향적인 사람들은 종종 오해를 받기도 하고, 다른 사람들에게 자신을 드러내지 않아 신비롭다고 묘사되기도 하며, (눈에 보이는 현실과 연결되지 않기 때문에) 무관심하거나 심지어 불성실한 사람처럼 보일 수 있다. 다음은 내향 기능에 대해 개관한 것이다.

내향 기능에 대한 개관

상황: 현대 미술관에서 그림 관찰하기

Patricia(내향적 사고형): 선의 대칭과 파란색과 녹색을 사용하여 분위기를 조성한 것이 마음에 듭니다. 그런데 여기 있는 노란색 얼룩은 어울리지 않는 것 같습니다.

Tony(내향적 감정형): 마음이 평온해지고 행복해지네요. 파란색과 녹색은 차분한 느낌을 주고, 노란색은 나에게 행복한 햇살처럼 느껴지네요.

Pamela(내향적 감각형): 어렸을 때 부모님 침실에 있던 벽지가 생각나네요. 저는 항상 그 색의 조합에 위로를 받곤 했어요.

Victor(내향적 직관형): 파란색이 무의식, 물, 자궁을 상징한다는 점이 떠올랐어요. 그 물 밑에는 물고기가 있을 수도 있고, 그 물고기들이 서로를 집어삼키며 자궁에서 나오기 위한 싸움을 벌일 수도 있을 거예요.

프로파일

심리 유형 이론의 다양한 측면을 분리하여 각각을 개별적으로 설명했으니, 이제 이를 다시 종합하여 분류 체계나 (일차원적이고 고정관념적으로 보는 것을 넘어) 사람을 통합적이고 총체적으로 이해해 보자. Jung은 심리 유형 선호를 정량화하는 것을 경고했지만(나도 이 경고에 동의한다), 전체론적 관점을 견지한다면 선호도에 대한 유용한 설명을 만들 수 있다고 생각한다. 나는 동료들과 함께 심리 유형 선호를 평가하기 위한 접근 방식을 설계하고 검증하였다(Cranton & Knoop, 1995).

유형별 개인 임파워먼트(Personal Empowerment through Type: PET) 검사에서 사람들은 선호에 대한 프로파일을 받을 수 있다. 첫째, 대부분의 사람들은 내향성과 외향성을 모두 갖고 있음에도 불구하고, 이 중 하나를 선호한다. 둘째, 대부분의 사람들은 지배적이거나 가장 선호하는 기능을 가지고 있다. 이는 그들이 가장 편안하게 사용하고, 자연스럽게 자주 사용하는 기능이다. 셋째, 개인마다 덜 자주 사용하기는 하나, 여전히 편안하게 사용할 수 있는 보조적이거나 두 번째로 선호하는 기능이 있다. 사람들은 모두 세계에 대해 "인식"과 "판단"을 하기 때문에, 지배적 기능과 부차적 기능은 함께 존재한다. 예를 들어, 사고형을 가장 선호하는 사람에게는 인식(감각, 직관)에 해당하는 부차적 기능이 필요하다. 넷째, 사람들은 열등한 기능이나 그림자와 같이 거의 사용하지 않고 이해하지 못하는 기능을 가지고 있다. 이 기능은 대부분 무의식적이다.

8가지 태도-기능 조합 각각의 강도를 개별적으로 평가하거나 기술한 다음 프로파일에 통합하면, 우리는 풍부한 정보를 얻을 수 있다. 심리 유형 프로파일과 관련된 경험을 바탕으로, 우리가 도달할 수 있는 이해의 종류에 대해 몇 가지 예를 들어 보자.

- 외향적인 쪽의 사고 기능과 감정 기능이 동일하지만 내향적인 쪽의 사고 기능이 더 강한 사람은 외부 세계를 판단하는 데 어려움을 겪게 되며, 사고 기능을 사용하기 위해서는 내면으로 눈을 돌려야 한다.
- 외향적 감정 기능과 내향적 사고 기능이 똑같이 강한 경우, 내향적일 때 내린 판단은 외부 세계로 가져가면 타당하지 않을 수 있다.
- 네 가지 판단 기능(외향적 사고/감정, 내향적 사고/감정)이 모두 똑같이 강한 경우, 그 사람은 결정과 판단을 내리는 데 갈등과 어려움을 경험하게 된다.
- 감각과 직관 기능이 동일하게 강할 때, 사람은 지금 여기 실재하는 세계에 집중하는 것과 세계를 바꾸거나 다른 방식으로 볼 수 있는 가능성에 집중하는 것 사이를 왔다 갔다 할 것이다.
- 인식 기능(감각, 직관)이 판단 기능(사고, 감정)보다 훨씬 강한 사람은 정보 수집이나 가능성을 상상하는 것을 멈추고 결론이나 결정을 내릴 것이다.

더 많은 조합의 선호가 논의될 수 있지만, 여기서는 심리 유형 프로파일을 전체적으로 보았을 때의 복잡성을 강조하는 데 목표가 있다. 한 사람의 지배적 기능이나 지배적, 부차적 기능만 보는 것은 한계가 있다.

분화

삶의 다양한 시점에 있는 사람들 중에는 한 기능에 대한 선호가 다른 기능에 비해 명료하게 나타나지 않기도 한다. Jung은 이를 "분화(differ-entiation)"라는 개념과 연관시켰다. Jung은 다음과 같이 설명하였다.

> 분화란 차이의 발전, 전체로부터 부분의 분리를 의미한다. 어떤 기능이 하나 이상의 다른 기능과 융합(사고와 감정, 감정과 감각)되어 독자적으로 작동할 수 없을 때, 이를 태고의(archaic) 상태, 미분화 상태라고 한다 (Jung, 1971, 424쪽).

만약 우리가 많은 사람의 평균을 취한다고 생각한다면, 우리는 각 기능이 거의 동일한 강도를 갖는 선호도 프로파일 집계를 얻을 수 있을 것이다. 이것은 인류의 집단적 특징을 대표할 수 있지만, 한 개인에 대해서는 아무것도 알려 주지 않는다.

Jung은 심리 발달의 목표를 자신을 인류 집단으로부터 분화시키는 것으로 보았다. 나는 어떻게 다른가? 무엇이 나를 독특하게 만드는가? 나는 정말 다른 사람과 구별되는 사람인가? 한 사람의 심리 유형 프로파일이 기능들에 대한 동일한 선호도를 보인다면, 그 개인은 인류 집단과 하나인 것이 된다. 그 개인에게는 고유한 패턴 없이 "나는 이렇지만, 저렇지는 않다."와 같이 말할 수 없게 되는 것이다.

동시에 Jung은 심리 유형 기능에 대한 의식적 발달이 평생의 목표라고 말했다. 어떤 사람이 의도적으로 다른 존재 방식을 개발하기로 선택하고 다른 때에는 다른 기능을 인식하고 사용할 수 있게 된다면, 이는 일종의 총체성 또는 인류와의 통합을 향해 나아가는 것이 된다. 여기서 핵심은 의식이다. 무의식적인 분화는 자신이 누구인지 알지 못한 채, 자신과 타인 사이의 혼란을 야기할 뿐이다. 심리 기능을 의식적으로 발달시키면, 의도적으로 타인과 다르고 같은 능력을 갖게 된다.

개성화

제2장에서 언급했듯이, Jung의 개성화 개념은 전환학습 이론을 이해하는 중요한 방식이 되었다. Jung(1971)은 개성화를 "개인의 성격 발달을 목표로 하는 분화의 과정"이라고 말했다(448쪽). 개성화는 무의식을 의식으로 가져와 자아의 해당 측면과 대화를 발전시키고, 그림자를 더 잘 이해하며, 아니무스나 아니마(남성적 또는 여성적 영혼)를 인식하고, 원형의 영향을 깨닫고, 투사(projection)에 어떻게 참여할지를 학습하는 전환의 과정이다. Sharp(2001)는 개성화를 순환적 또는 나선형 오디세이, 즉 출발점으로 돌아가는 것을 목표로 하지만 자신이 어디에 있었는지를 아는 여정으로 설명하였다. 우리는 본질적으로 우리 자신으로 남아 있지만, 개성화의 여정을 통해 그 자아가 누구인지 알게 된다.

심리 유형 이론과 관련하여 개성화의 한 측면은 심리적 선호를 명료히 하여 선호에 대한 명확한 프로파일을 개발하고, 이를 의식적으로 발전시키는 것이다. 전환학습 이론에서는 심리적 선호를 우리가 비판적 질문을 던져야 하는 마음의 습관 중 하나로 본다. Mezirow(2012)는 이를 심리학적 의미 관점으로 보았다. 동시에 우리의 선호는 우리가 질문에 참여하는 방식에 영향을 미친다. 나아가 평생에 걸친 개성화 여정을 통해 선호를 명확히 하고 발전시키는 것은 전환적이라 할 수 있다. 이 장의 나머지 부분에서는 심리 유형 선호가 우리의 전환 경험 방식에 미치는 영향에 대해 논의한다.

전환학습과 심리 유형

연구자들과 이론가들이 전환학습 이론에 대한 Mezirow(2000)의 개념을 확장하고자 한 이유 중 하나는, Mezirow의 접근 방식이 사고 기능을 선호하는 개인에게는 편안한 과정이지만 직관이나 감정 기능을 선호하는 사람에게는 제한적으로 보였기 때문일 것이다. 이 장에서는 Mezirow가 제안한 전환의 특징과 그의 이론에 대한 몇 가지 세부 사항을 살펴보고자 한다.

혼란스러운 사건에 대한 반응

나는 학생들이 겪고 있는 경험에 놀랄 때가 종종 있다. 그들은 나에게 편지를 보내거나 전화를 걸어 가족의 비극과 개인적인 위기에 대해 이야기한다. 어떤 때는 활동을 완료하는 것이 늦어질 것 같다고 연락하기도 하고, 어떤 때는 과정을 완전히 중단하고 나중에 다시 돌아와야 할 것 같다고 말하기도 한다. 인생의 위기든, 자신과 다른 관점을 듣는 것이든, 사람들은 잠재적으로 혼란스러울 수 있는 사건에 대하여 다양한 방식으로 반응한다. 이는 사건의 내용, 사건을 접하는 상황, 삶의 장소 등과 관련이 있지만, 심리 유형 선호와도 관련된다. 감정 기능을 선호하는 사람들은 자신과 다른 가치를 접할 때 가장 예민하게 반응하는 사람들이다. 이들은 주변 환경과 다른 사람들의 반응에 민감하게 반응한다. 그 관계를 유지하기 위해 이들은 사회 규범, 다른 사람들의 의견과 질문, 미디어 쟁점 등에 대해 반응할 가능성이 높다.

반면 사고 기능을 선호하는 사람들은 내향적이든 외향적이든 쉽게 흔들리지 않는 확고한 원칙과 관점을 가지고 있다. 논리적이고 설득력 있는 논증이 뒷받침되지 않는 한, 대안적 관점은 재고의 대상이 되지 않고 기각될 가능성이 높다. 대안적 관점을 고려할 때에도 자신의 가정에 의문을 제기하기보다 반론으로 대응할 가능성이 높다. 사고 기능을 선호하는 사람들은 충격적이고 혼란스러운 사건에 직면했을 때 그 상황을 극복하기 위해 강력한 원칙을 고수할 가능성이 높다.

감각이나 직관 기능을 선호하는 사람들은 혼란스러운 사건에 민감하게 반응하지만, 그 방식은 다를 수 있다. 직관적인 사람들은 변화의 가능성과 기회에 열정적으로 반응할 가능성이 높다. 직업을 잃으면 다른 많은 직업의 가능성이 열린다. 감각 기능이 지배적인 사람은 일상과 이전에 일어난 일들에 의존하기 때문에, 예상치 못한 사건으로 인해 흔들릴 수 있다.

비판적 성찰과 비판적 자기 성찰

세계에 존재하는 가치, 가정, 관점에 대해 비판적으로 의문을 제기하는 비판적 성찰은 외향적 사고형의 범위이다. 이는 바로 외향적 사고 기능을 사용한다는 의미이다. 대안적 관점을 제시하는 것은 외향적 직관형의 사람에게 자연스러운 과정이지만, 그가 사고 기능을 부차적 기능으로 사용하지 않는다면 성찰적인 부분은 덜 두드러질 수 있다. 외향적 사고형를 지배적 기능으로 사용하고 외향적 직관형을 부차적 기능으로 사용하는 사람은 비판적 성찰에 적합할 것이며, 내향적 사고형에 해당하는 사람은 비판적 자기 성찰에 쉽게 참여할 가능성이 높다. 감정 기능을 선호하는 사람은 질문보다는 적응을 선호할 수 있으며, 외향적 감각형의 사람은 문제 해결을 위해 현재 경험과 과거 경험을 비교하는 데 집중할 수 있다(관찰자 입장에서는 성찰처럼 보일 수 있지만, 이는 다른 심리적 과정이다).

자기 점검(self-examination)을 하고 내면화된 가정에 대한 비판적 평가를 수행하는 것은 내향적 성향, 특히 내향적 사고형의 사람들에게 더 쉽게 다가올 것이다. 모든 내향적인 유형은 내부에 초점을 맞추고 있으며, 어떤 의미에서는 자아의 의미를 탐구하는 데 관심이 있다. 그러나 감정, 감각, 직관 기능에 의존하는 사람들에게는 그 과정을 "성찰"이라고 부를 수 있을지에 논란의 여지가 있다. "내성(introspection)"은 맞지만 "성찰"은 아닐 수 있다. 하지만 사고가 내면을 지향하는 사람들에게는 이러한 활동이 그들 존재의 자연스러운 부분이다.

외향적인 성향이 강한 사람들은 자신의 심리 프로파일을 의도적으로 내향적 부분으로 이동하지 않는 한, 자기 성찰에 어려움을 겪을 수 있다. 이것은 일지 쓰기나 명상과 같은 활동을 통해 장려될 수 있지만, 이러한 활동은 외향적인 사람들에게 쉽게 다가오지 않는다.

담론

Mezirow(1991)는 비판적 담론에 참여하는 것이 전환학습에 필수적이라고 주장하였다. "우리는 학습이라는 의사소통 영역에서 주장의 의미를 확립하기 위해 합의된 검증에 의존하며, 비판적 담론에 참여하는 데 필요한 일련의 이상적 조건은 인간 의사소통의 본질에 포함되어 있다."(198쪽) 그는 담론의 맥락에서 추론의 본질을 검토할 때, 이러한 관점을 반복적으로 드러내었다(Mezirow, 2003a).

비록 이 관점에 논쟁의 여지가 있을 수 있지만(서로를 이해하는 것은 필요하나, 반드시 동의해야 하는 것은 아니다), 언어 사용에 합리성이 내재되어 있다는 Habermas의 개념을 바탕으로 한 Mezirow의 "담론" 정의를 고수한다면, 사고형 특히 외향적 사고형의 학습자는 이를 자연스러운 과정으로 생각할 수 있을 것이다.

Mezirow(2003b)는 열린 마음을 갖는 것, 공감적으로 경청하는 것, 성급한 판단을 피하는 것, 공통점을 찾는 것, 정서 지능을 갖추는 것 등을 담론에 참여하기 위한 자산이라고 설명하였다. 이러한 특성들 중 일부는 직관형(열린 마음을 갖는 것, 성급한 판단을 피하는 것)과 다른 일부는 감정형(공감적으로 경청하는 것, 공통점을 찾는 것)과 관련이 있다.

내향성이 강한 사람들은 담론을 어려워할 수도 있다. 외부 세계의 자극을 내적으로 처리하는 데 시간이 걸리기 때문이다. 내향적인 사람들은 자신이 반응을 공식화할 때쯤이면 대화가 이미 다른 화제로 넘어간다고 보고한다. 온라인 담론에서는 이러한 장애물이 극복되기도 하나(Cranton, 2010), 다른 장애물이 나타나기도 한다.

마음의 습관 수정하기

비판적 성찰과 합리적 담론에 참여하는 것이 전환학습을 보장하는 것은 아니다. 경험을 전환적으로 만드는 것은 마음의 습관을 수정하는 것

142

이다. 때때로 사람들은 질문하고, 성찰하고, 논의하지만, 그 과정의 결과로 근본적인 변화를 경험하지는 못한다. 이는 문화, 사회, 가족, 직장 등의 영향일 수 있지만, 심리적 또는 학습 선호도의 영향일 수도 있다.

외향적 사고형의 사람들은 자신의 원칙과 "진실"을 고수하려는 욕구가 강하기 때문에 마음의 습관을 수정하는 것을 선호하지 않을 수 있다. 내향적 사고형의 사람들은 새로운 지식이나 논리의 결함에 대한 인식을 바탕으로 마지 못해 관점을 수정할 수 있지만, 이 과정에서 다른 사람의 가치나 의견을 고려하고 싶지 않을 수도 있다.

심리 유형 이론에 따르면, 감정 기능을 선호하는 사람들은 비판적 성찰의 과정을 통해서가 아니라 타인의 가치와 조화를 이루어야 한다는 필요 때문에 자신의 마음 습관을 쉽게 수정할 것으로 보인다. 이러한 선호를 가진 사람에게 있어 그것은 다른 사람의 견해에 단순히 카멜레온처럼 적응하는 것이 아니다. 이는 다른 사람과 하나가 되기 위한 진정한 변화이다. 감정 기능이 내향적일 때는 세계에 대한 주관적인 해석이 중심이 되며, 관점의 전환은 강렬한 내면적 과정이 된다.

감각을 삶의 지배적 기능으로 삼는 사람은 외향적이든 내향적이든, 환경이나 문화의 변화와 같이 완전히 새로운 감각을 제공하는 다른 상황에 몰입한 결과로 마음의 습관이 수정될 가능성이 높다. 마음의 습관을 전환하는 이러한 합리적인 접근 방식으로는 직관적인 마음을 이해하기가 어렵다. 이러한 선호를 가진 개인의 경험은 전환학습에 대한 초합리적 접근 방식을 통해 더 잘 설명할 수 있다.

초합리적 전환학습

개성화와 같은 심리적 과정에 대한 Jung(1971)의 견해는 근본적으로 초합리적이다. 우리는 의식적으로 둘 중 하나를 선택하지 않으며, 비판적 성찰을 통해 열등한 기능을 발달시킬 수 없다. 개성화의 핵심은 자아의 무의식적 차원과의 대화를 정립하고 유지하는 것으로, 이는 Mezirow가 설명한 것처럼 합리적인 성찰이 아니다.

세계를 보는 방식은 이론가마다, 학습자마다 모두 다르다. 전환에 대한 초합리적 접근 방식은 학습과 변화에 대한 직관적이고 풍부한 상상력을 바탕으로 한다. 이는 합리성을 초월하여 자아와 세계의 연결에 힘과 의미를 부여한다. 이는 영혼을 고양시키고, 일상에서 일어나는 정서적, 영적인 측면에 주의를 기울인다.

직관 기능을 선호하는 사람은 외향적이든 내향적이든 초합리적인 방식으로 전환학습을 경험할 가능성이 더 높다. 아마도 직관과 감정 기능을 조합하는 것이 Dirkx(1997, 2000)가 설명한 방식으로 학습자가 전환을 경험하는 데 가장 근접할 수 있을 것이다.

관계적 전환학습

전환학습 이론에 대한 관계적이고 연결된 접근 방식에서는 사람들이 다른 사람들과 관계를 형성하고, 세계를 보는 통합적이고 총체적인 방식을 개발하며, 타인의 관점을 (논쟁하기보다) 이해하고, 공감적으로 경청하고, 양육하고 배려함으로써 학습이 이루어지는 것으로 설명한다.

144

감정형, 특히 외향적 감정형의 사람은 이러한 방식으로 전환을 경험할 가능성이 높다. 이러한 선호는 사람들이 갈등보다 조화를, 논리적이고 분석적인 판단보다 가치에 기반한 판단을 선택하도록 유도한다.

연결된 지식인(connected knowers)에 대한 Belenky와 Stanton(2000)의 설명은 이러한 점에서 도움이 된다. 연결된 지식인은 서로의 의견이 일치하지 않을 때, 타인의 감정을 이해하고 그 마음의 틀에 들어가기 위해 노력한다. Mezirow(2003b) 관점의 핵심인 비판적 질문이나 도전적 관점이 아닌 공감을 통해 타인의 마음의 틀에 들어가는 것은 전환 경험의 핵심일 수 있다.

요약

초등학교부터 고등교육(성인교육 포함)에 이르기까지 모든 수준의 교육에서 학습자의 선호와 학습 스타일이 다양하다는 것은 널리 받아들여지고 있다. Jung의 심리 유형 모델은 개인차를 이해하기 위한 방법을 포괄적으로 제공하여 준다. Jung은 사람들이 세계에 대해 서로 다른 태도를 가지고 있다고 설명했다. 외향적 태도는 사람, 사건, 상황, 정보 등과 관련된 직접적인 상호작용을 수반하는 반면, 내향적 태도는 세상으로부터 간접적인 자극을 허용하지만 주로 주관적이고 내부 지향적인 과정으로 구성된다. 심리 유형 이론은 또한 판단을 내릴 때의 두 가지 선호를 제시한다. 하나는 논리(사고)를 사용하는 것이고, 다른 하나는 가치(감정)를 사용하는 것이다. 마지막으로 Jung은 두 가지 인식 방법을 설명하였다. 여기에는 현실에 대한 감각을 통한 인식과 직관을 통한 인식이 포함된다. 사람들은 서로 다른 강점에 대한 태도와 선호를 지니고 있을 뿐 아니라, 지배적 기능과 부차적 기능을 다양한 방식으로 조합하여 사용한다.

전환학습의 과정은 사람들마다 지닌 심리 유형 프로파일에 따라 다르다. 내가 살펴본 전환학습의 구성 요소에는 혼란스러운 사건에 대한 반응, 비판적 성찰과 비판적 자기 성찰, 담론, 마음의 습관 수정하기 등이 포함된다. 전환학습에 대한 Mezirow의 접근 방식은 사고형의 심리 유형 기능 선호와 가장 일치하지만, 이러한 선호를 가진 사람들은 자신의 마음 속에 깊이 내재된 원칙과 가정을 가장 놓아 주지 않으려는 사람들이기도 하다. 나는 전환학습 이론에 대한 두 가지 대안적 접근 방식, 즉 초합리적 전환과 관계적 전환에 대해 간략하게 논의하였다. 이론적 설명에 따르면, 직관형의 사람들은 상상력이 풍부하고 총체적이며 초합리적인 경험에 참여할 가능성이 높은 반면, 감정형의 사람들은 관계적 또는 연결된 전환을 겪을 것으로 예상된다.

제 **6** 장

교육자의
역할

진정성 있는 교육자가 된다는 것은 자신에 대해 잘 이해하고,
그 이해를 가르치는 데 적용하고,
학습자와 의미 있는 방식으로 이해하고 관계를 맺으며,
가르침의 맥락을 인식하고, 실천에 대한
비판적 성찰에 참여하는 것을 포함한다.
진정성은 학생들과 더 나은 관계를 맺게 해 줄 뿐 아니라
전환 과정 자체의 모델이 된다.

교육자들이 자신의 역할을 지속적으로 의심하고, 질문하고, 수정하는 것은 놀라운 일이 아니다. 기존 문헌들은 전문가, 자원 담당자, 촉진자, 상담자, 멘토, 모델, 개혁가, 활동가 등 우리가 될 수 있는 모든 것들을 우리에게 강요한다. 제안된 몇 가지 예를 들면, 우리는 우리의 분야를 사랑하고, 열정을 공유하며, 지식이 풍부하고, 학습자의 필요를 고려하고, 학습 활동을 명료하게 조직 및 구조화하고, 잘 경청하고, 지지적인 학습 분위기를 조성하고, 학습자에게 동기를 부여하고, 유머를 사용하고, 학생들의 관점에 도전하여 비판적 사고를 장려하고, 참여를 촉진하고, 긍정적인 피드백을 제공하고, 학습자를 자원으로 활용하고, 학습 스타일을 고려할 수 있어야 한다.

　교육 문헌이 더욱 정교해지고 복잡해짐에 따라 실천가에 대한 요구도 커지고 있다. 편안한 학습 환경을 조성하고 학습자의 필요를 충족시키는 단순한 인본주의적 접근 방식의 쉽고 안전한 시대는 지났다. 이제 우리는 힘의 가면을 벗겨 내고, 이데올로기에 도전하며, 비판 의식을 불러일으켜 주어야 한다(Brookfield, 2005). 또한 이번 장의 주제에서처럼 전환학습을 촉진하고, 전환학습 이론에 대한 다양한 해석을 인식하며, 그것이 다양한 개인에게 어떻게 적용될 수 있을지 이해할 수 있어야 한다. E. W. Taylor(2009)는 전환학습을 촉진하는 핵심 요소로 개인의 경험에 대한 고려, 비판적 성찰의 촉진, 대화 참여, 전체적인 방향 설정, 맥락에 대한 인식, 진정성 있는 관계 구축 등을 꼽았다. 현장에서 학습자에게 관심과 열정을 쏟고 있는 실천가들이 기존 문헌의 비판과 요구에 괴리감을 느끼는 것은 당연한 일이다.

이 장에서는 제1장에서 사용된 "기술적, 실천적, 해방적 지식"의 프레임워크를 사용하여 각 종류의 지식 습득과 구성을 촉진하는 교육자의 역할을 논의하고자 한다. Mezirow(2012)가 제시한 것처럼, 전환학습 이론에서는 Habermas의 해방적 영역을 도구적, 의사소통적 학습 모두와 관련된 전환 과정으로 재정의한다. 기술적 지식을 가르치는 것도 보다 해방적이고 전환적인 관점에서 접근할 수 있다. 다음으로 전환학습을 촉진하는 데 있어 힘 문제의 핵심을 살펴보고자 한다. 전환학습은 제약, 제한된 관점, 억압적인 상황으로부터 자유를 얻는 것이므로 사람들이 힘을 어떻게 행사할 수 있을지 배우도록 돕는 것은 교육자로서 우리 책무의 일부가 되어야 한다. 마지막으로 교육자의 진정성을 탐구하고자 한다. 전환을 교육의 주요 목표로 삼는다면, 이러한 관점은 학생, 내용, 맥락과의 관계를 규정하게 된다. 우리는 우리 자신, 즉 가치, 선호, 경험의 중요성 등을 이해해야 한다. 진정성에 대해 생각하는 것은 전환교육에 대한 생각의 일부이다.

교육자의 역할과 기술적 지식

우리가 가르치는 방식이 우리가 가르치는 내용에 달려 있다는 것은 의심할 여지가 없다. 오늘날의 성인교육 및 고등교육 문헌에서는 기술적 지식의 습득을 강조하고 있지 않으나, 이는 많은 사람이 하는 일이다. 학생들의 입학과 취업을 돕기 위한 프로그램에서는 기술적 지식과 기술을 배우도록 지원한다. 참가자의 상당수가 산업·기술 전문 강사였던 여름학교 강의에서 그들의 가르침이 우리 사회에서 얼마나 중요한지 인정해 주었을 때 사람들은 큰 안도감을 표했다. 도구적 학습(기술적 지식의 습득)은 전환학습을 이끌고, 전환학습은 도구적 학습의 필요성을 알려 준다(Cranton, 2009). 목수가 되는 법을 배우는 것은 비판 이론을 공부하거나 내러티브를 통해 어린 시절의 트라우마를 탐구하는 것만큼이나 사람들이 자신과 주변 세계를 보는 방식에 깊은 변화를 가져올 수 있는 잠재력을 가지고 있다.

기술적 지식을 통해 우리는 교육자 역할이 가능해진다. 기술적 지식을 발견하거나 구성할 수도 있지만, 이는 시간이 많이 걸리고 불필요한 노력이 될 수 있다. 어떤 지식이 "외부에" 존재한다는 사실을 부정하고 기술적 학습에 대한 접근 방식으로 상대주의와 구성주의를 장려하는 사람들은 기술적 지식에 대해 과도하게 많이 가르치지는 않았을 것이다. 물론 비판적 사고가 기술적 지식을 다루는 작업의 일부가 아니라는 뜻은 아니다. 학생들은 기술과 진단 과정에 대해 비판적으로 검토하고 질문하는 방법을 배움으로써, 정보를 액면 그대로 받아들이는 것이 아니라 학습되고 실천되고 적용되는 지식의 한 부분으로 인식할 수 있다.

이러한 맥락에서 교육자는 해당 분야의 전문가이자 권위자이다. Pratt 와 Collins(2014)의 유형론에 따르면, 이들은 대부분 지식 전달에 관여한 다. 이들은 경험이 풍부하고 숙련된 직업 실무자이자 기술자이다. 교육 자는 자신을 기계공, 식물학자, 물리치료사 등으로 묘사한다. 전문가로 서 교육자는 가르칠 내용을 선택하고, 의제나 개요로 정리하며, 자료와 자원을 선택하고, 주로 강사 중심 방식으로 내용을 제시한다. 학생들이 내용을 마스터하였는지를 결정하는 것 또한 일반적으로 교육자의 몫 이다.

기술적 지식을 다루는 교육자는 자신을 교육 설계자로 여기는 경우가 많다. 교육자는 학습자의 선행 학습과 경험을 고려하고, 수업 목표를 세 우며, 한 수준에서 다른 수준으로 학습을 진행하기 위해 순서대로 화제 를 배열하고, 학습에 적합한 전략을 설계하고, 평가 기법을 구성한다. 이는 전통적인 교수 설계 모델을 따르는 것이다.

기술적 지식의 수업은 일반적으로 정보를 제시하고, 지식의 적용을 시연하며, 학습자에게 확장된 실습 기회를 제공하는 순서를 따른다. 일 부 영역에서는 문제 해결 또는 문제 중심 학습이 일반적으로 사용되기 도 한다. 학습은 본질적으로 직접 체험과 실습을 통해 이루어진다. 비 판적 사고는 절차에 대한 질문, 문제 해결, 동일한 작업을 수행하는 대 안적 방법 찾기 등을 통해 장려되는 경우가 많다. 이러한 방식으로 교 육자는 도제식 교육에 참여한다(Pratt & Collins, 2014). 즉, 교육자는 해 당 분야의 숙련된 실천가로서, 숙련된 수행의 내적 활동을 드러내고 학 습자가 해당 수행에 접근할 수 있도록 한다.

우리는 일반적으로 기술적 지식을 전환학습의 기초로 생각하지 않지

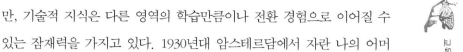

만, 기술적 지식은 다른 영역의 학습만큼이나 전환 경험으로 이어질 수 있는 잠재력을 가지고 있다. 1930년대 암스테르담에서 자란 나의 어머니는 자동차 운전을 배울 기회도, 배울 필요도 없었지만, 나중에 가장 가까운 이웃이 2마일이나 떨어져 있고 남편이 하루 종일 곡식밭에 나가 있어 어디에도 갈 수 없는 생활의 제약과 통제을 받았다. 어머니는 운전을 배우려고 시도할 용기가 없었지만, 나는 종종 운전 기술이 어머니에게 가져다주었을 전환의 잠재력에 대해 생각하였다. 좋은 사진을 찍을 수 있는 기술적 능력을 습득했을 때 세계를 바라보는 방식이 달라졌다. 사람들이 읽기와 쓰기의 기본적이고 기술적인 능력을 배우면, 정보에 대한 접근이 더욱 강력해지고 자유로워질 수 있다.

기술적 지식의 습득이 그 자체로 반드시 전환을 가져오는 것은 아니다. 나는 이것이 전환의 토대를 제공할 수 있는 잠재력을 가지고 있다고 생각한다. 자신의 직업 분야에서 교육자로 이행하고자 하는 실무자들을 가르치는 수년 동안, 나는 가르침과 관련된 기술(예: 파워포인트 프레젠테이션 개발)을 배운 학생들이 이 기술을 통해 "진짜 교사"가 된 듯한 느낌을 받는 것을 목격하였다(Cranton, 2009). 그들의 정체성에 대한 인식이 바뀐 것이다.

교육자의 역할과 의사소통적 지식

학습 목표가 학생의 자기 자신, 타인, 사회 규범에 대한 지식을 구성하는 것일 경우, 교육자의 주요 역할은 학습자 주도적 또는 교사와 학습자의 공동 주도적 과정의 촉진자가 되는 것이다. 촉진자는 학습자의 필요에 부응하고, 의미 있는 집단 과정을 촉진하며, 지원과 격려를 제공하고, 학습자와 신뢰 관계를 구축하고, 사람들의 가정과 신념에 도전하도록 돕고, 학습자를 수용하고 존중해 주어야 한다. Brookfield와 Preskill (1999)은 촉진자가 할 수 있는 역할에 대해 다음과 같이 강조하였다.

- 학생들이 다양한 관점을 탐구하도록 돕기
- 모호성에 대한 학생들의 인식과 관용을 높이기
- 학생들이 가정을 인식하고 탐구하도록 돕기
- 주의를 기울이고 존중하면서 경청하도록 장려하기
- 차이에 대한 인식 발달시키기
- 학생의 목소리와 경험에 대해 존중 표시하기
- 학생을 지식의 공동 창조자로 인정하기
- 협력적인 학습 습관 기르기
- 전환으로 이끌기(22~23쪽)

Vella(2002)도 대화 교육의 12가지 원칙을 통해 비슷한 지적을 하였다. 그녀는 교사와 학습자, 학습자 간 관계와 의사결정자로서 학습자에 대한 존중, 팀워크와 집단 작업, 학습자 참여 등의 중요성을 강조하였다.

Pratt와 Collins(2014)의 유형론에 따르면, 교육자는 발달적 관점과 양육적 관점을 가지고 활동한다. 발달적 관점에서 가르침은 학습자의 관점을 고려하여 계획되고 실시되므로, 학습자가 더 복잡한 방식으로 교과 영역을 이해하는 데 도움을 줄 수 있다. 양육적 관점에서는 학생들이 성공할 수 있다는 것을 알면서도 최선을 다할 수 있도록 도전적 환경을 조성하는 데 중점을 둔다.

의사소통적 학습에서 교육자는 자원 담당자이자 관리자 역할을 하는 경우가 많다. 교육자는 사람들에게 자료, 읽을거리, 경험, 다른 사람을 소개하여 학습 과정을 지원한다. 또한 현장 방문을 도모하거나 특별 행사를 조직할 수도 있다.

의사소통적 지식은 일반적으로 교육자와 학습자가 함께 구성하는 것이므로 교사는 멘토나 모델이 될 수 있다. 모델 역할은 교육자와 학습자 간 상호작용이 직장에서 이루어지고, 학습자가 교육자의 속성 및 직무와 동일시할 때 더 일반적이다(Pratt와 Collins의 견습 모델). 멘토 역할은 장기적인 상호작용에서 더 많이 나타난다. 멘토링은 신뢰, 개방성, 사적 노출, 친밀감 등을 장려하는 관계에서 촉진된다(Pratt과 Collins의 양육적 관점). 모델이나 멘토는 해당 분야에 대한 애정을 보여 주고, 전염성 있는 열정을 표현하며, 개인적인 상호작용을 장려하고, 개방적이며, 진정성을 보여 주어야 한다.

의사소통적 지식은 우리 자신과 우리를 형성하는 사회 세계를 어떻게 보는가와 관련이 있기 때문에, 전환적(또는 해방적)이 될 가능성이 크다. 의사소통적 영역에서 새로운 관점에 노출될 때, 우리는 사회언어학적 사고 습관에 의문을 제기할 수 있다(제2장 참조). 개인 수준에서는 장기간의 휴식 후 학교로 돌아가는 것처럼 겉으로 단순해 보이는 일로 인해 사람들이 자신과 타인을 기존의 가치, 신념과 다른 방식으로 바라보게 되고, 이는 전환으로 이어질 수 있다. 이것이 바로 Mezirow(1975, 1978)의 관점 전환 개념의 기초이다. 그는 아내 Edee가 대학에 돌아가면서 학교에 복귀한 여성들의 경험에 관심을 갖게 되었다. Edee는 동료들이 논의한 문제와 그들의 이야기에 대한 자신의 반응에 대해 보고하였다. Mezirow는 이를 계기로 여성의 재진학 사례에 대한 연구를 진행하게 되었다. 의사소통적 지식의 촉진자는 이러한 종류의 전환 가능성을 인식할 필요가 있다.

교육자의 역할과 해방적 학습

교육자의 목표가 사람들이 자신의 마음 습관에 비판적으로 의문을 제기하여 대안에 개방적일 수 있게 되는 환경과 학습 맥락을 조성하는 것이라면, 이 교육자가 다루는 것은 바로 해방적 학습이다. Mezirow가 1991년에 "성인학습은 사회가 아니라 의미 관점을 변화시킨다."(208쪽)라고 주장하면서 시작된 논쟁은 오늘날에도 계속되고 있지만, 전환학습 이론이 본질적으로 총체적이며, 개인적 관점 전환과 사회 전환 가운데 어느 것이 먼저인지 논쟁하지 않고 모두를 포함할 수 있다는 인식이 강한 것 같다. 해방적 학습을 촉진하기 위한 교육자의 주요 역할은 개혁가로서의 역할이다. 개혁가는 교육을 개인과 집단이 자신의 힘을 행사하여 개인적, 집단적 변화를 가져올 수 있도록 돕는 수단으로 바라본다. 이러한 관점은 가르침의 대상을 개인이 아닌 집단으로 보는 Pratt과 Collins(2014)의 사회 개혁적 관점과 일치한다. 교사는 학생들에게 자신의 학문 분야에 내재된 이데올로기와 텍스트를 소개하고자 한다. 개인의 교육 철학에 따라 해방적 학습을 장려하는 데 포함할 수 있는 다른 관련 역할들이 있다.

156

Freire(1970)는 교육자의 역할을 "공동 학습자(colearner)"라고 묘사했다. 교육자는 학습자와 함께 배우고 가르치며 학습자가 그들의 가치에 대해 의문을 품을 때조차 그들의 삶과 경험에 대해 알아내고자 한다. 그 경우 학습자는 "공동 교사(coteacher)"가 되고, 지식은 협력적으로 만들어진다. 예를 들어, 읽고 쓰는 능력(리터러시)을 높이기 위해 노력하는 교육자는 읽기를 단순히 기술로서 가르치지 않으며, 사람들이 읽기를 배울 준비가 되었을 때 그에게 올 것이라고 가정하지 않는다. 그는 학습자의 경험을 공유하고, 그들의 문화와 가치에 대해 배우며, 그 관점 내에서 목표를 향해 노력해야 한다. 마찬가지로 여성 보호소의 집단 리더는 여성들의 경험에 대해 배우고, 이러한 경험에 대한 그들의 견해에 의문을 제기하도록 도와야 한다. 교육자는 공동 학습자로서 발견하고, 도전하며, 변화의 과정에 참여한다. 여기에는 상호 신뢰와 존중, 진정성, 열정, 타인에 대한 관심, 타인의 관점에 대한 도전 등이 포함된다.

해방적 학습을 촉진하는 교육자는 비판적 사고에 도전하고, 자극하며, 도발하는 선동가일 수도 있다. Brookfield는 비판적 사고를 가르치는 방법에 대한 유용한 저술로 특히 잘 알려져 있다. 그의 초기 저서인 『비판적 사고자 기르기(Developing Critical Thinkers)』(1991)에서는 교육자들에게 비판적 사고를 자극하는 다양한 전략을 제공하고 있다. 최근에는 이러한 종류의 가르침이 자본주의를 민주적 사회주의로 대체하는 방법을 사람들이 배우도록 돕는다는 점에서 본질적으로 정치적이라고도 강조하였다(Brookfield, 2005). 그런 다음 그는 비판 이론으로 전환학습의 틀을 짜고, 이를 이데올로기 비판으로 간주하였다(Brookfield, 2012; Brookfield & Holst, 2010). 비판적 사고를 가르치는 것은 중립적이지 않으며, 중립적일 수도 없다. 세계를 바꾸는 것이 핵심이기 때문이다. 비판적으로 가르친다는 것은 방법뿐 아니라 내용에 관한 것이기도 하다.

선동가는 합리적 담론을 지배하는 규범이 목표로 유지되도록 돕고, 학습자가 자신의 신념과 가치에 대한 도전을 경험할 때 필요한 집단적 지원을 제공한다. 선동가는 학생들이 제한적인 마음의 습관에 대한 인식을 갖도록 안내하고, 표현된 가치와 행동 사이의 불일치를 처리하도록 도와야 한다. 이를 위한 전략은 7, 8, 9장의 주제이다.

힘

이 책의 초판에서 나는 성인교육자의 역할에서 힘의 문제가 어떻게 나타나는지 이해하기 위해 1980년대 후반 문헌을 참고하였다(예: Yukl, 1989). 이러한 관점에 따르면, 지위 권력은 개인이 맡고 있는 공식적인 지위와 관련을 맺는 힘으로, 이는 공식적 권위와 자원과 보상에 대한 통제, 처벌에 대한 통제, 정보에 대한 통제, 생태적 또는 환경적 통제 등으로 구성된다. 개인 권력은 전문성, 우정, 충실도, 카리스마 등이 그 원천이다. 이는 부분적으로는 개인의 특성에 기초하고, 부분적으로는 개인이 타인과 맺는 관계에 기반한다. 마지막으로 정치 권력은 의사결정 과정, 연합, 협력, 제도화 등에 대한 통제에서 비롯된다.

나는 지위 권력의 개념, 특히 지위 권력과 개인 권력을 구분하는 것을 선호한다. 교육자와 학생 사이에 잘못되고 잠재적으로 파괴적인 역학 관계를 만드는 것은 바로 지위 권력이다. 교육자는 "내가 선생님이

158

니, 너는 내가 시키는 대로 해야 한다."라는 메시지를 전달하고, 학생은 "나는 선생님을 기쁘게 해드려야 하고, 선생님이 시키는 대로 해야 한다."라는 불안과 두려움으로 이 메시지를 받아들인다. 내가 대면 환경에서 전일제로 가르치던 때에는, 학생들이 함께 활동하는 동안 복도를 돌아다니곤 했다. 할 일이 많지 않았기 때문에 돌아다시면서 게시판을 읽곤 하였다. 근처 교실에서 들려오는 선생님과 학생들 간의 대화가 들릴 때가 있었는데, "선생님은 네가……."로 시작하고 그 뒤에 일종의 지시가 따르는 문장을 자주 들었다. 교사가 자신이 원하는 것을 표현해서는 안 된다는 뜻은 아니다. 그러나 그들이 원하는 것을 학생들에게 무엇을 해야 할지 알려 주는 것처럼 위장하곤 한다. 이것이 바로 지위 권력이 작동하는 것이다.

Foucault(1980)의 교육에 도입되면서 힘에 대한 인식이 바뀌었다. 특히 Brookfield(2001, 2005)와 같은 저자들은 일반 독자들이 Foucault의 저술을 이해하는 데 도움을 두었다. 언어는 바뀌었지만, 아이디어는 거의 그대로라고 생각한다. 이 섹션에서는 Foucault의 권력 분석에 대한 Brookfield의 번역에 의존하였다.

Foucault는 이전의 통치력, 즉 권위에 의해 위로부터 행사되는 힘 또는 앞서 말한 지위 권력이 현대 사회에서 규율 권력(disciplinary power)으로 대체되었다고 주장하였다. 규율 권력은 사람들이 "자신과 타인의 삶에 대해" 행사하며(Brookfield, 2001, 1쪽), 사람들의 마음속을 아는 것을 기반으로 한다. 우리가 개인의 성취, 자율성, 자기 지시, 분절적 단계로 구성된 학습, 교육과정의 세분화 등을 강조하는 것은 사람들을 분류하고 구분하는 규율 권력이 작용한 결과이다. 힘은 어디에나 존재하며,

일상생활의 모든 세부 항목에서 계속적으로 행사된다. 교사와 학생 사이의 눈 맞춤 방식, 누가 발언해야 하는지에 대한 메시지 전달 방식, (둥글게 앉는 것을 포함하는) 좌석 배치, 수용 가능한 발언의 형태 등에도 규율 권력이 존재한다. 힘은 소유하는 것이 아니라 행사하는 것이고, 엘리트 집단에 의해 보유되어 타인을 억압하는 데 사용되기보다 널리 퍼져 있는 것이다. 따라서 힘을 "양도하는(give it away)" 것은 불가능하다.

Foucault는 개인이 자신을 규율한다는 도발적인 아이디어를 제시하였는데, 이를 "자기 감시(self-surveillance)"라고 불렀다. 우리는 규범에 근접하고, 적응하며, 수용되고, 승인받고자 자신을 감시한다. 이 개념은 Foucault가 감옥에서 연구한 내용을 바탕으로 한다. Foucault는 타인으로부터 감시를 받을 수 있지만 자신이 감시당하고 있다는 사실을 확신할 수 없는 "강박적 시선(compulsory visibility)"에 대해 설명하였다. 이는 감옥뿐 아니라 현대 사회와 기관에서도 마찬가지이다. 기술의 발달로 인해 상점과 은행에 출입하는 모습을 녹화하는 카메라, 모든 거래를 모니터링하고 기록하는 컴퓨터, 구매와 선호도를 추적하는 마케팅 회사, 개인의 삶에 대한 파일을 보관하는 정부 부처 등 모든 사람은 시선을 받는 상태가 되었다. 우리는 언제 감시당하고 있는지 알 수 없으므로, 매 순간 감시받는 것처럼 생각하고 행동할 수밖에 없다.

Brookfield(2005)는 이것이 바로 학생들이 하는 일이라고 주장했다. 그는 학습자로서 자신의 경험을 바탕으로, 표면적으로는 민주적이고 힘을 부여하는 것처럼 보이는 논의에 참여하는 것이, 학생들이 자주 그리고 훌륭하게 말해야 한다고 생각하지만 정작 그 방법을 잘 모르는 경쟁적인 지적 활동이 될 수 있다고 지적하였다. 지위 권력으로 돌아가서,

160

학생들이 교사가 (교사라는 지위만을 기반으로 하는) 지위 권력을 가지고 있다고 인식하면, 학생들은 힘을 가진 교사(teacher-in-power)가 원하는 것을 하기 위해 열심히 노력할 것이다.

물론 이러한 논의가 항상 경쟁적인 지적 활동인 것은 아니며, 반드시 그렇게 인식되는 것도 아니다. 협력적인 지식 구성도 일어날 수 있다. 우리의 교실은 두려움이 아닌 신뢰와 존중의 관계를 기반으로 하고, 힘은 타인을 억압하는 것이 아니라 그들의 힘을 키워 줄 수 있다. 여기서 나의 목표는 교육자가 힘에 대해 이해하도록 "가면을 벗기거나(unmask)" 의문을 제기하고, 힘에서 자유로운 것처럼 보이는 표면 뒤에 숨겨져 있는 방식에 대하여 그들의 실천을 주의 깊게 살펴보도록 장려하려는 데 있다.

Foucault의 분석이 부정적인 것처럼 보이기도 하나, 그의 견해는 힘이 즐겁고 생산적이라는 것이었다(Brookfield, 2001). 힘의 행사는 반응을 낳고, 지식을 형성하며, 담론을 전달한다. 힘의 바람직한 효과 중 하나는 저항이다. 힘에 대한 저항을 탐구함으로써 우리는 힘의 관계가 무엇인지 이해할 수 있게 되기 때문이다. 지배가 있는 곳에는 그 지배에게 대한 저항이 존재하며, 이는 우리가 하고 있는 일과 그것이 학습자에게 어떤 의미를 갖는지 파악하는 데 도움이 된다. 예를 들어 수업 중 학생들이 특정 방식으로, 특정 횟수만큼만 응답해야 하는 상황을 설정하면, 이는 저항에 직면할 수 있다. 이는 내가 불합리한 방식으로 지위 권력을 행사하고 있으며, 주의를 더 기울인다면 기대치를 수정하고 학생들에게 더 많은 선택권과 자율성, 학습에 대한 더 많은 힘을 제공할 수 있음을 알려 준다. 저항의 가능성이 없는 완전한 지배에 해당하는 통치적 상황과 달리, 우리 사회의 규율 권력은 개인의 반대 행위를 허용한다.

이 모든 것은 내가 여기서 설명하고자 하는 다양한 교육자 역할의 힘에 대해 무엇을 말해 주는가? Brookfield(2001)는 교육자를 더 이상 "좋은 사람(경험적, 대화적 실천을 통해 지배적 힘을 전복시키는 민주적인 성인 교육자)과 나쁜 사람(성인학습자에게 집단의 의제를 강요하며 지배적 이데올로기와 관행을 재생산하는 행동의 훈련자)"으로 나눌 수 없음을 지적하였다 (22쪽). 우리는 교육자의 역할을 전문가, 권위자, 설계자로 규정하였을 때 내용, 학습 활동, 평가 등에 대한 결정을 통해 힘을 행사하는 것으로 생각하는 경우가 많다. 그러나 우리가 민주적이고 참여적이라고 가정하는 촉진자 또한 규율 권력을 구현하는 전략을 사용한다.

예를 들어, 소집단 토의 중 학생들은 동료의 감시에 노출되고 취약한 상태로 놓이게 되며, 그들의 참여 정도는 즉시 눈에 띈다. 학습일지와 학습 계약(learning contract)은 교육자가 학습자의 "머릿속"에 들어가게 하며, 학습자들은 교사가 원하는 대로, 다시 말해 표준에 가깝게 결과물을 작성하려고 노력하므로 자기 감시가 촉진된다. 그들은 극적인 통찰과 경험을 만들어 내거나, 평범한 경험을 과장된 방식으로 드러내야 한다고 느낄 수도 있다. 토의 중 학생들은 "좋은 토의"가 무엇인지에 대한 (종종 암묵적인) 생각에 부응해야 한다는 의무감을 느낀다.

몇 년 전 내 실습에서 있었던 일이 기억난다. 학생 12명과 촉진자 2명으로 구성된 소집단에서였다. 종종 그러하듯, 조용한 참가자가 몇 명 있었다. 우리는 토의를 위하여 전형적인 원형으로 둘러앉았다. 토의는 활발하고 흥미로웠다. 일부 사람들이 말하는 것보다 듣는 것을 선택했다는 것은 나에게 문제가 되지 않았다. 그러나 그것은 일부 구성원들에게 신경이 쓰였다. 매 수업을 마치고 형성적 피드백을 요청할 때마다 일부 학생들이 조용한 사람들에 대해 언급하였다. 이 피드백을 소집단에 공유하였지만(최고 수준의 감시의 힘), 말하기 패턴은 바뀌지 않았다. 피드백은 더욱 날카로워졌다. "집단의 아이디어 경험을 빼앗고 있습니다."와 같은 논평이 달렸다. 마침내 한 참가자가 나에게 개인적으로 다가와 "말을 하지 않는 사람들에 대해 어떻게 좀 해 달라."고 요청하였다. 나는 그 누구에게도 발언을 요구하지 않는 것이 좋다고 설명했고, 그는 강한 반대의 뜻을 보였다. 그는 그들에게 침묵할 권리가 없으며, 집단에 자신의 생각을 드러내야 할 의무가 있다고 주장하였다. 우리 사이의 문제는 해결되지 않았지만, 이러한 과정은 모두에게 영향을 미쳤다. 집단 전체가 발언해야 한다는 압력을 인지하고 있었다. 어떻게 하면 모든 사람이 말하기나 목소리를 내야 한다는 것에 대한 부담 없이 원하는 방식으로 기여할 수 있도록 격려하거나, 최소한 안전하게 참여할 수 있도록 관리할 수 있었을지, 아직도 잘 모르겠다.

해방적 학습을 촉진하는 개혁가 또는 선동가의 역할에서 감시의 힘은 다른 방식으로 구체화될 수 있다. Brookfield(2001)는 "해방적 실천은 기존의 힘의 관계를 영속시키기 위해 미묘하게 작용"할 수 있으며, 참여적 접근은 "그들이 도전하려는 차별적 실천을 의도치 않게 강화"할 수 있다고 제시하였다(22쪽). 모든 여성을 관계적 학습자로 분류하거나 고정관념화하여 여성의 학습과 목소리를 인식하려는 시도는 즉시 떠오르는 예이다. 의도는 좋았지만, 결과는 더 많은 소외를 초래하였다. 사람들이 자신의 가정을 명확하게 표현하도록 돕기 위해 고안된 "결정적 사건

(critical incident)"과 같은 단순한 기법에서도, 사람들은 자신의 "최악의 경험"을 공개하도록 요구받는다. 이는 (내가 당신의 마음속에 들어가 "도와 주겠다."는 식의) 감시의 힘이 행사된 예이다. 교육자로서 우리의 일상 실천에 내재된 힘의 관계를 인식하는 것은 필수적이다.

진정성

특정 역할을 맡는 것에 대한 이 모든 이야기에서, 개인으로서 교사는 어디에 포함될까? 학습을 촉진하기 위해 필요한 사람이 되면 자동으로 모든 게 되는 것일까? 나는 학생들의 학습 선호를 이해하기 위한 방법으로 심리 유형 이론(5장 참조)을 탐구하면서 가르침의 진정성에 대해 처음 관심을 갖게 되었다. 학생들이 선호하는 학습 방식이 다양하다면, 교사가 선호하는 교수 방식도 당연히 다양할 것이다. 나는 최고의 교수법은 없으며, 우리가 다루는 지식의 본질, 가르침의 맥락, 학생의 특성 등을 고려해야 한다고 오랫동안 주장해 왔다. 그러나 나는 교사들의 심리 유형 선호에 대해 생각하게 되었고, 처음에는 『나쁜 교사는 없다(No Bad Teachers)』라는 제목의 책을 쓰기 시작했는데, 출판사에게 현명하게도 이 제목을 바꾸어 달라고 요청을 받았다. 이 책은 『고등교육에서 진정성 있는 교사 되기(Becoming an Authentic Teacher in Higher Education)』라는 제목으로 출간되었다(Cranton, 2001).

진정성에 대한 탁상공론에 불만을 품은 나와 동료는 교육자들이 진정성을 어떻게 묘사하고, 그들이 실천을 통해 어떻게 진정성을 갖게 되는지에 대해 3년간의 연구를 수행하였다(Cranton & Carusetta, 2004a, 2004b).
22명의 교육자들과의 면담, 수업 관찰, 초점화 집단 토의 등을 통해 우
리는 진정성의 다섯 측면, 즉 자기 인식, 타인에 대한 인식, 관계, 맥락,
비판적 성찰을 도출하였다.

교육자들은 인간으로서 그리고 교사로서 자기 자신에 대한 인식을 말
하였다. 여기에는 교사가 된 계기, 교사가 된 것이 자신에게 지닌 의미,
가치, 열정, 가르치는 것의 현실과 가치 사이에서 겪은 갈등, 인간으로
서의 자신을 실천에 옮기는 방식 등에 대한 이야기가 포함되었다. 가르
치는 일은 많은 이에게 열정이었다. 그들은 그것을 삶에 의미를 부여하
는 소명이자 천직으로 표현하였다.

프로젝트 참가자들은 진정성의 일부로서 타인을 이해하는 것의 중요
성을 드러내었다. 그들은 학생들의 특성, 필요, 학습 스타일 등에 대해
깊은 관심과 인식을 보여 주었다. 일부 교육자들은 학생들의 개인적 문
제와 학교 밖 생활에 대해 관심을 가졌으나, 거리를 두는 것을 선호한
사람들도 있었다.

진정성에 대한 가장 일반적인 논의는 교사와 학생 사이의 관계에 대
한 측면이다. 여기에는 학생들의 학습을 돕고, 이들을 배려하며, 대화에
참여하고, 힘을 행사하는 것에 대한 인식 등이 포함되었다. 타인의 힘에
대한 표현을 즐기는 것도 이러한 인식의 일부이다. 교육자들은 학생들
과의 관계의 본질에 대해 이야기하였으며, 많은 프로젝트 참가자가 특
히 평가와 채점에 대한 책임에 비추어 관계의 경계가 어디까지여야 하
는지에 대해 고민하고 있었다. 학생들과의 상호작용에서 교육자가 자신
의 삶에 대해 얼마나 개방적이어야 하는지에 대한 논의도 있었다. 대화

165

의 기저에는 학생들과 그들의 학습에 대한 집중적이고 강력한 관심이 있었다. 또한 힘이 교육자와 학생 사이의 관계에 어떻게 기여하거나 방해하는지에 대한 다양한 인식도 발견되었다.

동료, 가족, 친구 등 다른 사람들과의 관계에 참여하여 가르침에 대해 이야기하는 것도 참가자들에게 중요하였다. 다른 사람과 대화할 수 있다는 것은 가르치는 일과 개인적 삶, 나머지 직업 생활과의 통합을 유지할 수 있도록 해 주었고, 이는 진정성과 관련이 되었다.

교육자가 일하는 맥락은 자신과 학생과의 관계에 대한 인식에 영향을 미친다. 맥락은 여러 수준으로 구성된다. 여기에는 가르침의 내용, 학문 또는 과목 영역, 수업 규모와 교실 배치를 포함한 물리적 교실, 학습 집단 내의 심리적 환경, 근무 부서 및 그곳에서의 규범과 기대, 제도적 규범과 정책, 공동체 또는 문화 일반에서 교육자에게 기대하는 역할 등이 포함된다.

비판적 성찰은 프로젝트에 참가한 교육자들과의 대화 전반에 걸쳐 강력한 주제였다. 많은 사람이 "성찰"이라는 용어를 사용하였으며, 이들이 자신과 타인, 사회 규범에 대해 비판적이거나 의문을 품는다는 느낌이 들었다. 이들은 감정, 예감, 직관 또는 실천으로부터 얻은 통찰을 전달하기도 하였다. 비판적 자기 성찰과 학생들과의 관계에 대한 비판적 성찰이 가장 흔했지만, 학생의 특성과 가르침의 맥락에 대해 고려하는 경우도 있었다.

가치, 신념, 성격 선호와 일치하지 않는 교육자의 역할을 맡는 경우, 이는 학생들에게 사람이 아닌 역할과 소통하라고 요구하는 것이다. 가르침은 학습을 목표로 하는 특수한 형태의 의사소통이며, 여기서 우리의 관심은 전환학습에 있다. 사람들 사이의 관계가 좋을수록 의사소통은 더욱 의미 있는 형태가 될 것이다. 진정성 있는 가르침이 학생들과의 관계에 얼마나 의존하는지에 대해서는 Hollis(2001)의 글을 떠올려 볼 수 있다. 그는 "모든 관계의 질은 우리 자신과 관계 사이의 직접적인 함수"라고 말하며, "우리 자신과의 관계를 의식적으로 만드는 것이야말로 다른 사람과의 관계를 위해 우리가 할 수 있는 최선의 일이다."라고 믿었다(13쪽). Jarvis(1992)는 보다 직접적으로 "진정성 있는 행동은 개인이 서로의 성장과 발전을 촉진하는 방식으로 자유롭게 행동할 때 나타난다."라고 말했다(113쪽). 발달적 리더십에 관한 Belenky, Bond, Weinstock(1997)의 연구에서는 서로를 있는 그대로 이해하기 위해 노력하는 사람들 사이의 포용적이고 배려적인 관계에 대해 보여 주었다. Schapiro, Wasserman, Gallegos(2012)는 "전환학습을 위한 관계의 공간과 과정"에 대해 다루었다(355쪽). 이들은 전환학습을 "다른 사람 또는 다른 사람들과의 진정성 있는 대화(genuine dialogue)"의 결과라고 제안하였다(365쪽).

전환학습을 촉진하기 위해 우리는 학생들로 하여금 자신의 가정, 신념, 관점 등을 의식할 수 있는 조건을 마련해 주어야 한다. 이를 통해 대안적 관점이 있다는 것을 깨닫고, 그들의 관점을 다른 방식으로 볼 수 있게 된다. 제7~9장에서 논의할 다양한 종류의 사건들이 이러한 과정을 촉발할 수 있지만, 나는 교육자의 진정성이 중요하게 기여할 수 있다고 생각한다. Palmer(1998)는 실천의 모든 측면에서 정체성과 진성성을 개발하는 데 주의를 기울일 것을 권장하였다. 진정성을 갖는다는 것은 개인이 집단적 규범으로부터 자신을 분리하는 것을 의미하기 때문에 전환적이라 할 수 있다(Cranton & Carusetta, 2004a). 가르침에서의 진정성

167

은 학생들과 정직하고 개방적인 관계를 형성하는 데 도움이 될 뿐 아니라, 학습자 자신이 누구인지 규정하기 위하여 고려하는 모델로도 작용한다.

요약

이 장에서는 기술적, 실천적, 해방적 지식의 프레임워크를 사용하여 각 지식의 습득을 촉진하는 교육자의 역할에 대해 논의하였다. 학생들로 하여금 기술적 지식이나 도구적 지식을 습득하도록 돕는 교육자는 대부분 해당 분야의 전문가이자 권위자, 다년간의 실천 경험과 상당한 이론적 전문성을 갖춘 사람들이다. 이들은 화제를 선택하고, 사건에 대해 최적의 순서로 배열하며, 학습자에게 가장 적합한 교수 및 평가 전략을 선택하여 수업을 설계한다. 학습자가 스스로 지식을 발견하거나 창출하는 것도 가능할 수 있지만, 대부분의 경우 실용적이거나 효율적이지는 않다. 기술적 지식은 학습자가 제약으로부터 자유로워지고, 인간으로서 자아에 대한 인식을 바꾸며, 활동의 개념을 재정의하는 기술과 지식을 제공한다는 점에서 전환학습의 토대를 제공한다.

의사소통적 지식은 촉진자로서 교육자의 도움을 받아 구성된다. 상호작용적 학습, 협력학습, 대화, (소)집단 활동은 학생들이 자신과 타인, 그리고 자신이 살고 있는 사회 세계를 이해하는 데 도움을 준다. 사람들은 새로운 개인적, 사회적 지식을 창출할 때, 기존의 관점에 의문을 제기하고 전환학습을 향해 나아간다.

168

해방적 지식은 일련의 개혁가적인 교육자 역할을 통해 촉진된다. 비판적 질문, 다양한 관점의 제시, 기존의 사회 규범에 대한 검토, 대안적이고 급진적인 관점의 탐구는 학생들이 보다 개방적인 시각을 갖고 의심하지 않은 가정이 주는 제약으로부터 벗어나도록 도와준다.

교수·학습을 위한 모든 상호작용에는 힘의 관계가 구현된다. 이 장에서는 "규율 권력"과 "자기 감시"를 다룬 Foucault의 연구에 대한 Brookfield의 이해에 의존하였다. 힘을 양도하기보다, 교실의 모든 일상적인 상호작용에서 우리와 학습자가 행사하는 힘을 다루는 법을 배울 필요가 있다.

마지막으로 전환학습을 촉진하는 데 있어 진정성의 중요한 역할에 대해 논의하면서, 교육자의 역할에 대한 생각을 돌아보고 의문을 제기하였다. 진정성 있는 교육자가 된다는 것은 자신에 대해 잘 이해하고, 그 이해를 가르치는 데 적용하고, 학습자와 의미 있는 방식으로 이해하고 관계를 맺으며, 가르침의 맥락을 인식하고, 실천에 대한 비판적 성찰에 참여하는 것을 포함한다. 진정성은 학생들과 더 나은 관계를 맺게 해 줄 뿐 아니라 전환 과정 자체의 모델이 된다.

5장

제 7 장

힘의 중요성

교육자는 모든 개별 학습자가 임파워먼트 전략에
동일한 방식으로 반응한다고 가정해서는 안 된다.
개인의 가치, 학습 스타일, 과거 경험, 성격 선호 등은
학습자가 힘을 얻게 되는 방식과 이 여정을 돕기 위한
우리의 노력에 반응하는 방식에 영향을 미친다.

임파워먼트(권한 부여)와 전환학습의 관계는 흥미롭고 복잡하다. 어느 정도의 학습자 임파워먼트는 전환학습의 전제 조건이다. 동시에 학습자 임파워먼트는 전환학습의 결과이기도 하다. Mezirow(2000)는 다음과 같이 언급하였다.

보다 자율적이고 정보에 입각한 선택을 할 수 있는 자유로운 조건을 조성하고, 자신에 대한 임파워먼트 의식을 개발하는 것이 성인교육의 주요 목표이다(26쪽).

성인교육자는 전환학습의 촉진에 필요한 사회 민주주의적 조건을 포함하는 보호된 학습 환경을 조성해야 한다. 여기에는 교사와 학습자 사이에 전통적으로 존재한 힘의 관계를 포함하여, 의사소통 구조에서 발생하는 힘의 관계를 차단하는 것을 포함한다(31쪽).

해방적 지식을 통해 학습자는 의심하지 않거나 유연하지 못한 앎의 방식의 제약에서 벗어나 힘을 부여받게 된다. 그러나 단순히 교육자나 학습자가 이것을 학습 경험의 목표라고 결정한다고 해서, 전환학습이 일어나는 것은 아니다. 관점의 변화로 이어지는 비판적 자기 성찰에 참여하는 것은 자기 인식, 계획, 기술, 지원, 타인과의 담론 등을 필요로 하는 과정이다. 이러한 요구 사항의 목록에는, 학습자가 이미 어느 정도 힘을 부여받았거나, 적어도 힘을 부여받을 수 있고 지지적인 맥락에서 활동해야 한다는 전제 조건이 포함되어 있다.

제2장에서 논의한 바와 같이, 합리적 담론의 이상적인 조건 중 하나는 참여자가 강압으로부터 자유로워야 한다는 것이다. 또 다른 하나는 개인이 동등한 참여 기회를 가져야 한다는 것이다. Mezirow가 제안한 것처럼 합리적 담론이 전환학습을 위한 작업의 핵심 요소라면, 학습자 임파워먼트는 전환학습의 결과로 간주되기보다 전체 과정에 수반되어야 한다고 볼 수 있다. 담론이 그 과정의 필수 구성 요소는 아니라 하더라도, 무력감을 느끼는(disempowered) 상태에서는 기본적인 가정, 가치, 신념에 대한 비판적 질문이 쉽게 일어날 수 없을 것이다.

예를 들어 설명해 보자. Tracy는 교육학석사(MEd) 프로그램의 첫 번째 과정에 등록하였다. 그녀는 선생님이 자신에게 무엇을 해야 할지 알려 주고, 활동을 수정해 주며, 학습에 대한 지침을 제공해 주기를 기대한다. Tracy는 학부 시절 경험에 비추어 이러한 역할을 수행하기 위해 선생님에게 의지해야 한다는 사실을 알고 있다. 권위에 대한 그녀의 가정은 잘 발달되어 있고 자주 강화된다. 그녀는 자녀를 지도하고 보호하는 부모이다. 그녀는 도움이 필요할 때 목사와 같은 권위 있는 사람들에게 의지한다. 그녀가 속한 공동체에서는 권위 있는 위치에 있는 사람들을 존경하며, 또 그렇게 하는 것에 대해 존경을 받는다. 그녀의 세계

174

에서 사회적 역할은 명료하다.

Tracy의 새 강의 첫날, 그녀는 무서울 정도로 어려워 보이는 강의 개요를 자세히 설명하는 강사를 만났다. 강사는 강의의 평가 준거를 설명하면서 논문에 올바른 형식을 사용하는 것과 논문을 인용하는 방법의 중요성을 강조하였다. 그는 학생들에게 미국심리학회(American Psychological Association: APA) 스타일 매뉴얼의 6판을 구입하여 적절한 글쓰기와 인용 규칙을 바로 사용할 수 있도록 하라고 조언하였다. 그는 모든 사람이 개인용 컴퓨터와 초고속 인터넷에 연결되어 있다고 가정하고 말한다. Tracy는 잠시 한정된 예산을 생각하며 초고속 인터넷 연결 비용이 얼마나 들지 궁금해하다가, 비판적 사고력을 키우는 것이 MEd 프로그램에서 필수적이라고 말하는 강사에게 다시 주의를 돌렸다. 강사는 "여러분은 읽는 것뿐 아니라 읽은 내용에 대해서도 비판적이어야 합니다."라고 말했다. 그리고 그는 "오늘날에는 인쇄물이나 인터넷에 있다고 해서 무조건 받아들이는 것이 아니라, 모든 정보를 꼼꼼히 살펴야 합니다. 그리고 다른 사람의 활동뿐 아니라 자신의 활동과 사고에 대해서도 비판적이어야 합니다."라고 이어서 말했다. 강사는 (소)집단으로 함께 활동하는 방법에 대해 논의하고, 모든 사람이 완전히 자유롭게 끼어들고, 질문하며, 자신의 견해를 표현할 수 있어야 한다고 강조하였다. 그런 다음 그는 강의를 시작했는데, 안타깝게도 시간이 부족하여 질문은 다음 수업으로 미뤄야 했다.

(내가 아는 여러 선생님들을 종합해 놓은) 이 강사는 학습자 임파워먼트를 장려한다고 말할 수 있다. 그는 상호작용적인 방법을 사용하고, 비판적 사고와 비판적 자기 성찰을 강조하며, 그의 교실은 민주적이다. 하지

만 자신의 사회 규범에 따라 선생님을 이미 권위자로 여기고 있는 Tracy의 입장에서는 혼란과 불안감만 있을 뿐이다. 내가 강의에서 일상적으로 받는 형성적 피드백에서 흔히 듣던, "자기주도적으로 하는 것도 좋지만, 마감일을 정해 주면 좋을 것 같아요."라는 말이 생각난다. 나는 이 우려에 대응하기 위한 다양한 방법들을 모색해 왔다. 가장 최근에는 학생들에게 일주일간의 마감일을 주었는데, 그렇게 정한 마감일이 빨간 날이어서 다시 마감일을 정하게 된 일이 있었다. 마감일이 잘못된 것은 아니지만, 문제는 교사로서 나에게 마감일을 정할 수 있는 권한이 있었다는 것이다. 교육자가 힘을 부여한다고 생각하는 것이, 학습자가 힘을 부여받고 있다고 생각하는 것과 반드시 일치하는 것은 아니다.

안타깝게도 임파워먼트라는 용어는 Brookfield(2000)의 말처럼 너무 많은 맥락에서 자주 사용되어 그 고유의 의미를 잃어버렸다. 이는 "Paulo Freire나 Myles Horton의 말, 행동과는 거리가 멀다."(141쪽) 나는 이 점을 염두에 두고 이 용어의 진정한 의미에 따라 사용하고자 한다. 이 장에서 나는 네 가지 방법으로 학습자 임파워먼트를 촉진할 것을 제안하고자 한다. 여기에는 (a) 실천에서 힘의 관계를 인식하는 것, (b) 책임감 있고 의미 있는 방식으로 힘을 행사하는 것, (c) 담론을 통해 그리고 담론 내에서 학습자가 힘을 행사하도록 권한을 부여하는 것, (d) 학습자의 의사결정을 장려하는 것 등이 포함된다. 마지막으로 힘과 임파워먼트에 대한 이해에서 학습자 간의 개인차가 어떻게 고려되어야 하는지 살펴보고자 한다.

힘의 관계에 대한 인식

Brookfield(2001)는 저항 없이는 힘의 관계도 존재하지 않기 때문에, 저항의 지점을 통해 힘을 이해할 것을 제안하였다. 이것이 무엇을 의미하는지 생각해 보면, 몇 년 전의 일이 떠오른다. 나는 여름학교에서 전환학습에 대한 강의를 진행하고 있었다. 학생들은 원할 경우 (소)집단 내에서 다양한 활동을 설계하고 주도할 수 있는 기회를 가졌다. 특정 소집단이 주도한 활동의 목표나 목적은 기억나지 않지만, 활동 자체는 선명하게 기억에 남아 있다. 모든 사람의 등에 "유명 캐릭터"의 이름이 붙어 있었다. 다른 사람들은 그 이름을 볼 수 있었지만, 그 팻말을 달고 있는 사람은 그 이름이 무엇인지 알지 못했다. 그들은 다른 사람에게 질문을 하여 자신에게 붙은 이름을 추측해야 했다. 나는 여러 사람들에게 질문을 했지만, 내 등에 적힌 이름을 맞히지 못했다. 마침내 나만 남았을 때(혹은 그게 내 기억일 뿐이고 맞히지 못한 사람이 몇 명 남았을 수도 있다), "빅버드(Big Bird)"라는 이름을 알려 줬다. 그 방에 있던 사람들은 즐거워 했으나, 나는 "빅버드"가 무엇이냐고 물었다. 나는 텔레비전 없이 자랐고, 평생 텔레비전과 텔레비전 문화를 의식적으로 피했다. 물론 이것이 단지 게임이라는 것을 알았고 학생들의 의도가 좋았으며 그들의 웃음소리는 다정했지만, 나는 이 활동, 특히 모든 사람이 텔레비전에 대한 지식을 가지고 있다는 가정에 대해 날카로운 저항을 느꼈다. 활동을 주도한 학생 중 한 명이 "빅버드가 누구인지 모르는 사람이 있을 거라고는 꿈에도 생각지 못했다."라고 말했을 때 나는 이를 가정에 대해 설명하는 순간으로 활용했지만, 이제는 이 저항의 지점을 힘의 관계를 이해하는 창구로 이해하고 있다. 북미의 모든 아이들이 알고 있는 캐릭터를 모르는 내가 어리석게 느껴지는 것이 조금도 마음에 들지 않았다.

　마감 시간을 정하면 수업에 도움이 될 것이라고 말한 학생은 저항하는 모습을 보였다. 모든 학생이 말할 기회를 갖지 못한다고 불평하는 학생도 저항을 표시한다. 조용히 있을 권리가 있다는 것에 반대하는 학생도 저항을 보인다. 이러한 피드백에 대한 촉진자의 일반적인 반응은 문제를 극복하기 위해 변화를 시도하는 것이며, 이는 괜찮다. 그러나 학습자 임파워먼트가 우리의 목표인 경우, 이러한 기회를 힘의 관계에 대한 인식을 높이는 데 사용할 수 있을까? 마감 일자를 지키지 않는 학생이 실제로 요구하는 것은 무엇일까? 숨겨진 사회 규범이 실제로 무엇인지 알아내려는 시도일까? 학생이 자기 감시에 참여하고 있고 수업의 규범에 확실히 맞추기를 원하는 경우, 마감일이 주어지지 않으면 어떻게 할 수 있을까? 지금부터 6개월 후로 학습 계획을 세우는 것은 용납되지 않는가? 6주는 어떠한가? 6일은? 이 일을 완수해야 하는 합리적인 시간이 언제인지 말하지 않는다면, 나는 어떻게 힘을 사용하고 있는 것이 되는가? 이러한 종류의 분석은 교육자와 학습자가 집단 내 힘의 관계를 이해하는 데 도움이 될 수 있다.

　이 수업에서 우리는 토의 집단에 대해 이야기하고, 이것이 민주적인 상호작용을 자동으로 촉진한다는 가정에 의문을 제기하였다. 대화 후 며칠 동안, 학생들은 토의 집단이 자신에게 힘을 부여하거나 무력감을 느끼게 하는 방식에 대해 지적하였다. 문제에 대한 인식에 따른 변화인 것이다.

　Brookfield(2001)는 "성인학습 방법으로서의 토의는 학습자에게 그들의 행동이 주의 깊게 관찰되는 일종의 '극장(theatre)'처럼 경험될 수 있다."라고 표현하였다(21쪽). 좋은 토의에 대해 표현되지 않은 규범은 토의 사회자가 알고 있다고 가정되며, 참가자들은 자신의 행동을 모니터링하고 주변을 스캔하여 자신이 어떻게 받아들여지고 있는가에 대한 단서를 찾는다. 촉진자는 고개를 끄덕이고 미소를 지어 좋은 토의 수행에 대해 알려 준다. 토의 규범의 개발이 집단에서 공개적으로 이루어졌다면, 자기 감시와 추측은 줄어들었을 것이다. 규범을 명시하고 집단의 책임을 명확히 하는 것은 단순한 토의 이상의 의미를 지닌다. 우리가 저항에 주의를 기울인다면, 동전의 이면에 있는 힘의 문제를 매번 볼 수 있을 것이다.

학습자 임파워먼트를 목표로 삼는 교육자는, 힘의 문제로부터 자유롭다고 가정한 전략에 내재된 힘의 관계를 의식해야 한다. 학습일지, 학습계약, 자기 평가, 협력 활동 등에는 규율 권력이 구현된다. 그렇다고 해서 이러한 방법을 포기해야 한다는 것이 아니라, 실천 내에서 힘이 어떻게 행사되는지 의식해야 한다는 뜻이다. 학습일지는 교육자에게 학생의 마음속에서 무슨 일이 일어나고 있는지 알게 하며, 이는 교묘한 형태의 규율 권력이 적법한 학업 활동으로 위장하여 행사되는 것이다. 학습 계약은 학생들이 무엇을 배우고 그 가치가 무엇인지 예측하도록 요구하며, 자기 평가는 교사가 자신에 대해 어떻게 생각할지 추측해야 한다는 느낌을 학생들에게 조장한다. 협력 활동 또한 학생들이 교사의 관심을 끌기 위해 서로 경쟁하고 있다는 느낌을 받는 위치에 놓이게 할 가능성이 있다.

힘에 대해 탐구할 때에는 힘의 비합리적 측면도 함께 고려해야 한다.

Sharp(2001)가 말했듯이, "사람들은 일반적으로 자기 지식(self-knowledge)과 자아의 성격(ego-personalities)에 대한 지식을 혼동한다."(89쪽) 힘의 관계는 무의식적인 두려움, 도덕적으로 낮은 소망과 동기, 유치한 환상과 분노 등 내면의 이해관계에서 비롯되는 경우가 많다. 예를 들어, 나는 집단을 이끌어 나갈 때 사랑받고 싶다는 유치하고 절박한 욕구를 마음 깊은 곳에서 느낄 때가 있다. 교실을 통제하고 관리하는 문제는 학습 환경을 조성하는 의식적인 면보다, 감독하고 책임지고 싶은 무의식적인 필요와 관련된 경우가 많다. 학습자가 힘을 부여받았다고 느끼도록 돕기 위해서는 교육자가 힘과 자신의 관계를 이해해야 하는데, 이 과정이 항상 의식적이거나 비판적인 자기 성찰을 통해 접근 가능한 것은 아니다. 우리가 힘을 어떻게 사용하고 경험하는지 탐구하기 위해서는 두려움과 취약성을 직시해야 한다.

책임감 있게 힘 행사하기

교육자들은 권위체에 의해 위로부터 행사되는 명백한 통치력에 대해 회피하거나 거부하는 경우가 많다. 학생에게 반말을 하거나, 끼어듦과 문제 제기를 허용하지 않거나, 자원, 정보, 보상 등에 대해 온전히 통제권을 유지하는 것 등이 이에 해당한다. 하지만 이는 생각만큼 간단하지 않다. 대부분의 사회 집단에서 교사는 권위 있는 역할로 인식된다. 이때 가장 큰 문제는, 교사라는 직책으로 인해 자동으로 권위가 주어진다는 점이다. 나는 교사가 힘을 포기할 수 있다거나 포기해야 한다고 주장하는 것은 아니고 또 그것은 불가능한 것이지만, 의도하지 않았는데도 우리가 누군가에게 통치력을 행사하는 것처럼 인식되지 않도록 최선을 다해야 한다고 생각한다. 이를 위해 이 책의 초판(Cranton, 1994)에 수록된 내용을 바탕으로 책임감 있게 힘을 행사하기 위한 몇 가지 제안을 하고자 한다.

- 집단 앞에 서서 직함을 사용하는 등 공식적인 권위의 과시를 줄인다.
- 모든 답을 제공하고, 정답을 알고, 모든 결정을 내리고, 학습자가 하는 모든 일을 통제하는 위치에 서는 것을 피한다.
- 사람들이 인터넷, 도서관, 전자 도서관 등을 이용할 수 있도록 지원하여 자원에 쉽게 접근할 수 있도록 하고, 자료와 정보의 유일한 출처가 되지 않도록 한다.
- 학습 계약, 자기 평가, 동료 평가, 유연한 학습 프로젝트 등과 같은 전략을 조합하여 평가로 인한 무기력 효과(disempowering effect)를 줄인다.
- 교실의 물리적 배치, 집단 규범 및 활동 등의 학습 환경을 통제하는 데 학생들을 참여시킨다.
- 모든 전략에 대해 개방적이고 명시적인 태도를 유지한다. 학습자는 교육자가 하는 일과 그 이유를 알아야 한다.
- 신뢰와 믿음을 쌓고 학습자가 가정에 의문을 제기하는 데 도움이 되는 힘의 원천으로 전문성을 인정하고 활용한다.
- 존중과 충실함을 통해 힘의 관계에 의미 있는 구성 요소라 할 수 있는 학생들과의 개방적이고 진정성 있는 관계를 발전시킨다.

Foucault(1980)는 사람들이 자신과 타인에게 행사하는 규율 권력이 우리 사회에서 통치력을 대체했으며, 모든 상호작용에서 지속적으로 행사되고 있다고 주장하였다. 규율 권력은 사람들의 마음속을 아는 것을 기반으로 하며, 의도적으로 설계된 것이 아니다. 규범화된 시선은 사람들이 선을 유지하며 공동체(교실)의 사회 규범에 따라 행동하고자 요구받은 대로 행동하도록 만든다. 학습자는 교육 공동체에서 받아들여질 수 있는 일원이 되기 위해 자기 자신을 감시한다(자기 감시). 교육자는 규율 권력을 어떻게 책임감 있게 행사할 수 있을까?

Brookfield(2001, 2005)는 통제 메커니즘을 노출시켜, 보이지 않고 교묘한 힘을 드러내고 약화시킬 것을 제안하였다. 우리는 힘을 행사할지 여부를 선택할 수 없지만, 힘의 징후를 찾아 이를 직접적으로 다룰 수는 있다. 우리는 토의와 학습 활동을 통해 힘이 어떻게 행사되는지에 대해 학습자들과 이야기할 수 있다. 우리는 우리가 기대하는 참여의 유형들이 보상받고 형성되는 방식을 관찰한 다음, 그 과정에 대해 공개할 수 있다. 또한 학습자에게 규율 권력과 자기 감시를 인식하고 해석하도록 지도할 수 있다. 학습자 역시 힘의 주체이며, 지배적인 힘의 관계를 전복할 수 있는 능력이 있음을 인식하도록 도울 수 있다.

담론을 통한 임파워먼트

모든 이론가가 동의하는 것은 아니지만(제3장), Mezirow(2003b)는 담론을 전환학습의 핵심으로 보았다. 담론은 "신념, 감정, 가치에 대한 평가와 관련된 대화"로 정의된다(59쪽). 담론에 참여하는 사람들은 타인의 관점을 시도하고 타인의 관점에 맞게 의사소통을 조정한다. 열린 마음을 갖는 것, 경청하고 공감하는 것, 공통 기반을 찾는 것, 판단을 유예하는 것 등은 담론에 참여하는 학습자가 대안적 신념을 평가하는 데 도움을 준다. 담론이 임파워먼트의 수단이 되는 데 있어, 평등한 참여와 강압으로부터의 자유는 핵심이라 할 수 있다.

여기에는 혼란스러울 만큼 순환적인 무언가가 있다. Mezirow(2003b)는 "배고프고, 절박하고, 아프고, 궁핍하고, 위협받는 사람들은 담론에 완전하고 자유롭게 참여할 수 없다."(60쪽)며 "신념을 평가하고 선택하는 비판적, 변증법적 담론의 대척점은 전통, 즉 권위에 호소하거나 강제력을 사용하는 것"(60쪽)이라고 말했다. 담론은 임파워먼트의 핵심인데, 담론에 완전하고 자유롭게 참여할 수 없는 무기력한(disempowered) 사람들에게 어떻게 임파워먼트가 일어날 수 있을까? 나는 리터러시 학습자, 교육자를 대상으로 두 명의 동료와 함께 진행한 연구를 통해 이 딜레마에 대해 생각해 보았다(Wright, Cranton, & Quigley, 2007). 우리는 Mezirow의 정의에 따르면 무력감을 느끼는 상태의 학생들에게, 교육자들이 어떻게 전환학습에 참여하도록 하였는가에 대한 극적이고 감동적인 이야기를 들려 주었음을 보고하였다.

Mezirow는 담론에 참여하는 법을 배우기 위해 두 가지 능력, 즉 Kegan(2000)이 설명한 "비판적 자기 성찰 사고"와 신념, 가치, 감정을 뒷받침하는 가정과 기대에 대해 평가하는 "성찰적 판단" 능력이 필수적이라고 말했다. 성찰적 판단의 가장 높은 단계는 개인이 자신과 타인의 관점에 대해 추상적으로 사고하고 비판하는 단계이다(King & Kitchener, 1994). 연구에 따르면 이러한 능력은 연령 및 교육 수준과 관련이 있으며, 대학 졸업자만이 담론 참여에 반드시 요구되는 이 단계의 성찰적 판단이 가능한 것으로 나타났다.

내가 우려하는 것은 전환학습을 이해하는 이러한 방식이 배타적인 것 같다는 점이다. Mezirow(2003b)는 "배제의 위협을 극복하는 것은 성인 교육자들이 경제적, 문화적, 사회적 행동 계획에 헌신하는 중요한 인식론적 이유가 된다."라고 말했다(60쪽). 그러나 노동 교육, 리터러시 교육, 사회 서비스 등을 담당하는 사람들의 경우에는 어떠한가? 만약 우리가 Mezirow의 사고방식을 따른다면, Moses Coady, Myles Horton, Paulo Freire와 같은 교육자들의 실천은 전환적인 경험으로 이어지지 못했을 것이다. 제3장의 대안적인 이론적 관점을 통해 우리가 합리적 담론의 역할을 최소화함으로써 문제를 피할 수 있었지만, 나는 우리가 담론(대화)을 계속 유지하면서 참여할 준비가 되어 있고 참여할 의사가 있는 모든 사람을 참여시킬 수 있다고 주장하고 싶다.

담론에 대한 동등한 참여를 장려하는 몇 가지 가능한 전략은 다음과 같다. 그 적절성은 상호작용의 맥락에 따라 달라진다.

- 논쟁의 여지가 있는 진술, 모순된 관점의 글, 사람들이 대안을 찾도록 유도하는 구조화된 (소)집단 활동 등 다양한 관점에서 대화를 자극하는 도발적 방법을 찾기
- (소)집단 내에서 담화 절차를 개발하기. 타당성 검증이라는 목표를 달성하기 위하여 담론을 계속 초점화해야 한다. (소)집단 구성원들이 담론의 방향을 확인 및 통제하고, 동등한 참여를 보장하며, 강압과 설득을 경계하도록 장려해야 한다.
- 무시하는 진술이나 단정적인 요약을 피하기. 규율 권력과 자기 감시의 역할을 최소화하기 위해 교육자는 암묵적인 규제 기능을 통해 논의를

형성하지 말아야 한다.

- 교육자가 무엇을 승인하는지 단서를 줄 수 있는 미소, 끄덕임, 눈맞춤 등과 같은 비언어적 의사소통에 유의하기
- 모든 교류에서 조용히 사색할 수 있는 시간을 갖도록 장려하기

학습자 의사결정

학습자가 자신의 학습과 관련된 결정에 대한 통제권을 가져야 한다는 생각은 오래 전부터 있어 왔지만, 여전히 복잡한 문제로 남아 있다. 학습자가 언제, 어떻게, 무엇을 학습해야 하는지 지시받는 환경에서 학습자 임파워먼트는 쉽지 않다. 초기의 성인교육자들은 사회적 행동 의제를 통해 사람들이 학습 환경을 설정하고 자원과 지침을 제공하도록 도왔지만, 교육적 과정의 내용과 목적을 결정하지는 않았다. 1960년대에 교육 연구자들은 당시 "학습자 통제(learner control)"라고 불렸던 것에 대해 전통적인 교사 통제(teacher-controlled) 조건과 비교하여 검토하였다(예: Campbell, 1964). 돌이켜보면 이는 교사나 학습자의 특성을 전혀 고려하지 않았다는 점에서 실험 연구를 잘못 적용한 것이었지만, 그러한 연구가 이루어졌다는 점은 흥미롭다. 1970년대에는 교수 설계 모형이 교육과정 계획의 근간을 형성하던 시기로, 학습자 통제는 필요에 대한 진단, 목표 설정, 순서 및 속도 설정, 방법 및 자료 선택, 진행 과정에 대한 평가 등 설계 과정의 각 구성 요소에 적용되었다. Knowles(1975)의 자기주도학습 접근은 당시의 교수 설계 모형을 따랐으며, 비록 학습 계약의 내용을 추가했지만 그 과정은 본질적으로 학생이 자신의 교육

활동을 설계하는 과정이었다.

1980년대와 1990년대 초반에는 자기주도학습이 학습자의 개인적 특성, 교수법, 다차원적 구성(Candy, 1991) 등의 다양한 방식으로 탐구되었다. 당시까지의 문헌에 대한 검토를 통해 Candy는 자기주도학습의 네 가지 측면을 식별하였다.

1. 자율성(개인적 특성)
2. 자기 관리(자신의 교육 경로에 대한 결정)
3. 학습자 통제(공식적인 환경 내에서 학습에 대한 의사결정)
4. 자가교수(공식적인 환경 밖에서의 자기주도학습 프로젝트)

Jarvis(1992)는 "사회의 이데올로기는 인간이 자유롭고 자율적이라는 것이지만, 인간 학습의 상당 부분은 타율적이며 타인의 통제를 받는다는 역설"에 대해 지적하였다(141~142쪽).

비판 이론은 성인교육 분야에서 지난 10년 동안 우리의 실천에 영향을 미쳤다. Brookfield(2005)는 비판 이론의 과제를 다음과 같이 개괄하였다.

- 이데올로기에 도전하기. 이데올로기는 우리의 언어, 사회 규범, 문화적 기대 등에 내재되어 있으며, 주어진 형태로 나타나기 때문에 파헤치고 검토하기가 어렵다.
- 헤게모니에 맞서기. 헤게모니는 우리가 자연스럽고 상식적인 것처럼 받아들였지만, 실제로는 우리의 최선의 이익에 반하고 통제력을 유지하거나 보호하려는 사람들의 이익을 위해 작동한다.

186

- 힘의 가면을 벗기기. 특히 Foucault의 규율 권력과 자기 감시 개념을 활용한다.
- 소외 극복하기. 여기서 소외는 우리 자신을 상품화하고 자동화된 행동을 할 때 우리가 누구인지와 일치하지 않는 방식으로 생활한 결과이다.
- 해방 학습하기. Brookfield는 Marcuse(1978)의 일차원적 사고 개념을 통해, 자율적 사고가 우리를 조종하는 시스템에 대해 어떻게 비판하는지 설명하였다.
- 이성 회복하기. 우리가 당연하게 여기는 인식이 현실을 경험하는 방식을 어떻게 결정하는지 이해한다.
- 민주주의 실천하기

　각 과제는 학생들이 학습에 대한 의사결정에 참여하는 것과 관련을 맺는다. 그러나 이는 자유를 원하면서도 무엇을 해야 할지에 대해 지시받기를 원하는 학습자의 역설을 보여 주는 일차원적 학습(one-dimensional learning)의 아이디어이기도 하다. Brookfield(2005)에 따르면, Marcuse는 우리가 "우리 자신의 예속을 배우고 억압 상태를 사랑하는 법을 배웠다. 이는 소비재 소유로 인해 무감각해진 결과이다."라고 말했다(188쪽). 우리는 행복을 느끼도록 조작되어 왔고, 그것을 안다면 우리 자신을 해방시키고 싶어 할 것이다. 일차원적 사고는 통제의 메커니즘이다. 일차원적 사고는 현재 시스템을 비판하기보다, 어떻게 하면 더 나은 시스템을 만들 수 있을지에 초점을 맞춘다. 발산적 사고는 권장되지 않으며, 우리는 의문을 제기하지 않고 기존의 프레임워크에 머물도록 세뇌되어 있다. Marcuse는 이러한 상황에서 벗어날 수 있는 방법으로 자율적 사고를 제안하였다. 이 개념을 촉진하기 위해 예술과의 상호작용에서와

187

마찬가지로 (집단적 사고와 지속적으로 접촉하지 않도록) 사생활을 통한 거리두기가 옹호되었다. Brookfield는 비판적으로 가르치는 것은 가르치는 방법뿐 아니라 가르치는 내용에 관한 것이라고 설명하였다. 이는 본질적으로 정치적이며, 그 목표는 변화에 있다. 한 가지 형태의 일차원적 사고에서 다른 형태의 일차원적 사고로 이동하지 않도록 모든 시스템에 대하여 의문을 제기하는 법을 가르칠 필요가 있다.

이는 실천적 측면에서 무엇을 의미할까? 학습자의 의사결정은 학습 상황에 따라 다양한 전략을 통해 장려될 수 있다(예: Cranton, 2014; Kucukaydin & Cranton, 2012).

- 코스, 워크숍, 기타 교육 활동의 화제 가운데 일부나 전부를 학생이 참여하여 결정하도록 계획하기
- 학습자가 추가적인 화제나 대체할 수 있는 화제를 제안하고, 논의를 주도하며, 자원을 가져오고, 세션의 지속적인 개발과 수정에 참여하도록 장려하기
- 방법에 대한 선택권 제공하기. 예를 들어, 어떤 화제가 (소)집단 또는 대규모 토론에서 다루어질 수 있다고 제안하거나, 온라인 토의를 선호하는 사람들을 위해 온라인 토의 옵션을 설정하기
- 학생들에게 계획이나 개발에 참여할 수 있는 지침으로 사용할 수 있는 의사결정 모델을 제공하거나, 학습 상황에 맞는 모델을 대안적으로 개발하도록 지원하기
- 학습자가 평가 활동에 대한 준거를 선택하고 개발하도록 제안하기
- 학생들이 자기 평가에 직접 참여하도록 장려하기
- 학습자에게 학습 경험에 대한 인식을 정기적으로 묻고 각자의 인식을

공유하기

- 의사결정 과정을 공개적이고 명시적으로 유지하기
- 의제 설정, (소)집단 형성, 결론 도출 등의 의사결정 가운데 일부를 담당할 개인 또는 팀 설정하기

학습자가 결정을 하거나 의사결정의 일부를 학습자 집단에 위임한 경우, 교육자는 그 결정을 임의로 뒤집을 수 없다. 그러나 교육자는 여전히 책임을 져야 한다. 결정이 부적절해 보이는 경우, 교육자는 학습자와 문제를 논의하고 집단적으로 결정을 재고할 수 있다. 이와 관련하여 몇년 전 흥미로운 사례가 있었다. 내가 온라인으로 가르쳤던 "교육 연구 입문(Introduction to Educational Research)"이라는 강의에서, 나는 2주간의 소개 자료를 제공한 후 참가자들에게 강의의 나머지 화제를 선택해 달라고 요청하였다. 참가자들은 일주일 동안 이를 위한 계획 활동에 (소)집단으로 참여하고, 포럼에서 그 결과를 보고하였다. 나는 계획에 대한 논의 과정을 지켜보았지만, 직접적인 질문을 받지 않는 한 개입하지 않았다. 결과는 처음에는 걱정스러웠다. 어떤 집단도 연구 방법론(현상학, 실행 연구, 근거이론 등)을 화제로 제안하지 않았다. 대신 연구 문헌을 읽는 방법, 연구를 비판적으로 분석하는 방법, 연구 윤리, 실제 연구에의 적용, 학교 교사로서 특별히 관심 있는 연구 문제 등에 대한 관심을 표명하였다. 교육 연구에서 일반적으로 사용되는 연구 방법론을 포함하지 않고 어떻게 교육 연구 강의를 이끌 수 있을까? 나의 고민을 그들과 나누다 보니, 연구를 읽고 이해하고 비판하고 적용하는 것이 비록 중요하기는 하나, 그들이 자기 자신을 연구자로 생각하지도 않고 연구

자가 될 생각도 없기 때문에 다양한 방법론을 사용하는 것에 대한 세부 사항은 덜 중요하다는 것을 깨달았다. 그들은 다양한 종류의 연구 사례를 보는 데 관심이 있었고, 예시와 비평을 통해 방법론에 익숙해질 것으로 생각하였다. 그들의 주된 목표는 자신의 실천과 관련된 자료를 사용하여 작업하는 것이었다.

나는 다음 몇 번의 강의에서 이 딜레마와 씨름하였다. 내가 가르치는 프로그램에 대한 나의 책임과 수업에 참여하는 학생들의 학습 관심사에 대응해야 할 필요성을 조화시키는 것이 계속 어려웠다. 나는 나의 전문성을 인정하고 나의 조언을 선택하기로 결정하였다. 나는 1976년부터 여러 대학에서 연구 입문을 가르쳐 왔으며, 나에게는 학생들과 공유할 수 있는 전문성이 있다. 나는 이 과목의 일반적인 화제들을 선택하였으며, 그 프레임워크 안에서 각 화제를 수강생들의 실천과 연결하기 위해 매주 활동과 토의를 제안하였다. 토의는 종종 관련 실천 이슈로 이어졌다. 나는 학생들의 포스팅에 대한 반응을 통해 이를 장려하였다. 통제와 책임감 있는 힘의 행사 사이에 미묘한 선을 걷고 있는 것이다.

개인차에 대한 고려

어떤 사람에게는 힘이 되는 것이 다른 사람에게는 그렇지 않을 수 있다. 나는 학습 스타일과 성격 선호의 개인차에 대해 잘 알고 있지만, 직접적이고 개인적인 방식으로 이를 접할 때면 여전히 놀라움을 금치 못한다. 예를 들어, 몇 년 동안 보지 못했던 동료를 얼마 전 만났을 때가 생각난다.

그녀를 만나러 가는 길에 내가 가장 좋아하는 오래된 차, 거의 골동품에 가까운 1993년식 Saab를 닦고 창문에 묻은 개들의 코딱지도 깨끗이 씻어 내었다. 실망스럽게도 그녀는 내 생각에 꽤 아름답고 특이한 이 차에 대해 아무 말도 하지 않았다. 아마도 그녀의 성격이 직관적이어서 세부 사항에 주의를 기울이지 않거나, 자동차에 대해 아무것도 모르기 때문일 수 있다. 나는 이 사건을 힘을 부여하는 학습 조건을 조성하려는 우리의 노력에 대한 학생들의 반응과 연관지어 생각해 보았다. 어떤 사람은 토의 집단에 참여함으로써 힘을 부여받는다고 느끼는 반면 다른 사람은 노출되고 취약하다고 느끼는 것처럼, 우리 모두는 힘의 관계와 임파워먼트 전략에 대해 서로 다른 방식으로 반응한다. 제5장에서는 개인차를 이해하기 위해 심리 유형 이론을 사용하였다. 이 프레임워크는 여기와 나머지 장에서 계속 사용된다.

학습자 임파워먼트와 관련하여 개인차를 고려하는 상식적이면서도 중요한 두 가지 방법이 있다. 하나는 학습자가 자신의 학습 스타일, 심리 유형, 가치, 선호 등에 대한 인식을 개발하도록 돕는 것이다. 자신을 이해하는 것은 비판적 자기 성찰의 한 요소이므로, 이는 자기 인식을 촉진하고 학습자가 최선의 학습 방법을 결정할 수 있도록 힘을 부여하는 두 가지 목적을 달성하는 데 도움을 줄 수 있을 것이다. 두 번째로 중요한 전략은 교육자가 학습자의 선호가 어떻게 다른지 인식하고 이러한 인식을 교육자로서 수행하는 모든 작업에 통합하는 것이다. 이는 우리가 모든 일에 4가지 또는 8가지 이상의 방법을 개발해야 한다는 의미가 아니라, 우리가 하는 일에 대한 다양한 반응과 동일한 행동에 대한 반응이 어떻게 완전히 다를 수 있는지를 인식한다는 것을 의미한다.

학습자의 자기 인식은 다양한 도구를 사용하여 비공식적으로 또는 보다 체계적으로 촉진될 수 있다. 비공식적으로는 가치 기반 시뮬레이션, 결정적 사건, 역할극 등 다양한 활동을 사용하거나, 간단한 토의와 질문을 통해 사람들이 자신의 선호를 인식하는 데 도움이 될 수 있다. 대부분의 사람들은 자신이 가장 잘 배우는 방법을 알고 있으며, 이에 대해 이야기하고 자신의 경험을 다른 사람들과 공유하는 데 관심이 있다. 특정 학습 방식에 대해 자신과 같은 성향을 가진 사람들이 있다는 사실을 깨닫는 것만으로도, 외로움이나 고립감을 느꼈던 학생들에게는 큰 도움이 될 수 있다.

심리 유형과 학습 스타일에 대한 선호를 측정하기 위해 다양한 도구를 사용할 수 있다. 마이어스-브릭스 유형 지표(MBTI; Myers, 1980)는 가장 잘 알려진 심리 유형 검사이다. 나는 동료와 함께 유형별 개인 임파워먼트(Personal Empowerment through Type: PET) 검사를 개발하기도 하였다(Cranton & Knoop, 1995). 이 도구는 선호에 대한 범주나 명명이 아니라, 프로파일을 산출하여 준다. Stuckey, Taylor, Cranton(2014)은 전환학습의 결과와 과정을 명명하고, 전환학습과 관련된 4가지 결과와 14가지 과정을 설명하는 막대 그래프를 생성하는 전환학습 설문조사를 만들었다. 학습 스타일에 대한 도구로는, Kolb(1999)의 도구가 성인교육에서 여전히 널리 사용되고 있다. 이러한 과정에서 지적하듯, 우리는 사람들이 특정 행동을 피하는 것에 대한 이유를 학습 선호도에서 찾아 고정관념화하거나, 낙인을 찍고, 신봉하지 않도록 유의해야 한다.

개인차에 대한 의식이 높은 교육자는 이러한 개인차가 임파워먼트에 대한 노력에 어떻게 영향을 미치는지 알게 될 것이다. 내향적인 학습자에게 토의 집단에서 말하도록 강요하는 것은, 힘을 주는 것이 아니라 박탈하는 것이다. 사려 깊고 분석적인 사람에게 지극히 개인적인 감정을 표현하도록 요구하면 자기 감시가 강화될 수 있으며, 심지어 학생이 교사를 기쁘게 하기 위해 무언가를 의식적으로 만들어 내도록 유도할 수 있다. 이는 임파워먼트가 아니라, 오히려 정반대의 느낌을 줄 수 있다. 이러한 지원이 필요하다고 느끼는 사람에게 적절한 지원을 제공하지 않는다면, 오히려 혼란과 좌절감을 더욱 부추길 뿐이다. 외향적이고 행동으로 배우는 것을 선호하는 사람에게 조용히 비판적으로 자기 성찰을 하도록 하거나, 추상적이고 이론적인 문제에 대해 숙고하도록 하는 것도 마찬가지로 개인에게 힘을 실어 주지 못한다는 느낌을 줄 수 있다. 그렇다고 우리의 기술을 학습자의 선호와 반드시 의도적으로 일치시켜야 한다는 것은 아니다. 새로운 방식으로 학습 스타일을 개발하고 도전하도록 하는 것도 중요하다. 그러나 그 목표가 임파워먼트에 있다면, 사람들의 선호에 어느 정도 맞추어 주는 것이 필요하다.

요약

학습자 임파워먼트는 전환학습의 결과로 설명되지만, 나는 여기서 무력감을 느끼는 사람들은 비판적 자기 성찰에 참여할 가능성이 낮다고 주장하였다. 임파워먼트는 전환의 여정을 시작하기 위해 중요한 요소이다. 불안하거나, 자신감이 부족하거나, 걱정이 많고, 지원을 받지 못하는 사람은 교사 및 다른 참가자들과의 관계에서 자신의 힘을 행사하는 방법을 먼저 배우지 않고는, 가치와 가정에 의문을 제기하는 것에 대한 정서적 장벽을 극복하지 못할 수 있다.

교육자는 여러 가지 방법으로 학습자의 임파워먼트를 지원할 수 있으며, 그 대부분은 교수ㆍ학습 환경의 작고 평범하며 일상적인 상호작용에 존재한다. 우리는 민주적 실천과 일반적으로 연관되는 상호작용의 유형에 존재하는 힘의 관계를 포함하여, 이에 대해 의식할 필요가 있다. 저항의 지점은 힘의 관계에서 동전의 이면에 해당한다. 우리는 학생들과 우리 자신의 저항을 관찰하고 검토함으로써, 힘의 문제가 어디에 있는지 확인할 수 있다.

인간의 모든 상호작용에 힘이 행사된다는 점을 고려할 때, 교육자는 힘의 관계가 어디에 어떻게 존재하는지 의식할 뿐 아니라, 힘을 책임감 있게 행사하는 것도 필요하다. 권위를 가진 사람이 위에서부터 행사하는 통치력은 식별하고 회피하기가 비교적 쉽다. 반면, 규율 권력은 눈에 잘 띄지 않고, 더 교묘하게 존재한다. 교육자는 통제 메커니즘을 드러내고, 성인학습자가 자신의 힘을 행사하는 능력을 인식하도록 도울 수 있어야 한다. 성인교육에 있어서 인본주의의 긍정적 기여를 간과하지 않기 위해 협력적, 공감적, 연민적, 공유적 또는 그냥 춤추는 것과 같은 다른 힘의 상태에 대해서도 고려해 볼 수 있다.

담론을 통한 임파워먼트에는 세심한 주의가 필요하다. 담론을 세련되고 교육 받은 사람만이 누릴 수 있는 엘리트주의적 노력으로 보는 함정에 빠지지 말아야 한다. 이는 적어도 세련되지 않거나 정규 교육을 덜 받은 사람들의 임파워먼트를 위한 경로가 아니다.

194

학습자 의사결정(자기주도, 학습자 통제, 학생 자율성)은 성인교육에서 오랜 역사를 가지고 있는 주제로서, 인본주의 및 비판 이론의 전통에서 실천의 핵심 원칙 중 하나이다. 여기에서는 이 개념의 진화 과정에 대해 개괄하고, 학습자의 의사결정을 장려하기 위한 몇 가지 실천적인 제안들을 제시하였다.

교육자는 모든 개별 학습자가 임파워먼트 전략에 동일한 방식으로 반응한다고 가정해서는 안 된다. 개인의 가치, 학습 스타일, 과거 경험, 성격 선호 등은 학습자가 힘을 얻게 되는 방식과 이 여정을 돕기 위한 우리의 노력에 반응하는 방식에 영향을 미친다.

제 장

비판적
자기 성찰과
자기 인식의
촉진

교육자로서 우리가 하는 모든 일에서와 마찬가지로,
우리는 사람마다 다르다는 점을 명심해야 한다.
모든 사람에게 통하는 전략은 없고,
모든 학습자에게 모든 것을 명료하게 해주는 방법도 없다.

　학습자 임파워먼트에 도움이 되는 환경을 조성한 교육자는 전환학습을 위한 노력의 기반을 마련한 것이지만, 그렇다고 하여 학습자가 비판적 자기 성찰에 참여하거나 마음의 습관을 수정할 것이라고 보장할 수는 없다. 교육자(또는 다른 누구도)가 전환학습이 일어나도록 보장할 수 있는 방법은 없다. 학습자는 이 과정을 겪기로 스스로 결정해야 한다. 그렇지 않으면 우리는 세뇌, 조작, 강압을 시도하고 있는 것이다. 지금은 고전이 된 Daloz(1988)의 논문에서, Gladys는 Daloz의 노력에도 불구하고 자신의 직무에 접근하는 다른 방법을 상상할 수 없었다고 말했다. 최근에는 Tennant(2012)가 진정성이라는 개념이, 변하지 않는 본질적인 자아가 있음을 함의한다는 점을 지적하였다. 일생 동안 우리가 누구인지를 구성하는 자아의 측면이 있다는 것이다. 변화에 대한 이러한 문제적 이해를 해결하는 한 가지 방법은 "우리의 진정한 인간 특성이 사회적 힘에 의해 어떻게 왜곡될 수 있는지"를 고려하는 것이다(Tennant, 2012, 17쪽). 왜곡을 발견하면 우리의 "진실된 인간 특성"이 드러날 수 있을 것이다. 이는 Mezirow(1991)의 "왜곡된 의미 관점(distorted meaning perspectives)"에 대한 설명과 일치한다. 이는 나중에 Cranton(2006)에 의해 "무비판적으로 동화된 관점(uncritically assimilated perspectives)"으로 명명되었다.

우리는 학생들이 비판적 자기 성찰에 참여하고, 자기 인식을 높이며, 관점이 변화할 수 있는 가능성을 우연에 맡겨 두어서는 안 된다. 그들이 이전에 의문을 품지 않고 동화되었던 신념과 가정을 명확하게 표현하고 검토하도록 돕는 것은 우리의 책임이며, 이 과정을 촉진하기 위해 우리가 해야 할 일은 많이 있다. 다음 두 시나리오에서 첫 번째 교육자는 Tammy가 편안함을 느끼도록 돕지만 비판적 질문을 유도하는 환경을 조성하지 않는 반면, 두 번째 교육자는 Martin이 자신의 삶에 대해 생각하도록 만들고 있다.

Tammy는 테네시의 외딴 시골 지역에서 자랐으며, 가족 중 처음으로 고등학교를 졸업하였다. 당시 나는 그녀의 이웃이었고, 그녀와 기쁨을 함께 나누었다. Tammy는 대학에 진학하여 간호조무사가 되고 싶다는 꿈을 이야기했다. 가장 가까운 대학에 가려면 날씨가 좋을 때 45분 동안 "산 너머"로 운전해야 하고, 겨울에는 가끔 얼음이 얼어붙는 위험한 여정이었다. Tammy는 대학에 갈 수 있을 만큼의 돈을 모아 차를 사겠다는 목표로 지역 가구 공장에 취직하였다. 몇 달 뒤 그녀는 직장에서 해고되었다. 게다가 부모님의 건강이 좋지 않았고, Tammy는 부모님과 동생을 돌보기 위해 집에 머물면서 자동차와 대학에 대한 꿈은 점점 멀어져 갔다.

몇 년 후 Tammy의 가족이 필요한 의료 서비스를 더 가까이 받기 위해 도시로 이사했을 때, Tammy는 초조한 마음으로 마침내 대학에 진학하기로 결정하였다. 나는 Tammy와 계속 연락을 주고받으며 격려를 해 주었다. Tammy는 지도교수를 배정받았고, 지도교수는 Tammy에게 "대학 오리엔테이션"과 "생활 기술"이라는 두 과목을 수강하도록 제안하였다. Tammy는 대학이 자신을 위한 곳이 아니라는 것을 바로 알 수 있었다. 모두가 젊었고 여성들은 모두 세련된 옷차림을 하고 있었으며, 그녀의 남부 억양은 자신의 귀에도 낯설게 들렸다. 그러나 그녀의 첫 수업에서 사람들은 매우 친절하고 지지적이었다. 선생님은 자신을 이름으로 불러 달라고 했다. 학생들은 둥글게 둘러앉아 각자의 두려움을 공유했다. "생활 기술" 과목의 목표를 스스로 선택할 수 있었기 때문에, Tammy는 자신의 억양을 고치고, 공부 루틴을 개발하고, 시간 관리 방법을 배워서 부모님의 간병을 계속 도울 수 있었다. 얼마 지나지 않아 Tammy는 자신이 집단의 일원이 되어 대학에서 성공할 수 있다고 느꼈다. 나는 Tammy가 그 이후 어떻게 발전했는지는 잘 모르겠으나, 대학 생활에 대한 초기의 불안한 반응을 제외하면 그녀의 초기 경험은 그녀의 관점에 도전하는 데 거의 도움이 되지 못했다.

Martin은 온타리오 남부 과일 재배 지역의 작은 마을 근처에서 자랐다. 그의 아버지는 Martin이 어렸을 때 캐나다로 이민을 와서 자신이 가장 잘할 수 있는 포도 농장을 설립하였다. Martin의 아버지는 읽거나 쓰는 법을 배운 적이 없었지만, 이것이 농부에게 특별히 중요하다고 생각하지 않았다. 그의 포도나무는 가장 곧게 자랐고, 가지치기도 가장 깔끔했으며, 수확량도 이 지역에서 최고였다. Martin은 언젠가 농장을 물려받게 될 것이라는 점을 알았기 때문에 합법적으로 학교를 그만두고 아버지와 함께 전일제로 일했다. 그는 어린 나이에 결혼했고, 아내와 함께 가장 큰 포도밭 뒤편에 있는 개울 옆에 집을 지었다.

포도 가격이 3분의 1로 떨어지고 연료, 살충제, 살균제 비용이 치솟으면서 생활이 바뀌었다. 이웃들은 포도밭을 팔아 치웠고, 일부는 포도나무를 뽑아내고 말 목초지를 만들었다. Martin은 농장 수입을 보충하기 위해 직업교육을 받기로 결정하였다. 그는 농장에서 유용하게 사용할 수 있는 기술인 용접을 선택하였다.

Martin은 "생활 기술"과 "의사소통" 과목을 수강해야 한다는 사실에 충격을 받았다. 그게 용접과 무슨 상관이 있는가? 그는 충분한 생활 기술을 이미 갖추고 있었다. 심지어 "생활 기술" 선생님은 Martin보다 나이 어린 여성이었다. 그녀는 모든 사람을 둥글게 둘러앉게 하고 각자의 이름을 부르며 개인적인 질문에 답하게 했다. 모든 사람은 자신의 "인생 이야기"를 다른 사람에게 들려주어야 했고, 선생님은 각 이야기에 대해 "왜 이 일을 하기로 결정하였나요?", "학교에서 어떻게 할 수 있을 것 같나요?" 등과 같은 무례한 질문을 던졌다. 모두가 불편해했다. 하지만 Martin은 그날 오후 집에 돌아와서 왜 고등학교를 졸업할 생각을 한 번도 해 본 적 없는지 궁금해했다. 그에게 교육은 어떤 의미였을까? 왜 그는 아버지의 뒤를 따랐을까? 농부도 배운 사람이 될 수는 없을까? 그와 그의 아내는 선생님이 질문한 내용과 Martin이 그 질문에 어떤 느낌을 받았는지에 대해 저녁 내내 이야기하였다.

학습자가 기꺼이 질문을 고려할 준비가 되어 있다면, 불편한 질문은 비판적 자기 성찰을 촉진할 수 있다. Martin의 경험은 즉각적인 자기 성찰을 촉진하였다. 반면, Tammy의 경험은 전폭적인 지원과 위로를 받았기 때문에 나중에 그녀가 변화하게 되었을 수도 있지만, 처음에는 그렇게 하지 못했다. 새로운 관점을 열어 주고, 기존 가정에 도전하고, 다른 관점에서 정보를 제시하는 모든 전략은 성찰과 전환을 촉진할 수 있는 잠재력을 가지고 있다. 이 장에서는 질문하기, 의식을 높이는 경험, 일지, 경험학습(experiential learning), 결정적 사건, 예술 기반 활동 등의 몇 가지 전략에 대해 살펴본다.

질문하기

Wiessner와 Mezirow(2000)는 제1회 전환학습 컨퍼런스에 대한 리뷰에서, 컨퍼런스 발표의 실천적 주제 가운데 하나로 '질문과 내러티브의 사용'을 꼽았다(337쪽). 이들은 질문이 사람들로 하여금 대상을 스스로 파악할 수 있는 환경을 조성하는 데 효과적이며, 전환학습을 촉진하는 데 적합한 구성적 과정을 발전시킬 수 있다고 제안하였다. 질문에 대해 생각하고 반응하는 과정을 통해 새로운 이해의 경로와, 대상을 바라보는 새로운 방식이 열리게 되는 것이다.

성인교육 관련 문헌에는 좋은 질문을 하기 위한 일반적 지침이 다음과 같이 제시되어 있다.

- 질문은 특정 사건 및 상황과 관련지어 구체적으로 할 것
- 구체적인 것으로부터 일반적인 것으로 나아갈 것
- 대화적일 것
- 질문에 대한 학생의 답변을 반복하지 말 것
- 후속 질문이나 탐구를 통해 보다 구체적인 답변을 유도할 것

203

- 단순히 "예-아니요"로 대답할 수 있는 질문을 하지 말 것
- 화제와 관련하여 학습자의 경험과 관심사를 이끌어 내는 질문을 할 것

이전에 나는 네 가지 유형의 학습(새로운 것을 학습하기, 이미 알려진 것에 대해 정교화하기, 가정이나 신념 전환하기, 관점이나 세계관 전환하기)을 촉진하기 위해 질문을 하는 프레임워크를 개발한 적 있다(Cranton, 2003). 앞 두 가지 유형의 학습을 위해 나는 Bloom의 분류법을 따라 기억, 개인화, 적용, 분석, 통합, 평가 질문 등으로 분류하였다. 뒤 두 가지 유형의 학습을 위해 내용, 과정, 전제, 나선형, 감정 질문 등을 제안하였다. 비판적 자기 성찰, 자기 지식 촉진과 관련된 질문은 바로 이 후자의 질문들이며, 여기서는 이에 대해 자세히 설명하고자 한다. 내용, 과정, 전제 성찰에 대해서는 제2장에서 자세히 설명하였다. 이하에서는 학생들에게 물어볼 질문이 아니라 자기 성찰과 비판적 자기 성찰에 대한 사고방식을 보여 주는 질문들에 대해 다루고자 한다.

내용 성찰 질문은 학습자가 가정과 신념에 대한 인식을 높이는 역할을 한다. 개인적 또는 심리적 발달(심리학적인 마음의 습관)에 대한 내용 질문은 "자신에 대해 무엇을 알고 있거나 믿고 있는가?"와 같은 형식을 취한다. 교육자는 "이 분야에서 자신의 능력은 무엇이라고 생각하나요?", "무엇을 개선하고 싶나요?", "학습자로서 자신에 대해 어떻게 인식하나요?", "이 결정에 대해 어떻게 느끼나요?", "이 학습 분야에 끌린 이유는 무엇인가요?" 등과 같은 질문을 던질 수 있다.

사회적 수준(사회언어학적인 마음의 습관)에 대한 내용 질문은 "이 맥락에서의 사회 규범은 무엇인가?"와 같은 일반적 형식을 취한다. 교육자

는 "당신의 가정 공동체에서 이에 대한 인식은 어떠하였나요?", "페미니스트는 이 문제에 대해 어떤 관점을 가지고 있을까요?", "정치인들은 이에 대해 뭐라고 말할까요?", "우리가 언어를 사용하는 방식은 이 분야에 대해 무엇을 말해 주나요?", "당신이 조합 지도자라면 이에 대해 무엇이라고 말할 건가요?" 등과 같은 질문을 던질 수 있다.

내용 성찰은 지식 및 지식을 얻는 방법(인식론적인 마음의 습관), 도덕적·윤리적 관점, 철학적 관점, 심미적 관점 등과도 관련될 수 있다 (Mezirow, 2000). 예를 들어, 교육자는 "이 분야의 경험을 통해 어떤 지식을 얻었나요?", "당신의 양심은 당신에게 어떻게 말할까요?", "어떤 종교적, 철학적 개념이 당신의 견해에 영향을 미쳤나요?", "어떤 점이 아름답다고 생각하나요?" 등과 같은 질문을 던질 수 있다.

과정 성찰 질문은 개인이 어떻게 특정 관점을 갖게 되었는지를 다룬다. 과정 질문은 성찰 중인 문제에 대해, 이 문제가 어떻게 문제가 되었는지를 묻는다. 과정 질문은 학습자가 가정이나 신념의 근원을 찾는 데 도움이 된다. 사람들이 특정 신념을 가지고 있지 않았던 때를 떠올리고, 거기서 질문을 출발하도록 하는 것도 유용할 수 있다.

심리학적인 마음의 습관과 관련된 과정 성찰 질문의 예로는 "자신이 어떻게 이러한 방식으로 바라보게 되었나요?", "이 직업을 어떻게 선택하게 되었나요?", "당신이 어떻게 통계를 싫어하게 되었는지 기억하나요?", "숫자가 당신에게 불안감을 준 것은 얼마나 오래된 일인가요?", "이런 감정을 느끼지 않았던 때를 기억할 수 있나요?", "자기 자신을 가난한 작가라고 보는 시각은 어떻게 형성되었나요?" 등을 들 수 있다. 심리학적 신념은 어린 시절에 무비판적으로 동화된 경우가 많으므로 과정 질문에 답하기 어려울 수 있으며, 비판적 성찰을 촉진하기 위한 다른 전략이 필요할 수 있다.

사회언어학적 영역에서의 과정 질문은 생각 없이 흡수된 사회 규범의 근원을 발굴하는 것을 목표로 한다. 다시 말하지만, 어린 시절에 흡수된 규범은 식별하기가 매우 어려울 수 있다. 이와 관련된 질문으로는 "당신이 성장한 공동체는 그러한 관점에 어떻게 영향을 미쳤나요?", "고등학교 시절의 경험이 당신의 신념을 어떻게 형성하였나요?", "미디어가 당신의 신념에 영향을 미쳤나요?", "광고는 당신의 구매 습관에 어떤 영향을 미쳤나요?", "이러한 관점을 언제 처음 접했는지 기억하나요?" 등을 들 수 있다.

과정 성찰 질문은 인식론적 관점, 도덕적·윤리적 관점, 철학적 관점, 심미적 관점에서도 던질 수 있다. "이 이론이 타당하다는 결론에 어떻게 도달하였나요?", "이러한 입장을 처음 취했던 때를 기억하나요?", "이것이 비윤리적이라고 생각하게 된 이유는 무엇인가요?", "이런 스타일의 사진을 어떻게 감상하게 되었나요?", "이 연구에 결함이 있음을 어떻게 판단하였나요?" 등의 질문이 그 예이다.

전제 성찰 질문은 우리의 신념 체계의 핵심을 파고든다. 이러한 질문은 관점의 토대를 검토하도록 권장한다. 질문은 "애초에 이것이 왜 중요한가?" 또는 "내가 이 문제에 왜 관심을 가져야 하는가?"와 같은 형태를 취한다. 심리학적 영역에서 교육자는 "거미를 무서워하는 것이 왜 중요한가요?", "거미에 대한 두려움의 결과는 무엇인가요? 이것이 당신의 삶을 어떻게 제한하거나 구속하나요?" 등과 같은 질문을 던질 수 있다. 깊게 자리 잡은 개인적 관점의 전제에 대해 질문을 할 때에는 주의를 기울여야 한다. 이러한 문제에 대해 생각하는 것은 감정적이고 충격적일 수 있기 때문이다. "당신의 자아상이 왜 문제가 되나요?"라고 물음으로써 의도치 않게 상처를 건드릴 수도 있다.

사회언어학적 영역에서의 전제 질문은 비판 이론의 본질이다. 사람들이 무비판적으로 동화되었거나 부당한 지배적 이데올로기 또는 사회문화적 왜곡을 인식하는 "이데올로기 비판"은 비판의 네 가지 전통 중 하나이다(Brookfield, 2005). 이데올로기는 우리의 언어, 사회 규범, 문화적 기대 등에 내재되어 있다. 이데올로기는 주어진 것처럼 나타나기 때문에 파헤치고 검토하기가 어렵다. 헤게모니는 대중매체의 이미지와 메시지, 사회적, 제도적 기대와 규범을 통해 영속화된다. 사람들은 지배적인 신념 체계에 따라 살아가는 법을 배운다.

"노력하는 것은 왜 중요할까요?", "가족들의 생각이 중요한 이유는 무엇일까요?", "상사를 기쁘게 하는 데 관심을 가져야 하는 이유는 무엇인가요?", "자유를 전쟁과 연관시키는 이유는 무엇일까요?", "사람들이 비판적 성찰에 참여하게 되는 것이 왜 교육을 통해서 가능하다고 믿나요?" 등과 같은 질문이 이에 해당한다.

인식론적, 도덕적 · 윤리적, 철학적, 심미적인 마음의 습관과 관련하여 전제 질문은 동일한 형태를 띠지만, 다른 종류의 앎에 초점을 맞춘다. 교육자는 "그 지식은 왜 중요한가요?", "우리는 그것을 왜 알아야 하나요?", "그 상황에서 윤리적으로 행동하는 것은 왜 중요한가요?", "철학적 입장을 이해하는 것이 무엇에 기여하나요?", "우리는 신의 존재에 왜 관심을 가질까요?". "인간의 삶에서 예술이 중요한 이유는 무엇일까요?" 등의 질문을 던질 수 있다.

전환학습에 대한 총체적 이해를 위한 최근의 움직임에 부응하기 위해, 나는 우리가 사용할 수 있는 중요한 질문 레퍼토리에 "나선형" 질문과 "감정" 질문을 추가하였다. 나선형 질문은 우리가 누구인지에 대해 알고 있는 것의 각 부분이 우리가 배우고 경험한 다른 모든 것과 어떻게 관련되어 있는지를 보여 준다.

감정 질문은 정신과 육체에 대해 묻고, 제약을 이해하는 데 있어 상상적 인식을 요구한다. 목수와 기계공의 선생님이 되어 가는 목수와 기계공은, 실천에 대한 인지적 관점뿐 아니라 그들 자신의 모든 것을 변화시키고 있다. 노동자의 굳은살이 박힌 손에 담긴 자부심을 어디에 둘 것인가? 육체적인 일을 쉽게 할 수 있다는 우월감으로 무엇을 할 수 있을까? 선생님이 유순하고 게으르다고 보는 친구들의 시선에 어떻게 대처해야 할까? 그들은 가르치는 일에 이르게 된 소명의식에 대해 어떻게 이해해야 할까?

의식 고양 경험

의식은 특이한 것이다. 그리고 간헐적인 현상이다. 인간 삶의 5분의 1, 3분의 1, 심지어 절반은 무의식 상태로 보낸다. 의식적인 마음은 협소하다는 특징이 있다. 주어진 순간에 단지 몇 가지의 내용만 동시에 담을 수 있다. 나머지는 모두 무의식 상태에 있으며, 우리는 의식적인 순간의 연속을 통하여 의식적인 세계에 대한 일종의 지속적이거나 일반적인 이해, 인식을 얻을 뿐이다. 의식은 외부 세계에 대한 인식과 지향의 산물이다(Jung, 1968, 6~8쪽).

의식을 고양하는 것은 일차원적 사고에서 벗어나 힘의 구조를 이해하고 폭로하며, 헤게모니를 인식하고, 사회 이데올로기를 비판하는 것이다(Brookfield, 2005). 의식 고양은 다양한 관점에 대한 노출, 억압에 대한 인지, 자신과 타인의 신념에 대한 비판적이고 진지한 질문을 통해 이루어진다. 의식 고양은 Freire(1970) 등의 저술에서 억압으로부터의 자유와 연관되어 왔으며, 페미니스트 이론가들도 유사한 방식으로 용어를 사용한다. Jung이 묘사한 개인의 의식 고양은 사회적 억압으로부터 자유의 기초를 형성하는 것으로 볼 수 있다.

의식 고양은 우리의 현재 관점과 불일치하는 새로운 정보, 지식, 통찰, 가치 등에 노출됨으로써 촉진되기도 한다. 그러나 보다 일반적으로는, 익숙한 대상을 다른 관점에서 바라봄으로써 익숙한 것에 대한 자각을 높인다.

대부분의 사람들은 전문가로서, 개인으로서, 학습자로서 친숙한 역할에 확고하게 고착되어 있다. 한 번 일어난 일은 다시 일어날 것으로 기대한다. 우리는 마음의 습관, 습관적인 기대치를 개발하며, 이러한 습관을 바탕으로 의미를 만들어 간다. 이러한 습관을 흔드는 경험은 비판적 성찰을 장려하고 자기 인식을 확장시킨다. 이러한 잠재력을 지닌 학습 활동에는 역할극, 비판적 토의, 사례 연구, 시뮬레이션, 게임, 생애사 등 다양한 종류가 있다. 사람들이 다른 관점에서 무언가를 바라보도록 유도하는 것이라면 무엇이든 의식을 고양하는 활동으로 작용할 수 있다. 여기에서는 그러한 전략 몇 가지를 살펴보고자 한다.

역할극은 사람들이 일반적인 관점에서 벗어나 다른 관점에서 대상을 볼 수 있도록 돕는 가장 일반적인 방법이다. 역할극을 진행하는 방법에는 다양한 변형이 있다. 일반적으로는 역할극의 목적과 맥락을 설명하고, 참가자는 자신이 연기할 역할에 대한 (보통 대본까지는 아니지만, 즉흥적으로 대화를 할 수 있을 만큼의 충분한 정보로 이루어진) 안내를 받는다. 학습자와 교육자가 역할극 시나리오를 협력적으로 작업하고, 경험과 실천으로부터 얻은 아이디어를 통합하는 것이 가장 좋다. 교육자와 함께 공동으로 구성한 것이 이상적인 역할극이다. 역할극을 불편해하는 사람들도 있는데, 이러한 불편함에 도전하는 것이 좋을 수도 있지만 때로는 이러한 사람들에게 관찰자나 반응자의 역할을 부여하는 것도 좋다. 관찰자는 근본적이고 무의식적인 가정이 작용하는 지표들을 관찰할 수 있다.

역할극이 의식 고양으로 이어지기 위해서는 보고회(debriefing)가 중요하다. 참가자들은 자신의 경험, 특히 "대안적인 관점에서 상황을 바라본 느낌"에 대해 충분히 논의할 수 있는 기회를 가져야 한다. 비디오 촬영은 인식과 행동 사이의 불일치를 찾는 데 도움이 될 수 있다. 다음과 같은 비공식적 변형도 가능하다.

- 논의에서 역할을 바꾸고 상대방의 관점에서 아이디어 제시하기
- 실생활에서 수행되는 역할 바꾸기(예: 관리자와 직원, 조합원과 관리자)
- 다양한 저자나 이론가의 관점에서 논의에 참여하기

의식 고양은 역할의 기초가 되는 가정, 가치, 신념 등을 명시화하고 의문을 품을 때 시작된다.

시뮬레이션도 대안적 관점을 인식하는 데 사용할 수 있다. 미리 설계된 시뮬레이션을 다양한 출처에서 가져올 수 있으나, 일반적으로는 참가자의 경험이나 해결해야 할 문제와 관련된 시뮬레이션을 만드는 것이

더 유용하다. 한 재단 기관의 대학원 프로그램에서 참가자들은 조직 변화에 대해 배우는 시간이 있었다. 나와 공동 촉진자는 조직 팀이 조직 구조 변경을 위한 제안안을 설계하고 이를 이사회에 발표하는 시뮬레이션을 개발하였다. 우리는 다른 동료들에게 이사회 역할을 요청하고, 이사회실을 예약하였다. 각 팀이 개별적으로 들어와 발표를 하고, 각자의 역할에 완전히 몰입한 동료들은 각 팀에게 도전적인 질문을 던졌다.

노인학 집단에서는 참가자가 일상 활동에 참여하기 전에 귀마개, 반투명 눈가리개, 장갑 등을 사용하여 청력, 시력, 촉각 상실을 시뮬레이션하였다. 호텔 직원 개발 세션에서는 참가자가 호텔 리셉션 공간에서 고객, 호텔 직원, 관리자 역할을 하는 시뮬레이션을 설정하였다. 가능하면 사람들이 평소 경험하지 않은 위치에 투입하거나 입장을 취하는 방식으로 시뮬레이션에 참가하도록 권장하는 것이 좋다. 대부분의 분야에서 가치와 신념을 드러내고 학습자가 대상을 다른 관점에서 볼 수 있도록 돕는 흥미로운 시뮬레이션을 설정하는 것이 가능하다. 마찬가지로 토의와 보고회 시간을 충분히 확보하는 것이 중요하다.

내러티브 탐구와 자기 연구(self-study)가 연구 방법론으로 인기를 얻은 것처럼, 생애사와 자서전은 비판적 자기 성찰과 자기 인식을 장려하는 데 일반적으로 사용되는 전략이 되었다. Tyler와 Swartz(2012)는 스토리텔링, 전환학습, 복잡성 과학 사이의 관계를 탐구하였다. 그들은 스토리텔링과 전환학습이 어떻게 교차하는지를 설명하기 위해 "이야기에 관한 이야기(story about a story)"를 들려주었다(457쪽). Dominicé(2000)는 학습자의 준거 틀 또는 세계에 대한 사고방식, 구조에 내재된 문화적 뿌리를 이해하는 방법으로서 구두 및 서면의 교육적 전기(educational biographies)를 사용할 것을 권장하였다. Dominicé는 개인의 생애사를 하나의 교육적 과정으로 보았기 때문에, "교육적 전기"라는 문구를 의도적으로 사용하였다. 그는 자신의 이야기를 쓰고 말하며, 이 두 가지 형식을 소집단 구성원들에게 발표할 것을 제안하였다. 소집단 구성원들은 서로의 전기를 해석하고 재구성한다.

몇 년 전, Jo Tyler가 스토리텔링을 진행하는 워크숍에 참가한 적이 있다. 이 활동은 Dominicé의 접근을 느슨하게 따랐다. Jo는 우리의 실천에 대한, 중요하게 생각하고 자주 생각했던 이야기들을 떠올려 보도록 하였다. 나는 그렇게 했다. 그런 다음 Jo는 파트너와 함께 활동해 보라고 하였다. 나는 오랫동안 알고 지내며 함께 일해 온 동료 옆에 앉아 있었기 때문에 우리는 파트너가 되기로 합의하였다. 한 명(스토리텔러)이 다른 한 명(파트너)에게 자신의 이야기를 들려주었다. 파트너는 경청했지만, 끼어들거나 의견을 말하지 않았다. 그런 다음 파트너가 스토리텔러에게 다시 그 이야기를 들려주었다. 이어서 스토리텔러는 이야기를 들으면서 얻은 통찰을 고려하여 다시 이야기를 하였다. 나는 내 학생 중 한 명인 Jim의 이야기를 들려주었다. 그는 직업 분야의 교사가 되는 법을 배우는 프로그램에 참여하고 있었다. Jim은 대학 환경에 대한 두려움을 극복하기 위한 방법으로 "수업의 광대(clown)" 역할을 자처하고 있었다. 나중에 그는 수업 시간에 평정심을 잃고, 이렇게는 못하겠다며 교사가 될 수 없다고 선언하였다.

파트너에게 내 이야기를 다시 들려주었을 때 나는 놀라운 경험을 하였다. 나는 Jim의 관점에서 말하고 있었다. 심지어 Jim이 사용하던 해양 방언으로 말하기까지 하였다. 나는 그 이야기를 Jim이 생각했던 그대로 볼 수 있었다.

생애사는 학습자의 학습, 관심 분야와 관련된 삶의 한 측면에 초점을 맞춘다. Johnson(2003)은 자서전을 모든 분야와 통합 가능한 모델로 제시하였다. 예를 들어, 나는 종종 사람들에게 교사나 성인교육자가 된 이야기를 들려 달라고 권장한다. 성인교육 프로그램의 석사 과정을 가르칠 때면, 새로운 코호트 집단에 자신이 프로그램에 참가하게 된 여정을 설명하도록 하는 연습으로 시작하곤 하였다. 영어를 제2언어로 배우는 프로그램에서는 개인에게 자신의 문화에 대해 이야기하도록 요청할 수도 있고, 재교육 워크숍에서는 직업 선택 및 선호와 관련하여 자신의 생애사를 공유하도록 요청할 수도 있다. 대부분의 사람들은 이야기를 하고 다른 사람의 이야기를 듣는 것을 좋아한다. 집단에 속한 개인의 경험이 다양할 때, 이야기 속 다양한 관점은 자연스럽게 대안에 대한 인식과 의식 고양으로 이어진다. 교육자는 사람들의 이야기에 담긴 가정과 가치를 적극적으로 이끌어 내야 한다.

일지(저널)

일지와 일기는 오랫동안 자기 표현의 수단으로 사용되어 왔다. 작가, 예술가, 철학자, 과학자, 연구자 등은 일지를 사용하여 자신의 삶과 활동을 성찰한다. 심리학자와 정신분석가는 내담자와의 상담에 일지 쓰기를 활용한다. Jung과 함께 공부한 Progoff(1992)는 일지 쓰기에 관한 문헌에 광범위하게 기여하였다. Progoff의 일지 과정은 북미 전역의 워크숍과 세미나에서 소개되고 있다. 그는 일지를 쓸 때 도움이 되는 다양한 형식과 섹션을 제안하였다. 여기에는 생애사, 작가의 삶에 등장하는 인물이나 역사적 인물과의 대화, 은유·꿈·이미지 등이 포함된 심층적 차원의 섹션, 타인의 관점에서 작성된 생애 학습 일지(life-study journal) 등이 있다.

이제 일지는 학생들이 수행한 일에 대한 로그(log)나 일화적 기록에서부터 창의적인 스크랩북과 웹 기반 블로그에 이르기까지, 다양한 분야에서 다양한 목표와 목적을 가지고 일상적으로 사용되고 있다. 일지 쓰기를 통해 비판적 자기 성찰과 자기 인식을 자극하기 위해서는, 문제에 대한 가정, 생각, 감정을 명확하게 표현하고 대안을 고려하는 것을 강조해야 한다. 내 경험상 일지의 형식이나 스타일은 크게 중요하지 않으며, 사람들이 즐기고 편안하게 느끼는 형식을 선택할 때 가장 효과적인 것 같다. 하지만 (특히 학생들이 어떻게 시작해야 할지 막막해하는 것 같을 때) 종종 제안이나 지침을 제공하기도 한다.

- 일지의 각 페이지를 수직으로 반으로 나눈 다음, 페이지의 한 쪽은 관찰과 묘사를 위해 사용하고, 다른 쪽은 이러한 묘사로부터 유발된 생각, 감정, 이미지 등을 적는 데 사용한다.
- 일지는 문법, 문체 등을 확인하거나 채점, 평가하지 않는다.
- "직업 선택에 대한 나의 생각", "전문가로서의 나의 역할", "나에게 영향을 준 과거 경험" 등의 과정 또는 프로그램과 관련된 구체적인 주제를 탐색한다.
- 하루 중 시간, 장소, 특별한 생각을 기록하는 책으로서 일지 쓰기를 위한 루틴을 설정한다.

- 편지 형식으로 독자에게 쓰거나, 꿈을 기록하고, 시로 쓰고, 그림과 텍스트를 통합하는 등 다양한 문체와 내용을 실험할 수 있다.

제7장에서 언급한 것처럼, 일지는 규율 권력의 표현으로 볼 수 있다. 이는 교육자가 학습자의 "마음 속을 들여다볼 수 있는" 수단이다. 우리는 이것을 의식할 필요가 있다. 일지를 읽음으로써 다른 방법으로는 알 수 없는 학생의 생각에 접근할 수 있다. 이 과정에서 교육자가 듣고 싶어하는 것을 쓰거나, 더 나쁘게는 비판적 성찰 또는 극적인 돌파구를 보여 주기 위해 이야기를 지어내는 상황이 나타날 수도 있다.

나는 누구에게도 일지를 작성하도록 요구해서는 안 되고, 교육자에게 일지를 제공하도록 요구해서는 안 되며, 교육자가 일지를 채점해서는 안 된다고 생각한다. 몇 가지 대안으로 학생이 일지에 대한 요약문을 작성하거나 이를 선택, 발췌하여 교육자와 공유하거나, 학생들이 서로 주고받을 수 있는 교환 일지(대화 일지, dialogue journals)나 블로그를 개설하는 것, 학생이 일지를 작성하여 자신의 학습을 스스로 평가하도록 하는 것 등을 제시할 수 있다. 학생들이 쓴 일지를 읽고 논평할 때, 이러한 논평은 판단적이어서는 안 되며 도전적이고 촉발적이어야 한다. 우리는 학습자가 자신을 보는 방식에 대해 반박해서는 안 되지만, 이러한 인식의 기원과 그것이 가져올 결과에 대해서는 의문을 제기할 수 있다. 이때 내용, 과정, 전제 성찰에 대한 질문이 유용할 수 있다(비판적 질문하기에 대한 이 장의 앞부분 참조). 나는 일지를 읽고 논평을 할 때 다른 형식보다도 여백에 질문을 쓰는 방식을 취하곤 한다. 통찰력 있고 흥미로우며 잘 표현되었다고 생각하는 부분에 주의를 기울이기도 한다.

215

경험학습

Dewey(1938)의 『경험과 교육(Experience and Education)』은 성인교육 (및 교육 전반)에서 경험학습을 강조하는 강력한 토대를 제공하였다. Dewey(1933)에서는 합리적 문제 해결을 통한 성찰도 설명하였다. 성찰 적 사고는 "어떤 신념이나 가정된 지식의 형태에 대해 그것을 뒷받침하 는 근거와 그것이 지향하는 결론에 비추어 적극적이고 지속적이며 신중 하게 고려하는 것"을 포함한다(9쪽). 이는 전환학습의 기초로서, 비판적 성찰을 장려하기 위해 우리가 바라는 것과 매우 흡사하다.

Kolb(1984)의 경험학습 모델도 학습에서 경험의 중요성을 보여 주는 또 다른 역사적 표지이다. 그는 학습자가 "구체적 경험, 그 경험에 대한 성찰, 추상적 개념화, 통찰의 새로운 맥락에의 적용"의 주기를 거치는 것으로 설명하였다. 사람들은 이 주기의 한 단계 이상을 선호하는 것이 일반적이지만, Kolb는 그 완전한 주기를 거침으로써 의미 있는 학습 경 험이 구성된다고 보았다.

MacKeracher(2012)는 전환학습에서 경험의 역할에 주목하였다. 그녀 는 자신의 전환학습 과정을 바탕으로 한 사례 연구 형식을 취하였다. 그녀는 경험에 대한 세 가지 정의로 시작하였다. 여기에는 ① "태어나 서 죽을 때까지 일어나는 모든 일"(343쪽), ② 문화적, 사회적 유산(가치, 신념, 기대)에 의해 부과된 사건에 기반한 경험, ③ 구성된 지식과 그것 을 개발시키는 과정(절차적 지식)이 포함된다. MacKeracher의 사례 연구 에는 "내가 교사라는 것을 배우는 것"(344쪽), 자기주도적 학습자가 되는 법, 교수가 되는 법, 은퇴하는 법을 배우는 것 등이 포함되어 있다.

몇 년 전 내가 가르쳤던 전환학습에 관한 온라인 강좌에서 참가자들은 한 문화에서 다른 문화로 이동하여 매우 다른 생활 방식을 경험하는 것의 전환적 잠재력에 대해 논의하였다. 새로운 경험과 개인적 생활 방식은 전환의 일부인 비판적 자기 성찰을 촉발한다. 교육자의 관점에서 볼 때, 학습자에게 자기 자신이나 주변 세계의 문제를 보는 방식에 도전하는 도발적 경험을 제공할 수 있는 방법은 무수히 많다. 직업교육(간호, 교육, 치의학, 사회복지)에서의 실습과 산업(목공, 용접, 자동차 정비, 냉동)에서의 견습은 사람들이 교사, 목수 등 자신을 새로운 방식으로 바라보도록 돕는 데 오랫동안 활용되어 왔다. 보다 작게는, 학습 분야와 관련된 실세계로의 모든 모험이 눈을 뜨게 만드는 경험이 될 수 있다(예: 성인교육 센터 방문 또는 자원봉사 활동, 극장에서의 관람 또는 참여, 농장에서 하루 일하기, 위원회 참여 등). 서비스 학습과 직업 체험에 대한 강조는 다양한 분야의 교육자들이 경험 활동의 중요성을 어떻게 인식하고 있는지 보여 준다.

경험 자체가 성찰을 자극할 수도 있지만, 교육자가 이 과정을 돕기 위해 해야 할 일도 있다. Kolb(1984)는 경험을 성찰할 기회를 갖는 것의 중요성을 강조하였다.

> 능동적/성찰적 변증법은 …… 전환 중 하나로서, 경험의 "형상적 표상"을 포착하는 두 가지 상반된 전환 방식을 보여준다. 여기에는 "의도(intention)"라고 부르는 내적 성찰의 과정과, "확장(extension)"이라고 부르는 세계에 대한 적극적인 외적 조작이 있다(41쪽).

경험 활동을 통해 전환학습을 촉진할 수 있는 전략으로는 다음과 같은 것들이 있다.

- 경험 중과 경험 후에 비판적 담론을 위한 시간 확보하기
- 학생들에게 일지나 다른 형식으로 경험에 대해 쓰도록 제안하기
- 비판적 질문 장려하기(예: 학습자가 서로에게 물어볼 일련의 질문을 개발하도록 제안하기)
- 경험에 대한 사람들의 인식과 이론적 입장 사이의 불일치 강조하기
- 학습자가 다른 관련 경험을 공유하고 비교하도록 제안하기
- 경험으로부터 파생될 수 있는 통찰, 생각, 감정 등을 생성하기 위한 브레인스토밍
- 참가자들이 자신의 실천이나 개인 생활의 변화를 위한 계획을 발전시키도록 격려하기
- 새로운 아이디어를 다른 경험을 통해 검증하기

결정적 사건

결정적 사건 기법은 본래 1950년대에 질적 연구를 위한 데이터 수집 방법으로 고안되었다(Flanagan, 1954). 사람들은 특정 화제나 주제와 관련된 사건, 즉 기억에 긍정적이거나 부정적인 것으로 두드러지는 사건을 묘사하도록 요청받았다. 사건의 세부 사항을 이끌어 내기 위해 구성된 일련의 질문을 통해 사람들이 경험을 긍정적 또는 부정적으로 해석하게 되는 요인을 파악하였다.

Brookfield(1995)는 비판적 성찰을 촉진하는 방법으로 결정적 사건을 내세웠다. 결정적 사건 활동에 대한 지침은 다음과 같은 형식을 일반적으로 취한다.

- 학습자/교사/근로자/관리자로서 지난 6개월(또는 1년)을 떠올려 보세요.
- 자신에게 특히 긍정적/부정적이었던 사건을 반 페이지 정도의 분량으로 묘사하세요.
- 사건이 발생한 시간과 장소, 관련자, 사건에서 특히 긍정적이거나 부정적이었던 점, 사건을 통해 얻은 통찰 등을 포함하세요.

구조의 수준과 질문의 수는 다양할 수 있다. 사건에 대한 보고서를 작성하는 것보다 이어지는 논의가 더 중요할 수도 있다. 나는 보통 다음과 같은 전략을 포함한다.

- 결정적 사건에 대한 시범을 보이고, 학생들이 이에 대해 질문하도록 격려하기
- 학습자들이 짝을 지어 결정적 사건을 공유하고, 서로 도와 가며 사건의 의미에 대해 질문하도록 제안하기
- 학습자가 "왜 그렇게 말했나요?", "이러한 방식으로 묘사한 이유는 무엇인가요?", "이 시점에서 동료라면 뭐라고 말했을까요?" 등의 질문을 하도록 지도하기
- 구체적인 것에서 일반적인 것으로, 내용 성찰에서 과정 성찰로 비판적 질문을 옮겨가기
- 전체 집단에서 몇 가지 사건의 예를 다루지만, 반드시 모든 사람이 참여할 것을 요구하지 않기

- "어떻게 다르게 행동할 수 있었을까?" 또는 "다음에 그런 상황이 되면 어떻게 할 것인가?" 등의 질문을 통해 논의에 대한 행동 계획을 포함하기
- 모든 사람이 자신의 사건이 어떤 방식으로든 해결되었다고 느끼며, 눈에 띄지 않는 정서적 반응이 없도록 하기

Brookfield는 학습 과정 자체를 분석하기 위한 전략으로 "결정적 사건 설문지(Critical Incident Questionnaire: CIQ)"를 개발하였다(Brookfield, 1995). 여기에서는 다음과 같은 다섯 가지 질문을 던진다.

1. 이번 주 수업 중 학습자로서 가장 몰입도가 높았던 순간은 언제인가요?
2. 이번 주 수업 중 학습자로서 가장 거리감이 느껴진 순간은 언제인가요?
3. 이번 주에 교실에 있는 사람들이 취한 행동 중 가장 긍정적이거나 도움이 되었던 행동은 무엇인가요?
4. 이번 주에 교실에 있는 사람들이 취한 행동 중 가장 당혹스럽거나 혼란스러웠던 행동은 무엇인가요?
5. 이번 주 수업에서 가장 놀랐던 점은 무엇인가요?

교육자는 답변의 주제를 기록하여 이를 (소)집단 토의에서 그대로 인용할 수 있다. 교육자가 자신의 실천에 대한 비판적 분석을 시범 보이면, 참가자들은 그들의 생각과 신념에 대한 동일한 종류의 분석에 더 쉽게 참여할 수 있다.

예술 기반 활동

전환학습을 상상적이고 직관적인 과정으로 보는 이론가들은 예술 기반 활동이나 소설, 음악, 미술을 전환을 촉진하는 자극으로 사용하도록 옹호한다(Dirkx, 2001a, 2001b; Lawrence, 2012). 특히 고등교육에서는 "비학문적"이라는 우려가 있을 수 있지만(Shahjahan, 2004; Tisdell, 2003), 성인교육 분야에서 창의적이고 혁신적이며 인지적 영역을 벗어나려는 움직임은, 특히 전환학습을 촉진하는 것을 목표로 하는 교육자들 사이에서 확실히 탄력을 받고 있다. 국제 전환학습 컨퍼런스에서 예술 기반 세션의 확산은 이러한 접근 방식에 대한 실천가와 이론가들의 관심을 보여 준다.

나는 학생들을 가르치면서 에세이만이 배움을 표현하는 유일한 방법이라고 생각하던 일반적인 경계와 관행에서 벗어나 놀라운 결과물을 만들어 내도록 독려해 왔다. 용접 강사가 제작한 조각품, 대학원 신입생이 바느질한 퀼트(누비이불), 내가 수년 동안 보아 온 그림, 음악 CD, 스크랩북, 콜라주 등은 예술 기반 학습 프로젝트가 전환학습을 어떻게 묘사하며, 그 창작이 어떻게 전환 경험이 되는지 명확하게 보여 준다. 다음은 사용할 수 있는 학습 프로젝트 또는 (소)집단 활동의 예이다.

- 다양한 잡지, 색종이, 가위, 풀을 가져와 해당 분야의 사회 규범이나 가정에 대한 비판적 의문을 보여 주는 콜라주를 만들게 하기
- 전통적인 에세이나 보고서에 추가하거나 이를 대신하여, 관점에 대한 비평을 소설이나 시로 표현하도록 장려하기

- (소)집단 활동의 결과를 언어가 아닌 그림으로 표현할 수 있는 선택지를 제공하기
- 아이디어를 표현하는 방법으로 그림, 조각, 음악 등을 장려하기
- 영화, 소설, 사진 등을 사용하여 쟁점에 대한 상충되거나 대안적인 관점을 표현하도록 하기
- (소)집단 활동을 통해 사건을 해석하는 상반된 방식을 보이기
- 성찰일지를 대신하여 스크랩북이나 사진 콜라주 시리즈를 제안하기

학생들을 위해 제안된 이러한 학습 활동에 참여하도록 하는 것은 교육자에게 있어 중요하다. 사람들이 자신의 창의력에 대해 자의식 또는 불안감을 느낄 가능성이 높은 예술 기반 프로젝트에서는 특히 더 중요하다. 이는 최근의 한 온라인 과정에서 절실하게 다가왔다. (소)집단 내 다른 사람들에게 보이지 않는 방식으로 학습 활동에 참여하는 것에 대해 나는 온라인에서 관심을 잘 기울이지 않았다. 한 학생이 나에게 "그래서 해야 할 학습 프로젝트가 무엇인가요?"라고 물었다. 나는 나의 관여가 얼마나 중요한지 깨달았고, 당시 사진 콜라주를 실험하고 있었기 때문에 콜라주를 하기로 결정하였다. 나는 콜라주를 만드는 과정에서 큰 기쁨을 느꼈고, 학생들이 논평을 할 수 있도록 이를 게시하는 과정에서 더 큰 기쁨을 느꼈다.

개인차

어떤 사람들은 본성적으로 다른 사람들보다 비판적 자기 성찰에 논리

적, 분석적으로 참여할 수 있다. Mezirow(2000)의 성찰과 전환에 대한 합리적, 인지적 모델에 따르면, 사고 기능을 선호하는 사람들은 이론과 일치하는 과정을 따를 가능성이 높다. 반면, 감각 기능을 선호하는 사람들은 경험 활동에, 직관적인 사람들은 예술 기반 프로젝트에 더 잘 반응할 수도 있다. 감정 기능을 선호하는 학습자는 비판적 질문의 도전에 반응하기보다, (소)집단 및 관계적 학습 활동에 더 쉽고 편안하게 참여할 수 있다.

최근 전환학습에 관해 진행한 온라인 강좌의 토의에서 참가자들은 내향적인 사람은 비판적 성찰을 그들의 일상 활동에 통합할 가능성이 높은 반면, 외향적인 사람들은 성찰할 수 있는 시간을 의식적으로 만들어야 한다고 제안하였다. 온라인 환경에서의 대화에 대한 연구에서 나와 동료는 심리 유형 선호에 따라 다양한 대화 스타일과 접근 방식이 있다는 증거를 발견했다(Lin & Cranton, 2004).

전환학습을 촉진하고자 할 때, 교육자는 개인차를 인식하고, 어떤 사건이 학습자에게 비판적 자기 성찰과 자기 인식으로 이어질 가능성이 더 높은지 고려하며, 개인이 겪는 과정의 다양성을 예상할 수 있어야 한다. 나는 이전 연구를 통해 서로 다른 심리 유형 선호를 가진 학습자에게 유용한 전략들을 제안한 바 있다(Cranton, 2000). 그 요점은 다음과 같다.

- 사례 연구, 토론, 비판적 질문, 이론적 관점에 대한 분석 등은 사고 기능을 선호하는 학습자에게 흥미롭다.
- 짝 또는 (소)집단으로 함께 활동하여 준거 틀을 검토하는 것은 감정 기

능을 선호하는 학습자에게 도움이 된다.

- 현장 학습, 시뮬레이션과 같은 구체적이고 경험적인 전략은 감각 기능을 선호하는 학생들이 대안적 관점을 탐구하는 데 도움이 된다.
- 게임, 비유, 시각화, 브레인스토밍, 예술 기반 활동 등은 직관 기능을 선호하는 학습자에게 매력적이다.

요약

비판적 자기 성찰과 자기 인식은 개인이 자신과 다른 관점을 접할 때 촉진된다. 이러한 불일치에 대응하여 사람들은 새로운 관점을 무시하거나, 현재 가지고 있는 관점에 의문을 제기할 수 있다. 우리는 일상을 살아가면서 자신과 다른 가치와 가정을 끊임없이 마주친다. 예를 들어, 지역 신문의 편집장에게 보내는 편지를 읽어 주거나, 사람들이 국내 현안에 대해 각자의 의견을 표현하는 라디오 방송 토론을 듣는 것을 생각해 보자. 이러한 활동 중에 나는 내가 동의하지 않는 관점을 무시하거나, 심지어 우월하다고 느끼는 경우가 가장 많다. 그러나 가끔은 내 자신의 견해에 대해 비판적으로 따져 보기도 한다.

개인이 "잠깐만요, 이 문제에 대해 다시 생각해 볼게요."라고 말하는 특별한 순간을 만들어 내는 것이 교육자로서 우리가 해야 할 일이다. 이러한 순간은 우연히 발생할 수도 있지만, 엄선된 자료와 활동을 통해 그 과정을 촉진할 수도 있다. 동시에, 타인에게 관점을 강요하거나, 모든 사람이 우리가 제시하는 도전에 응할 것이라고 기대하는 것이 우리의 일이 아니라는 점을 명심해야 한다. 다양한 이유로 인해 사람들은 마음의 습관을 크게 바꿀 준비가 되어 있지 않거나, 그럴 의향이 없거나, 그럴 능력이 없는 경우가 많다. 하지만 우리는 여전히 성찰을 장려하고 전환의 가능성을 열어 두고 있다.

비판적 질문은 내용, 과정, 전제에 대한 성찰을 자극하는 데 사용될 수 있다. 이러한 유형의 질문은 사람들이 자신의 가정을 명시적으로 만들고, 가정의 출처와 결과에 의문을 제기하도록 유도할 수 있다.

의식 고양 전략은 자기 인식을 높이고, 익숙한 대상을 새로운 관점으로 보는 것을 포함한다. 역할극, 시뮬레이션, 생애사는 대상을 의식화하는 데 유용한 활동이다.

일지 쓰기는 성인교육 실천에서 오랜 역사를 가지고 있다. 일지를 사건을 기록하는 것이 아니라 성찰을 장려하는 데 사용하면, 이는 전환학습을 촉발하는 강력한 전략이 될 수 있다.

참가자의 삶에서 결정적 사건에 대해 생각하고 논의하는 것은, 사람들을 구체적인 것에서 일반적인 것으로 이끌어 가정과 믿음을 이해하고 도전하도록 하는 효과적인 방법이다. 결정적 사건 설문지는 과정 자체를 성찰하는 데에도 활용될 수 있다.

예술 기반 활동은 신념을 표현하고 관점을 검토하는 방법으로서 전통적인 언어 사용 방식에 대한 대안을 제공한다. 상상적이고 직관적인 전환에 대한 관심이 증가함에 따라, 실천가들은 학습자의 여정을 표현하기 위한 창의적이고 특이한 방법들에 눈을 돌리고 있다.

교육자로서 우리가 하는 모든 일에서와 마찬가지로, 우리는 사람마다 다르다는 점을 명심해야 한다. 모든 사람에게 통하는 전략은 없고, 모든 학습자에게 모든 것을 명료하게 해 주는 방법도 없다. 심리 유형 이론은 이러한 차이점을 이해하고, 가능한 한 많은 사람에게 도움이 되는 전략을 선택할 수 있도록 방법을 제공한다.

제 **9** 장

전환학습에
대한 지원

보다 개방적이고 정당한 마음의 습관을 개발하는 과정인 전환학습은
사람들을 제약으로부터 벗어나게 하고 자유로워지게 하는 경험이다.
그러나 그 여정에는 슬픔, 고통, 갈등의 시간이 있을 수 있으며,
기존의 삶의 방식에 대한 상실감도 있을 수 있다.
교육자는 이 여정을 시작하는 사람들이 도움을 받을 수 있도록
지원을 할 책임이 있다.

전환학습과 해방적 교육에서 우리는 세상을 보는 방식의 불일치와 의심할 여지가 없는 가정을 인식하고 활용한다. 이는 자유롭고 즐거운 과정일 수 있지만, 어두운 측면도 있을 수 있다. 우리는 오랫동안 우리 삶에 영향을 미쳤던 가정이나 신념의 상실을 슬퍼할 수 있다. 가족 생활과 우정이 깨질 수 있고, 공동체로부터 고립감을 느낄 수도 있다. Daloz(2000)는 "사람들이 자신의 진실을 자유롭게 말할 수 있고, 비난과 판단이 최소화되며, 완전한 참여가 장려되고, 상호 이해를 중시하면서도 근거와 논증이 객관적으로 평가되고 가정이 공개적으로 드러나는 안전한 분위기"의 중요성을 지적하였다(114쪽). Daloz는 공동선을 위한 전환학습에 대해 논의하면서 지지적 공동체의 필요성을 강조하였다.

Schapiro, Wasserman, Gallegos(2012)는 (소)집단 활동, 대화, 관계에서 비롯된 지원에 대해 설명하였다. 이들은 대화의 전환적 힘이, "인간 중심 치료(person-centered therapy)"와 "무조건적인 긍정적 존중(unconditional positive regard)"에 관한 Rogers(1961)의 연구와 "나-그것(I-it)" 관계에서 "나-너(I-thou)" 관계로 나아간다는 Buber(1958)의 개념으로부터 나온

다는 점을 상기시켰다. Schapiro와 동료들(2012)은 전환학습이 "다른 사람 또는 다른 사람들과의 진정성 있는 대화 과정의 직접적 결과"라고 제안하였다(365쪽). 다른 사람의 지원를 통해 우리는 자신의 관점, 가정, 신념에 도전할 용기를 갖게 된다.

전환학습을 촉진하기 위한 교육자는 지원을 제공하고 마련해야 할 도덕적 책임이 있다. 우리가 상담사가 되거나 학습자 개개인에게 평생 동안 헌신을 해야 한다는 뜻은 아니다. 그러나 우리는 사람들이 직면할 수 있는 어려움을 해결할 수 있도록 최선을 다해야 한다. Daloz는 학생들에게 우리의 가치를 받아들이도록 하기 위해 우리가 가지고 있는 권리가 무엇인지 질문을 던졌다. 이에 대한 정답은 우리의 가치를 강요하는 것이 아니라, 학생들이 이전에는 의심하지 않았던 자신의 가치에 의문을 제기하며 대안에 더 개방적이 되도록 장려한다는 것이다. 그러나 여기서도 우리는 개방적인 것이 더 낫다는 우리의 가치를 강요하고 있다. 이러한 강요와 함께 사람들이 괜찮은지 확인해야 하는 심각한 의무가 뒤따른다.

나는 학업에서 겪은 경험의 결과로 삶이 뒤바뀐 학생들을 수년 동안 많이 보아 왔다. 제7장에서는 전환학습의 조건과 결과로서 학습자 임파워먼트에 대해 설명했고, 제8장에서는 비판적 자기 성찰과 잠재적으로 전환학습을 자극하는 방법에 대해 논의하였다. 이제 그 과정에서 지원의 중요한 역할에 대해 살펴보고자 한다. 전환학습에 참여하는 학습자를 지원하는 것은 다른 교육적 맥락에서의 지원과 크게 다르지 않을 수 있다. 이것이 중요한지는 잘 모르겠다. 어떤 상황에서 언제, 어떻게 전환학습이 일어날지는 알 수 없지만, 우리는 이를 실천의 목표로 삼고 있다. 우리는 사람들이 힘을 얻고, 자기 지식을 얻고, 대안적인 사고 방식을 탐구하도록 돕기 위해 노력하며, 이러한 도전의 균형을 맞출 수 있도록 지원하고 있다. 정도의 차이는 있지만, 이론가들은 전환학습에 대한 이해에 지원의 역할을 통합한다. Mezirow(2000)는 그 과정을 다른 사람들과 공유한다는 인식과 관련하여 간략하게 언급한 반면, Belenky와 Stanton(2000)과 같은 일부 이론가들은 관계, 지원, 공동체를 접근의 중심에 두었다. 모든 사람이 학생의 삶에 관여하는 것을 편안하게 생각하는 것은 아니며, 우리에게는 각자의 지원 방식이 있다. 나는 교육자가 자신에게 유용한 방법을 찾을 수 있도록 다양한 제안을 제공하고자 한다.

교육자마다 지원할 수 있는 방식이 다르다는 생각에 따라, 진정성이 지원의 핵심이라는 점에 대해 먼저 논의하고자 한다. 다음으로, 교육자의 일부 기능을 대신할 수 있는 (소)집단 과정을 구축하기 위한 전략을 제안한다. 교실 밖의 학습자 네트워크는 또 다른 중요한 지원의 원천이다. 학생들이 자신과 세계에 대해 수정된 사고 방식을 이해하고 적응하도록 돕는 것은 우리가 주목해야 할 부분이며, 경우에 따라서는 사람들이 자신의 전환 경험을 바탕으로 행동 과정을 계획하도록 도움을 줄 수도 있다. 이 장의 각 섹션에서는 이러한 각 과정에 대해 설명한다. 마지막으로 갈등, 윤리적 문제, 지원에 대한 사람들의 필요가 지닌 개인차에 주목한다.

진정성 있게 되는 것

제6장에서는 교육자의 역할과 관련하여 가르침의 진정성에 대해 일반적으로 논의하고, 내가 동료와 함께 조사한 연구에 대해 설명하였다. 여기에서는 진정성에 대한 개관(Cranton, 2005)을 바탕으로, 학습자 지원과 관련된 진정성에 대해 살펴보고자 한다. 지금은 고전이 된 저서 『학습의 역설: 사회 속의 개인이 된다는 것(Paradoxes of Learning: Becoming an Individual in Society)』에서 Jarvis(1992)는 사람들이 "서로의 성장과 발전을 촉진하고자" 행동하기로 선택할 때 진정성 있게 된다고 설명하였다(113쪽). Jarvis는 이를 타인을 돕겠다는 의식적인 목표를 갖는 성인교육자의 실험적이고 창의적인 행위로 보았다. Freire(1970)가 주장한 것처럼 교사와 학생은 대화를 통해 함께 배운다.

Freire(1970)는 의미 있고 진정성 있는 대화를 위해 필요한 6가지 태도를 설명하였다.

1. 세계와 인류에 대한 사랑
2. 겸손
3. 사람과 그들의 (재)창조력에 대한 믿음
4. 신뢰
5. 대화가 의미로 이어질 것이라는 희망
6. 비판적 사고와 현실의 지속적 전환

Jung 심리학자인 Hollis(1998)는 우리가 쓰는 가면인 "페르소나(persona)"에 대한 이해와 진정성 있는 관계의 중요성을 통합하는 데 기여하였다.

232

관계의 질은 우리 자신을 얼마나 잘 알고 있으며, 얼마나 진정성 있게 관계에 임하는지에 달려 있다. Hollis는 관계의 네 가지 원칙을 제안하였다.

1. 우리는 자신에 대해 알지 못하거나 받아들이고 싶은 것을 타인에게 투사한다.
2. 우리는 자신의 상처와 갈망을 타인에게 투사한다.
3. 상대방이 우리의 상처와 갈망에 대한 책임을 거부할 때, 투사는 분노와 힘의 문제로 이어진다.
4. 흔들리는 관계를 치유하는 유일한 방법은, 자신의 개성화에 대한 개인적 책임을 지는 것이다.

동료와 함께 전환에 대한 이야기를 수집한 한 프로젝트에서, 우리는 타인과의 관계를 통한 지원이 전환학습을 촉진한다는 사실을 발견하였다(Kroth & Cranton, 2014). 두 명의 스토리텔러에게는 배우자의 지원이 전환학습 과정의 핵심 요소였고, 세 번째 스토리텔러에게는 조직의 지지적 공동체가 전환학습을 발생시킬 수 있는 맥락이 되었다. 네 번째 스토리텔러는 가족의 지원을 통해 "완전히 저주받지 않은" 미래를 상상할 수 있었다(96쪽).

이러한 각 관점은 진정성이 타인과의 관계의 일부라는 점을 강조한다. 다른 곳에서 제안한 것처럼, 진정성은 공동체 또는 타인과의 관계에서 진정한 자아를 표현하는 것이다(Cranton, 2001). Buber(1961)는 타인과의 나-너 관계를 통해서만 진정성이 촉진될 수 있다고 믿었다. 학생과의 관계에서 진정성을 갖는 것은 지원의 핵심이다. 그렇다고 해서 모

233

든 교사가 학습자와 따뜻하고, 심층적이며, 배려하는 관계를 맺어야만 진정성이 있거나 지지적인 태도를 취할 수 있다는 뜻은 아니다. 어떤 교육자에게는 일정한 거리를 두고 존중하는 것이 적절하고, 어떤 교육자에게는 동료적 관계가 가장 효과적이며, 또 다른 교육자에게는 친밀한 관계가 자연스럽게 형성되는 경우도 있다(Cranton, 2003). 다음은 다양한 관계 스타일을 통해 지원하기 위한 제안들이다(모든 교육자가 모든 사항에 만족할 수 없다는 점에 유의하기 바란다).

- 학생의 학습과 발달에 대해 관심을 가질 것
- 삶의 일화를 공유할 것
- 학습자와 공유된 직업적, 학문적 목표를 설정할 것
- 경험을 바탕으로 사례를 보여 주고, 학생들도 그렇게 할 수 있도록 격려할 것
- 학생들이 우리에게서 배우는 동안 우리도 학생들에게서 배울 것
- 학생들이 수업 이외의 시간에 찾아올 수 있도록 장려하고 접근성을 높일 것
- 일상 대화에서 우리가 살고 있는 곳이나 자녀, 가족, 애완동물, 취미 등에 대해 언급할 것
- 문제가 있는 학생들을 기꺼이 도와줄 것
- 후속 조치를 통해 학생들에게 도움이 필요하거나 불편한 점이 없는지 물어볼 것
- 편안하고 개방적인 방식으로 학습자를 위해 존재할 것

234

집단적 지원

전환학습 과정에서 학습자를 지원할 책임은 교육자에게만 있는 것이 아니다. 결속력 있는 학습 집단에서 사람들은 서로에게 지원을 한다. Boyd(1989)는 학습 집단이 사회 시스템으로서 "개인적 전환을 실현하는 데 있어 개인의 활동을 촉진하는 지원 구조를 제공할 수 있다."고 강조하였다(467쪽). 효과적이고 지지적인 집단은 다음과 같은 공통적 특성들이 있다.

- 집단의 목표에 대한 헌신
- 집단 규범의 준수와 보호
- 집단에 대한 충실도
- 집단 내 책무 수용
- 집단 구성원 간 원활한 의사소통
- 집단 구성원으로부터 기꺼이 영향을 받으려는 태도
- 타인의 의견 수용
- 집단을 위해 기꺼이 좌절을 감내하려는 태도

집단은 발전하고 전환할 수 있는 능력을 갖춘 학습 실체로 볼 수 있다(Kasl & Yorks, 2012). 집단은 전환에서의 슬프거나 어려운 측면을 경험하는 구성원 개개인에게 보호와 위로가 될 수 있다.

모든 집단이 자연스럽게 결속력 있고 서로를 지원하는 공동체로 발전하는 것은 아니다. 경쟁, 갈등, 힘의 관계, 지배적 목소리 등은 좋은 집단 역학을 방해하는 요인 가운데 하나이다. 학생들이 협력적이고 서로를 지원하는 집단을 만들도록 어떻게 도울 수 있을까? Brookfield와 Preskill (1999)은 민주적 논의에 도움이 되는 몇 가지 성향들을 나열하였다.

- **환대**. 사람들이 참여하도록 초대받았다고 느끼고, 새로운 아이디어와 관점을 상호 수용하는 분위기를 조성함.
- **참여**. 모든 사람이 의미 있게 참여할 수 있는 공동체를 장려함.
- **마음챙김**. 서로의 말에 세심한 주의를 기울이고, 다른 사람의 말을 인내심을 가지고 주의 깊게 경청할 수 있는 환경을 조성함.
- **겸손**. 우리의 지식과 경험이 제한적이고 불완전하며, 타인이 우리에게 무언가를 가르쳐 줄 수 있음을 기꺼이 인정함.
- **상호성**. 서로의 자기 계발에 관심을 갖는 것은 모두의 이익에 부합함.
- **숙고**. 교실은 증거, 데이터, 논리를 통해 다양한 관점이 제시되고 뒷받침되는 곳임.
- **감사**. 서로에 대한 감사와 고마움을 표현할 수 있는 공간과 시간을 찾아 신뢰를 높이고 사람들을 가깝게 만듦.
- **희망**. 서로의 재능을 모아 새로운 이해에 도달하고 문제를 해결할 수 있다는 희망을 유지함.
- **자율성**. 민주적인 공동체에서는 자신의 입장을 강력하게 세우고, 주장할 수 있어야 함.

O'Hara(2003)는 Carl Rogers의 "인간 중심 집단 과정"을 전환적 안드라고지(transformative andragogy)로 보고, 사회적 학습을 지원하기 위해 집단이 어떻게 진화하는지 설명하였다. 나는 그녀의 발견 중 일부를 집단의 결속력과 지원을 장려할 수 있는 지침에 통합하고자 한다.

- 집단 개발 과정에서 무엇이 수행되고, 어떻게 수행되는지를 개방적이고 명시적으로 공개한다.
- 집단의 비합리적이고 감정적인 의식 모드를 인식한다.
- 개인적인 이야기에서 보편성을 찾고, 집단 및 논의 중인 주제와의 연관성을 찾는다.
- 집단 과정에서 규칙에 얽매이지 않는 개방형 시스템을 지향한다.
- 모호함을 받아들이고, 동의하지 않는 사람을 포용하고자 노력한다.
- 집단의 지혜를 믿는다.
- 항의 편지를 쓰거나 더 많은 학습 자원을 요구하는 등 집단이 사회적 역할을 수행하도록 제안한다.
- 집단 내에서 자원과 전문성을 공유하도록 장려한다.
- 일반적인 학습 환경 밖에서 집단이 만남을 갖는다.
- 소집단으로 학습 프로젝트를 수행하거나, 대화 일지를 작성하고, 사람들이 함께 학습하고 발전할 수 있는 활동을 장려한다.
- 학습자에게 집단의 문제(갈등, 제약 대처, 관리 문제)를 함께 해결하도록 요청한다.

학습자 네트워크

학습자 네트워크는 공식적 또는 비공식적인 학습 맥락 안에서 사람들 간의 지속적인 관계 또는 학습 집단의 경계를 넘어 확장되는 관계를 의미한다. 학습 집단 안에서는 소집단 활동, 프로젝트 팀, 학습 파트너, 동료 교수 등을 통하여 학생들이 지원과 지도가 필요할 때 의지할 수 있는 네트워크를 형성한다. 학습 집단 밖에서는 전문 협회, 동아리, 자조 모임, 인터넷 토의 집단 등의 구성원이 될 수 있다. 수련회에 가거나, 명상 센터에 다니거나, 요가를 하거나, 공통 관심사 활동에 참여하는 것도 학습 과정의 내용과 직접적인 관련이 없더라도 전환학습에 참여하는 개인에게 도움이 될 수 있다. 전환학습을 관점의 깊은 전환으로 본다면 자아 전체가 참여할 수 있으며, 마음챙김과 평화를 촉진하는 활동이나 타인 앞에서 조용히 성찰하는 것도 누군가에게는 가치 있는 일이 될 수 있다.

학습자 집단 내의 지원이 교육자의 특별한 노력 없이 이루어질 수 있는 것처럼, 학습자 네트워크는 자연스럽게 형성될 수 있다. 사실 네트워크에는 전환학습에만 적용되는 특별한 것이 없을 수도 있다. 예를 들어, 수업에서 함께 활동했던 소집단이 프로그램 내에서뿐 아니라 다른 학습 과정으로 넘어간 후에도 연락을 유지하는 일은 흔하다. 그럼에도 불구하고 우리는 이 중요한 지원 과정을 우연에 맡겨서는 안 된다. 학습자 집단 내에서 네트워크 개발을 장려하기 위해서는 몇 가지 전략을 사용할 수 있다.

- 소집단 활동이나 토의를 통해 학습자가 서로를 알아 가고 밀접한 관계를 형성할 수 있도록 하기
- 공통의 관심 분야에서 장기간에 걸쳐 함께 활동하는 프로젝트 집단 또는 팀 구성하기
- 프로그램의 일부로 또는 비공식적으로 집단을 구성하여 학습 파트너십이나 스터디 그룹을 장려하기
- 동료 교수(참가자들이 전문성을 서로 공유하는 것), 직소 활동(개인이나 소집단이 한 화제에 대한 전문성을 습득한 후 다른 사람에게 공유

하는 것), 버즈 그룹(학생들이 소집단으로 모여 특정 질문에 답하는 것) 등을 사용하여 사람들을 하나로 모으기

- 정규 수업에서 시간을 절약하여 집단, 팀, 짝 활동을 위한 시간을 유연하게 조정하기
- 질문을 하고, 관심사를 공유하며, 문제에 직면했을 때 서로가 서로를 참고할 수 있도록 연결성 증진하기

또한 가능하거나 적절할 때마다 학습 집단 외부의 네트워크에 참여하도록 장려하는 것도 중요하다. 나는 학생들에게 관련 전문 학회, 컨퍼런스, 전자 메일링 목록에 대한 정보를 정기적으로 제공하였다. 사람들이 개인적 전환 과정에 참여할 때 지원 집단, 학생 서비스, 상담 서비스 등의 도움을 받을 수 있도록 준비하는 것이 중요하다. 이러한 서비스는 우리가 가르치는 기관을 통해 제공될 수도 있고, 지역사회나 사회 서비스를 통해 제공될 수도 있다. 이러한 정보를 수집하기 위해 몇 차례 전화를 걸어 보는 것도 좋다. 개인적인 지원만으로 부족한 경우에는 각자의 지식, 과정, 상황에 대한 편안함의 정도 등을 바탕으로 적절한 추천을 해 줄 수도 있다. 때로는 여성 단체, 유학생 단체, 종교 단체 등 특별한 관심사를 지닌 집단이 적절한 경우도 있다. 참가자가 특정 주제 분야나 자기 계발에 대한 관심사를 공유하는 사람들과 접촉하도록 하는 것은 보다 쉽고 유용한 길일 수 있다. 나는 학생들이 서로에게 도움이 될 것 같으면, 이전에 함께 활동했던 다른 학생에게 연락해 보라고 (그 학생의 허락을 받아) 권유하기도 한다. 관련 관심사나 전문성을 가진 공동체의 다른 교육자나 개인을 추천해 주는 것도 유용할 수 있다. 전자 메일링 목록, 채팅방, 기타 인터넷으로 연결된 네트워크도 갈수록 발달

하고 있으며, 이는 특히 대면 집단에 접근하기 어려운 사람들에게 유용하다.

교육자는 학습자를 개인 또는 집단으로 외부 네트워크와 연결하는 것 외에도 수업, 워크숍 등의 다양한 방법을 통해 정보를 통합할 수 있다. 직업적 또는 개인적 네트워크에 대한 우리 자신의 참여를 언급하는 것은, 학생들에게 일종의 모델이 된다. 학습자에게 자신의 네트워킹 경험을 집단과 공유하도록 요청하는 것도 유익할 수 있다. 다른 사람들이 관심을 가질 만한 접촉 방식을 보여 줄 수 있기 때문이다. 이러한 논의의 일환으로, 교육자는 네트워크의 중요한 역할, 즉 지원을 제공하는 것에 대해 명시적으로 설명할 수 있다. 네트워크에 접근하는 것을 수업 중 학습 활동의 일부로 포함하기도 하는데, 예를 들어 특정 전자 메일링 목록을 사용하고 그 반응을 집단에 가져오도록 제안한 적이 있다. 학습자가 네트워킹을 통해 얼마나 많은 지원을 받을 수 있는지 깨닫게 되면, 평생의 자원을 얻게 되는 것이다.

개인적 적응 돕기

진정성을 통한 지원에 대한 논의에서 언급했듯이, 교육자는 개인과 상황에 맞게 학습자의 개인적 적응을 언제, 어떻게 도울 것인지 결정해야 한다. 우리 각자에게는 편안하다고 느끼는 영역이 있고, 불편함을 느끼거나 자신의 전문성 범위를 벗어난다고 느끼는 영역도 있다. 교육자들은 학생들에게 취업 기회, 수업이나 프로그램, 논문 주제, 프로젝트 활동, 독서 등에 대해 정기적으로 상담한다. 때로는 이러한 조언이 한 사람의 인생을 바꿀 수도 있다. 그러나 우리는 학생의 사생활로 인식되는 부분에 개입하기를 꺼릴 수도 있다. 우리는 학생들이 일상에서 직면하는 어려움과 전문적인 심리 치료가 필요할 수 있는 어려움을 구별해야 한다. 전환 경험을 통해 삶의 이행을 돕는 것은 합리적이지만, 전문적인 상담이 필요한 곳에 개입하는 것은 위험하고 비윤리적이다.

개인적인 조언을 사용하여 지원을 제공하면, 학생들과의 관계가 더욱 돈독해진다. 이를 통해 배려를 보여 주고 신뢰를 쌓을 수 있으며, 학생들은 개방적이고 배려적인 지원을 바탕으로 더 깊은 비판적 자기 성찰에 참여하게 된다. 도움을 주는 모든 관계에서 그렇듯이, 열린 대화를 통해 자존감과 자신감을 높이고 불안을 완화할 수 있다. 일반적인 지침을 제공하기는 어렵지만, 몇 가지 제안을 해 볼 수 있다.

- 학생들에 대한 공감과 존중을 보이기
- 관계가 발전함에 따라 학생이 의존적인 역할에서 벗어나 협력적인 역할로 나아갈 수 있도록 도와주기
- 주의 깊게 경청하기
- 구조(structure)에 대한 안내를 제공하기
- 학생을 믿고 긍정적으로 기대하기
- 더 큰 시스템이나 공동체에서 학생들을 옹호해 주기
- 나에 대한 정보를 공유하기
- 학습자의 의견과 답변을 거울처럼 비추어 학습자와 교수자에 대한 이해를 높이기
- 의견이나 조언을 제공하지 말고, 대화를 통해 스스로 해결책을 찾도록

장려하기

- 개방형 질문, 탐구적 질문, 성찰적 질문, 추가 정보를 얻기 위한 질문 등 다양한 질문을 하기

학습자의 개인적인 적응을 돕는 것은 비공식적인 대화를 통해 이루어 지는 것이 일반적이다. 함께 차 한 잔 마시거나 테이블에 자연스럽게 앉는 것이, 교실이나 공식적인 환경보다 이러한 종류의 상호작용에 더 도움이 된다. 학습자에 대한 신뢰, 존중, 개방성, 진정성 있는 배려는 전 환 경험 중 어려움을 겪는 사람들을 지원하고 도움을 제공하기 위한 핵 심 요소이다.

행동 지원하기

전환학습에 대한 강의에서는 수정된 마음의 습관을 실천하는 것이 전 환의 필수적 부분인가에 대한 주제가 등장한다. 이에 대해 Mezirow는 분명한 입장을 취했다. 그는 행동(action)은 "전환학습의 필수 불가결한 요소"(1991, 209쪽)이며, 어떤 행동을 취하느냐는 "딜레마의 성격에 따라 달라진다."(1997, 60쪽)고 말했다.

실제로 이 분야의 저자 대부분이 주장하는 것처럼 전환학습이 관점의 깊은 변화를 수반한다면, 이러한 변화를 행동으로 옮기지 않는 것은 어 려울 것 같다. 사람마다 다르기 때문에 모든 사람이 시위에 참여하거나 조직을 변화시키려고 노력하지는 않겠지만, 행동에는 분명 어떤 변화가

있을 것이라고 생각한다. 세상을 다르게 바라보면, 이에 따른 반응도 달라진다. 내부의 인식 행위도 변화를 가져온다. 그 변화는 행동으로 이어지고, 내부 행동은 외부 행동으로 표현된다. 교육자는 전환 경험으로부터 비롯된 행동을 지원하는 역할을 한다.

행동을 지원하는 한 가지 방법은 학생들이 행동 계획을 수립하고 실행하는 방법을 배우도록 돕는 것이다. 학습자가 "나는 이제 조직에서 여성의 역할을 완전히 새로운 방식으로 본다."라고 말하는 것과 이러한 관점을 적대적인 동료와 논의하고, 직장에서 행동을 바꾸고, 공평한 임금을 위한 투쟁에 동참하고, 조직 내 여성 문제를 다루는 위원회를 설립하고, 국가적인 페미니스트 집단에서 역할을 맡는 것은 전혀 다른 차원의 문제이다. 새로운 관점을 바탕으로 행동을 계획하는 방법을 아는 사람이라면, 그러한 단계는 그리 어렵지 않을 수 있다.

교육자는 제한된 시간 동안 학습자와 함께 있으며, 행동은 학습자가 교육 환경을 떠난 후에 이루어지는 경우가 많다. 독립적으로 행동을 계획하는 기술은 언제, 어느 상황에서든 사용될 수 있다. 행동 계획은 아이디어 자체는 인지적이고 합리적일 수 있겠으나, 이러한 행동 계획 전략에 보다 상상적이고 관계적인 측면을 통합해 볼 수도 있다.

- 목표 설정 또는 비전 만들기. 반드시 다른 사람이 관찰 가능한 행동일 필요는 없다. 예를 들어, 이렇게 하기로 결심하기, 일기에 적기, 배우자와 상의하기, 상사에게 이 문제에 대한 메모 작성하기, 동료들과 비전 공유하기 등을 떠올릴 수 있다.
- 내일을 생각하고 내년을 생각하기. 단기적으로는 다른 사람과 새로운 아이디어에 대해 논의하는 것을 목표로 세울 수 있지만, 그 의미를 장

243

기적으로 고려해 보는 것도 중요하다. 학습자는 내년 또는 5년 후에 변화된 관점을 바탕으로 어떤 일을 할 수 있을까?

- **경계와 자원을 고려하기.** 목표를 향해 노력할 수 있는 기간을 염두에 두고, 영향을 받게 될 사람들을 고려하는 것이 중요할 수 있다. 세상은 내일 당장 바뀔 수 없으며, 극적인 변화가 일어난다고 해서 모든 사람이 열렬히 지지하지는 않을 것이다. 다른 고려 사항으로 필요한 자원, 재정 문제, 전문성에 대한 요구, 현실적 제약 등이 있을 수 있다.

- **대안, 선택지, 결과를 상상하기.** 비판적 사고를 개발하는 데 있어 대안을 상상하는 것은 중요한 부분이며, 이는 행동을 지원하는 데에도 중요한 역할을 한다. 우리는 학습자가 대안, 선택지, 변화의 결과 등에 대해 상상하고 생각하도록 도와야 한다.

- **실행을 고려하기.** 목표를 세우는 것만으로는 충분하지 않으며, 삶의 변화를 행동으로 옮기기 위해 구체적으로 무엇을 해야 할지 생각해야 한다. 교육자는 아이디어를 논의하고 제안을 제공함으로써 학습자를 도울 수 있다.

- **다른 사람의 생각을 고려하기.** 사람들의 삶에서 전환적인 변화는 다른 사람들에게 영향을 미친다. 직장에서 이런 일이 발생하면, 학습자가 눈에 띄는 변화에 대해 다른 사람에게 피드백을 요청하도록 장려하는 것이 도움이 될 수 있다. 이는 구조화된 방식 또는 비공식적인 방식으로 이루어질 수 있다.

갈등과 윤리적 문제

영화 〈모나리자 스마일〉(Johanson & Newell, 2003)에서 교육자인 Katherine

은 학생들에게 1950년대의 사회적 규범을 뛰어넘어 삶을 살아가도록 도전한다. 그녀의 학생인 Joan이 로스쿨에 진학하지 않고 다른 일을 하겠다고 하자, Katherine은 반대했고, Joan은 자신에게 어떻게 살아야 할지 말할 수 있는 Katherine의 권리에 이의를 제기한다. 또 다른 대화에서 윤리적 함의를 지닌 가치의 충돌이 분명하게 드러난다.

> Betty(학생): 선생님께서 전복적이라고 해서 우리의 전통을 무시하지 마세요.
> Katherine(교사): 결혼했다고 해서 이 수업을 무시하지 마세요.
> Betty: 선생님께서 결혼하지 않았다고 해서 저를 무시하지 마세요.

교육자로서 우리는 배움은 좋은 것이며, 더 많이 배울수록 좋다고 믿는다. 또한 교육을 통해 개인과 집단이 발전할 수 있다고 믿는다. 이러한 관점에는 강력한 가정이 깔려 있다. 교육 수준이 낮은 사람은 열등하고 발전할 수 없다는 뜻일까? 우리의 관점을 공유하지 않는 사람들에게 교육의 중요성과 관련된 우리의 가치를 강요할 수 있거나, 강요해야 한다는 것을 의미할까? 좋은 교육 없이 행복하고 평화로운 삶은 불가능할까?

사회적, 개인적 차원 모두에서 전환학습은 이러한 윤리적 질문들로 가득 차 있다. 사람들이 자신의 억압을 인식하고 상황을 바꾸기 위해 행동하는 것은 그들의 삶뿐 아니라 억압이 존재하도록 허용하는 사회 구조에도 변화를 일으킨다. 이는 정치적, 경제적 과정으로서, 경우에 따라서는 폭력을 야기하거나 특정 집단에 대한 불이익을 초래할 수 있다. Nesbit(2004)은 Freire의 정신에 따라 "교육과 가르침은 근본적으로 정치적"(17쪽)이며, 가르침에서 사회 계층의 가치를 발전시키려는 시도는 상당히 정치적이라는 점을 상기시켰다.

개인 수준에서 임파워먼트를 위한 가르침의 결과는 그다지 심오하지 않다. Mezirow(1991)는 "교육자의 목표는 학습자가 자유롭게 배우고, 이용 가능한 최상의 정보를 바탕으로 행동할지 여부와 행동한다면 언제, 어떻게 할지를 결정하는 것뿐이어야 한다."고 썼다(203쪽). 그는 이어서 "가치에 대한 질문을 피하는 것은 현 상태의 검토되지 않은 가치를 영속시키는 것을 선택하는 것"(203쪽)이라고 말했다. 이는 Brookfield (예: 2005)가 표현했던 감상이자, Nesbit(2004)이 교육 시스템은 자본주의 생산에 필요한 사회적 관계를 재생산한다고 주장할 때 암시했던 것이다. 그러나 이러한 관점의 기저에 깔려 있는 가정은, 우리의 가치와 가정, 그리고 우리가 주변 세계에서 보는 것에 대해 끊임없이 비판적으로 질문하는 것이 궁극적인 교육적 성취라는 것이다. 나 역시 이 점을 믿지만, 약간 미묘한 차이가 있다. 억압받는 사람들에게 힘을 실어 주고 사회 구조에 내재된 불평등과 불의를 해결한다는 교육 목표에 반대하는 것은 사실상 불가능하지만, 그렇게 하는 것과 관련된 윤리적 문제를 상기시키는 것은 비판적 사고의 우상화이다. 믿음, 확신, 신뢰 등과 같은 개념의 평가절하가 우려되는 것일 수도 있다. 실천가의 입장에서 우리는 스스로에게 부지런히 질문해야 한다. "나는 당신이 믿는 것에 대해 의문을 제기할 권리가 있는가? 그것은 언제 책임이 되고, 언제 강요가 되는가? 그것은 언제 힘을 실어 주는 것이고, 언제 파괴적인 것이 되는가? 어느 시점에서 나는 학습자가 나처럼 하기를 바라는 마음과 갈망을 내버려두어야 하는가?"

교육자와 학습자 사이에 존재하는 힘의 관계는 감수성의 필요성을 강조한다. 학생은 동료의 영향을 받지 않고 교육자의 가치에 영향을 받을 수 있다. 대부분의 교육자는 도덕적이고 선한 사람들이기 때문에 이러한 영향은 일반적으로 긍정적이다. 하지만 그럼에도 불구하고 교육자와 학생 사이의 문화적, 성별, 사회적 차이로 인해 포착되기 어려운 윤리적 딜레마와 갈등이 발생할 수 있다. Smith(2004)가 지적했듯이, 지배적 집단의 구성원은 종종 자신의 특권을 의식하지 못하고 자신의 힘과 편견을 인식하지 못한다. 주변성은 개인 및 제도적 태도에 내재되어 있다. 흑인이라는 이유로 직장에서 웨이터로 오해받은 Smith의 사례는 이를 잘 보여 준다. 나는 최근에 학습에 대한 감성을 포함하고 있다는 이유로 글의 필자가 여성이라고 추측한 적도 있다. 우리가 살고 있는 문화를 고려할 때, 이러한 고정관념에서 자유로울 수 있는 사람은 아무도 없다.

교육자는 자신의 가치를 명시적으로 밝힐 때 항상 대안을 포함하고, 자신의 가치에 의문을 제기하는 모범(모델)을 보여야 한다. 또한 학습자의 가치를 존중하면서도 이들의 문제 제기를 장려해야 한다. 가장 중요한 것은, 교육자가 학습자에게 미치는 영향을 검토하고 그 영향력의 본질에 대해 질문하면서 자신의 실천을 지속적으로 성찰해야 한다는 것이다. 그렇지 않으면 지원을 제공하는 데 실패하거나 비윤리적일 수 있다.

비판적인 자기 성찰을 통해 학생이 교육자가 정치적, 문화적, 도덕적으로 동의하지 않는 선택을 하는 경우도 있을 수 있다. 교육자를 포함하여 모든 사람의 해석에 의문을 제기하는 것은 문제가 되지 않는다. 그러나 교육자가 받아들일 수 없는 방식의 행동을 하거나 잠재적으로 해를 끼치는 선택을 하는 경우에는, 교육자가 개입하고 그러한 행동을 하지 않게 해야 한다. 물론 이러한 어려운 상황이 거의 발생하지는 않는다. 대부분의 상황에서 학습자의 입장은 교육자에게 열린 마음으로 수용될 수 있고 협력이 가능하다. 전환학습을 도모하는 학습자를 지원하기 위해서는, 책임감 있고 전문적이며 개방적인 방식으로 갈등을 관리하고 윤리적 문제를 해결하는 것이 중요하다.

개인차

전환학습을 지원하기 위해서는 스타일, 심리적 선호, 가치, 문화, 인종, 성별 등에 따른 개인차를 잘 이해해야 한다. Brookfield(2005)는 비판 이론에 관한 자신의 책에서 이러한 내용에 대하여 두 개의 장을 할애하였다. 하나는 인종적 비판성에 대한 것이고, 다른 하나는 젠더 비판성에 대한 것이었다. 우리는 개인의 전환을 지원하기 위해 그가 선호하는 스타일과 그가 속한 사회적 맥락을 의식할 수 있어야 한다. 인종, 민족, 성별 등은 개인적, 사회적 존재의 일부로서, 세계에 있는 경험을 구성하고 개인의 세계관을 형성한다.

교육자는 세상을 자신의 눈으로만 볼 수 있다. 전환을 지원할 때에는 학습자와의 관계와 신뢰, 존중, 개방성 등에 의존해야 한다. 다음은 한 학생과의 대화 일지를 바탕으로 하고, 여기에 여러 경험을 종합한 사례이다.

중국 출신인 Chen은 몇 년째 북미에 거주하고 있다. 그의 심리 유형 선호는 외향적 감각형이지만, 뚜렷한 부차적 선호는 없다. Chen은 수업

248

의 문화적 편견에 의문을 제기하고, 자신의 고향 문화가 감각은 배제하고 사고를 중시한다고 말했다. 이러한 점은 그의 반응의 여러 부분에 영향을 미쳤다. 교육자는 학생과 비슷한 또래의 캐나다 백인 여성이었다. 그녀는 중국 문화에 대한 지식이 많지 않다. 그녀의 심리 유형은 내향적 사고형과 내향적 직관형이다. 이 둘은 성인교육 분야의 정규 대학원 과정에서 만났으며, 논문을 위해 지원을 주고받아야 하는 관계이다.

Chen은 교육자로부터 최대한 많은 정보를 가져가고 싶어했고, 교육자가 그 기대를 충족하지 못할 경우 일지에 불만을 표시하였다. 또한 일지 쓰기의 가치에 의문을 품고, 매우 짧은 글을 썼으며, 무엇을 써야 할지 모르겠다고 말했다. 교육자는 일지 쓰기의 가치에 대한 믿음을 일관되게 표현했고, 학습은 사실의 축적 그 이상이라고 논평하였다. 학생과 교사는 모두 괴로워했다. 일지에는 적대감이 드러났고, 이러한 적대감을 감추기 위해 유머가 사용되었다.

당시에는 정기적으로 모이는 학습자 집단이 없었으며, 교육자는 의사소통 문제를 스스로 해결하려 노력하고 그에 대한 모든 책임을 스스로 지고 있었다. 마침내 전환점이 생겼다. 교육자는 "Ric과 이 문제에 대해 논의하면 좋겠습니다. 그는 이 화제에 대한 정보를 가지고 있을 것입니다."라고 적었다. 다음 일지는 그 길이가 길어졌을 뿐 아니라, 놀랍게도 Chen은 (교육자가 그동안 소통하여 오던 방식 그대로임에도 불구하고) 정보 습득에 덜 집착하고 있었다. Chen은 Ric과의 논의에 대해 보고하였다. 그는 "저에게는 선생님이 항상 모든 정보의 원천이었습니다."라며, "Ric 또한 선생님께 모든 정보를 기댔고, 이로 인해 고민이 컸다고 합니다."라고 적었다. 뒤에 Chen은 "선생님께서 저를 선생님처럼 바꾸려고 한 것은 부도덕한 일이라고 생각합니다."라고 적었다. 교육자는 문제 제기를 장려하려고 했을 뿐이며, 자신도 누군가를 바꾸려고 시도하는 것은 잘못된 일이라고 생각한다고 답변하였다. Chen은 교육자의 말을 액면 그대로 받아들이고, "제 생각에 동의해 주셔서 정말 기쁘네요. 그런데 제가 제시한 정보에 대해 왜 질문을 하시나요?"라고 답했다. 문제는 해결되지 않았다.

Chen은 전환학습을 위한 행동으로 이어져야 했지만, 그의 성격 유형에서는 학습의 실천적 함의나 앞으로 무엇을 해야 하는지 질문하는 것을 선호하지 않았다. 결국 그는 자신의 경험이 제2언어로서 영어를 가르치는 목표와 어떻게 연관될 수 있을지 알아보기 시작하고, 그것으로 논문을 썼다.

교육자는 심리 유형 이론에 대해 잘 이해하고 있었지만 Chen의 문화에 대한 이해가 부족하였으며, 이로 인해 Chen의 발전을 지원하는 데 어려움을 겪었다. Chen이 다른 학생에게 지원을 요청하도록 한 것이 이야기의 전환점이 된 것 같다. 교육자가 정말로 이해할 수 없는 학습자를 도와야 할 때는, 다른 사람들을 참여시켜 지원하는 것이 중요하다.

요약

보다 개방적이고 정당한 마음의 습관을 개발하는 과정인 전환학습은 사람들을 제약으로부터 벗어나게 하고 자유로워지게 하는 경험이다. 그러나 그 여정에는 슬픔, 고통, 갈등의 시간이 있을 수 있으며, 기존의 삶의 방식에 대한 상실감도 있을 수 있다. 교육자는 이 여정을 시작하는 사람들이 도움을 받을 수 있도록 지원을 할 책임이 있다. 지원은 타인과의 관계, 특히 진정성 있고 개방적이며 진심을 다해 배려하는 사람들과의 관계를 통해 이루어진다. 진정성 있는 교사가 되는 것은 그 자체로 교육자에게 중요한 발전 및 전환의 과정이며, 이를 명시적으로 표현하는 것은 신뢰와 지원을 구축하는 데 도움이 된다. 각 교육자는 학습자와의 관계를 형성하는 자신만의 최선의 방법을 찾아야 한다.

학습자는 유사한 경험을 하는 다른 사람들과 동일시하고, 동료에게 도움을 요청하기도 한다. 모든 사람에게 모든 것을 제공하는 것이 교육자의 몫은 아니다. 훌륭하고 온화하며 도움이 되는 집단을 형성하는 것이 전환학습을 지원하는 데 있어 매우 중요할 수 있다.

집단 내에서 형성된 네트워크와 학습 집단 외부로 확장된 네트워크는 전환 과정에 있는 사람들을 위한 또 다른 지원의 원천이다. 학습자 네트워크는 공유된 개인적, 직업적 관심사를 바탕으로 하며, 스터디 그룹, 전자 메일링 목록, 전문가 미팅 등의 형식을 취할 수 있다.

전환 경험은 개인의 삶에 많은 변화를 가져오며, 그중 일부는 어렵고, 개인적이며, 존재의 구조에 통합하기 어려울 수 있다. 학생들은 일이 잘 풀리지 않을 때 자신을 이 길로 인도한 교육자에게 도움을 요청할 수 있다. 개인적 조언은 모든 학습자가 편안하게 할 수 있는 것이 아니다. 이는 학생들과의 관계 속에서 적절하다고 생각하는 경계 내에서 이루어져야 하고, 필요하다면 다른 종류의 도움을 다른 사람에게 요청할 수도 있어야 한다. 이 장에서는 사람들의 개인적인 적응을 돕기 위한 몇 가지 일반적인 지침에 대해 논의하였다.

전환학습의 지원과 관련된 또 다른 부분은, 사람들이 수정된 마음의 습관에 따라 행동하도록 돕는 것이다. 학습한 바를 바탕으로 이를 행동으로 옮길 단계에 이르렀을 때, 학생들이 이미 우리 곁을 떠난 경우도 있다. 우리는 그들이 행동 계획을 세워 그 단계를 준비할 수 있도록 도울 수 있다. 이는 학습자가 평생 동안 유용하게 사용할 기술이다.

　　전환학습의 본질 중 한 가지는, 윤리적 문제가 야기된다는 것이다. 전환은 가족, 공동체, 문화 등 개인의 삶에 갈등을 초래할 수 있다. 제약이나 억압적인 상태에서 벗어나는 것은 기존에 억압을 초래한 원인에 대한 의문을 제기하며, 이는 개인의 가족에서부터 복잡한 사회 및 힘의 구조에 이르기까지 무엇이든 될 수 있다. 교육자들은 잠재적 갈등과 관련된 윤리적 문제들을 의식해야 한다.

　　마지막으로, 사람들의 스타일, 가치, 선호 및 그들이 어떻게 형성되는지에 영향을 미치는 사회적 맥락도 다양하다. 지원은 총체적인 한 사람 전체와의 관계를 기반으로 한다. 그 과정에서 개인 및 그 개인을 형성한 맥락을 인식하고 민감하게 반응하는 것이 필수적이다.

제 **10** 장

교육자의
전환 과정

원래의 자신이 되기까지는 참으로 오랜 시간이 걸릴 수 있다!
그 과정에서 우리는 자신의 얼굴이 아닌
다른 얼굴로 자신을 가리는 경우가 얼마나 많은가.
우리의 정체성, 진정한 소명의 씨앗인 인간 안의
참된 자아를 발견하기까지
우리는 얼마나 많은 자아(ego)의 해체와 흔들림을 견뎌야 하는가.

　전환학습을 촉진하고 장려하는 교육자는 전환학습에 대한 개인적, 직업적 경험을 이해함으로써 도움을 받을 수 있다. 그 과정을 내부자의 시선에서 바라볼 때 다른 사람을 지원할 수 있는 가능성이 훨씬 높아지며, "나도 같은 경험을 했으니 무슨 말인지 알겠다."라고 의미 있게 말할 수 있게 된다.

　전환학습에 대한 학습자 경험에 대한 연구와 비교하여, 교육자의 경험에 대한 연구는 훨씬 적다. Cranton과 Carusetta(2004b)는 대학 구성원이 진정성 있는 교사가 되고 전환 과정을 거치는 방법에 대한 종단 연구를 통해 교수자가 자아, 타인, 관계, 맥락, 성찰에 대한 구체적인 이해에서 다면적이고 통합적인 관점으로 어떻게 옮겨 가는지 설명하였다. J. Moore(2005)는 고등교육에서의 전환학습의 역할에 대한 분석에서 제도적 규범과 장벽을 벗어나려는 시도에 대해 설명하면서 "일련의 의식적, 무의식적 수준에서 동시에 전환을 경험하고 있다."라고 적었다(89쪽).

　Coke, Benson, Hayes(2015)는 개인이 대학원생에서 정규직 교수로 이동함에 따른 전환학습 과정을 설명하였다. 전환학습 이론에 대한

Mezirow의 관점이 이 연구의 틀이 되었다. 저자들은 교수들이 "새로운 공간을 스스로 만들고, 새로운 지식에 따라 자신의 역할을 재규정하는 방법을 배웠다."라고 해석하였다(110쪽). 특히 멘토링 프레임워크 개발의 중요성이 강조되었다.

전환학습 이론을 사용하여 가르침에 대한 학습을 이해하면, "교육자가 되는 것"과 관련된 마음의 습관을 확장하기 위해 우리는 다음과 같은 것들을 경험할 수 있음을 발견할 수 있다. 의식 고양 활동을 통해 자기 인식을 높이는 것, 자신의 실천에 대한 신념과 가정을 명시화하는 것, 그러한 가정에 대해 비판적으로 성찰하거나 대안을 직관적으로 상상하는 것, 다른 사람과의 대화에 참여하는 것, 정보에 입각하여 실천이론(실천에 대한 보다 정당화된 관점)을 개발하는 것 등이 이에 해당한다. 개인의 발달에서 새로운 성장을 이루면, 우리는 자연스럽게 자기 인식을 높여 직업적 발전을 도모할 수 있다.

가르침에 대한 기술적 지식의 습득도 간과할 수 없지만, 사회언어학적, 심리학적, 도덕적, 심미적, 철학적 기반 등으로부터 영향을 받기도 한다. 기술이 교육자의 실천에 대한 관점을 주도해서는 안 되며, 오히려 실천에 대한 관점이 필요한 기술적 지식을 결정해야 한다. 나는 온라인 교수·학습의 흥미진진한 세계에 뛰어들면서 내가 원하는 학습 공동체를 만들기 위해 알아야 할 것이 무엇인지 깨닫고, 필요한 기술적 능력을 수집하였다.

이 장에서는 전환학습 이론에 따라 의미 있는 발달 여정에 참여할 수 있는 방법에 대해 이야기한다. 각 교육자가 자신의 길을 찾기 위해 고려하고, 시도하며, 거부하고, 정교화할 수 있는 제안을 마련하는 것이

나의 의도이다. 학생들 사이의 전환학습을 촉진하기 위해서는 과정을 직접 경험해 보도록 하고 시범을 보이는 것이 중요하다. 직업적 발전보다 더 중요한 자리가 있을까?

교육자로서의 자아 인식

우리는 대부분 교육자로서 자신이 누구인지에 대해 멈추어 생각하지 않는다. 우리는 내일의 수업을 계획하고, 학생에게 피드백을 제공하고, 개인 및 직업 생활에서 맡은 책임을 다하는 등 끊임없이 일을 하고 있다. 실천에 대한 결정을 할 때에는 이전에 효과가 있었거나, 타인이 하는 것을 보거나 들은 것을 바탕으로 하는 경우가 많다. 제6장과 제9장에서는 학생들과의 소통과 관계가 진정성을 바탕으로 하며, 자아를 가르침의 실천으로 가져올 것을 제안하였다. 이는 자아 인식이 훌륭한 가르침을 위한 중요한 구성 요소임을 의미한다. 자기 인식은 가르침에 대한 전환학습의 토대가 된다.

수업 일지 작성, 가르침에 대해 논의하는 동료 모임 구성, 성찰적 가르침에 대한 워크숍 참여, 가르침에 대해 영감을 주는 책 읽기, 가르침의 관점에 대한 도구 개발 등은 모두 교사로서의 자기 인식 개발에 도움이 되는 방법들이다(Pratt & Collins, 2014). 여기에서는 심리학적, 사회언어학적, 인식론적(가르침에 대한 지식)이라는 세 가지 영역에서 자기 인식에 대한 질문들을 제안하고자 한다.

제2장에서 논의한 바와 같이, 심리학적 관점은 사람들이 자신을 보는

방식, 즉 자아 개념, 필요, 억제, 불안, 두려움 등과 관련이 있다. 자기 자신에게 물어볼 수 있는 질문으로는 다음과 같은 것들이 있다.

- 교육자로서 나 자신을 설명할 수 있는 10가지 단어는 무엇인가?
- 나의 가르침에 영향을 미친 개인적인 삶의 가치는 무엇인가?
- 교육자로서 나의 자신감이나 자아 개념을 어떻게 설명할 수 있을까?
- 교육자로서 나의 자아 개념은 가르침 밖에서 나 자신을 생각하는 방식과 어떻게 비슷하거나 다른가?
- 나의 실천을 개인적으로 통제할 수 있다고 생각하는가?
- 교육자로서 좋은 점과 싫은 점은 무엇인가?
- 교육자로서 어떤 개인적 필요를 충족하고 있는가?
- 나의 성격은 교육자로서의 역할에 적합한가?
- 나의 일과 관련하여 어떤 방해나 두려움이 있는가?

사회언어학적 마음의 습관은 사회 규범, 문화적 기대, 언어 사용 방식에 기반한다. 교육자로서 우리 자신을 보는 방식은 교육자가 된다는 것이 무엇을 의미하는지에 대한 사회적 구성에서 비롯되는 경우가 많다. 다음과 같은 질문들을 고려하여 접근해 볼 수 있다.

- 나의 공동체에서는 교육자를 어떻게 바라보는가?
- 미디어는 교육자를 어떻게 묘사하는가?
- 교육자가 되기로 한 나의 결정은 가족, 공동체, 문화의 영향을 받았는가?
- 교육자는 본연의 실천 외에 어떤 사회적 역할을 해야 하는가?
- 사회는 교육자의 역할을 어떻게 규정하고 결정하는가? 영화나 텔레비

전에서의 표상은 이 과정에 어떤 영향을 미치는가?

- 교육자의 일은 어떻게 표현되는가?
- 내가 교육자라는 사실을 알면 사람들은 나를 다르게 대하는가? 어떻게 다른가?
- 학생들은 교육자가 어떤 사람이어야 한다고 생각하는가?
- 나의 조직이나 기관이 교육자에게 기대하는 바는 무엇인가?

인식론적인 마음의 습관은 지식과 우리가 지식을 습득하고 사용하는 방식과 관련된 습관이다. 우리가 가르침에 대해 아는 것과 이에 대해 배우는 방식은 교사로서 우리 자신을 어떻게 보는지에 의해 결정된다. 다음 질문들을 떠올려 볼 수 있다.

- 가르침에 대한 지식을 어디서 어떻게 얻었는가?
- 나의 학습 스타일과 교수(가르침) 스타일은 어떻게 설명할 수 있는가?
- 교사가 알아야 할 가장 중요한 것은 무엇인가?
- 나의 실천 철학은 무엇인가?
- 교육자가 되는 것에 대해 얼마나 알고 있는가?
- 가르침에 대해 무엇을 배우고 싶은가?
- 나는 좋은 교사인가?
- 다른 사람들(학생, 동료, 친구)은 나의 가르침에 대해 어떻게 말하는가?
- 나는 항상 교사가 되고 싶은가?
- 가르치는 일에서 가장 흥미로운 점은 무엇인가?

실천에 대한 우리의 관점을 설명하고 질문하는 것은 자기 인식을 높이는 데 도움이 되며, 교육자로서의 가정과 신념을 포괄적으로 고려할 수 있는 토대를 마련한다.

Palmer(2004)는 자기 인식을 높이는 길은 "앞으로, 위로"가 아니라 "위아래로, 뒤로, 주위로" 나아가는 것임을 상기시켰다(90쪽). 그는 자전적인 세부 사항을 공개적으로 이야기하는 것은 고통스러울 수 있기 때문에 시, 이야기, 음악, 미술 등 "화제에 간접적으로 접근할 수 있는 모든 은유적 구현"을 통해 탐구할 수 있다고 제안하였다(90쪽). 또한 질문을 하는 사람의 견해를 대변하기보다, 서로에게 솔직하고 열린 질문, 즉 "영혼이 말하도록" 이끄는 질문을 할 것을 강조하였다.

가정 드러내기

최근 한 동료가 나의 가르침에 대해 어떤 비유를 할 것인지 물어보았다. 그 질문은 나를 잠시 당황하게 만들었다. 학생들에게 자주 하는 질문이지만, 내 자신의 실천과 관련하여 생각해 본 적이 없었기 때문이다. 나는 내가 가장 좋아하는 사진, 즉 다양한 크기의 색색의 바위 위로 맑은 물이 흐르는 사진에 대해 묘사하고, 이 비유가 어떤 가정을 드러낼 수 있을지 생각해 보았다. 나는 나의 실천이 맑고 투명하며 유동적이기를 원한다. 나의 활동은 학습 환경을 통과하고, 둘러싸며, 그 위아래로 진행될 수 있다. 각각의 바위(참가자)는 색깔, 모양, 크기가 다르다. 물은 색을 돋보이게 하고, 바위들 사이의 차이를 강조한다. 우리의 가정은 깊이 내재되어 있다. 그것은 초기 경험, 공동체와 문화, 세계에 대해 우리가 알고 있는 것에서 비롯된다. 명확하게 표현되지 않거나 무비판적

260

으로 동화된 가정을 우리 자신의 관점과 분리하는 것은 쉽지 않다. 이는 우리가 전환 경험을 촉진하고자 하는 사람에게뿐 아니라, 교육자로서 우리 자신도 마찬가지이다.

때때로 우리는 우리의 가정을 볼 수 있도록 거울을 들어 줄 다른 사람이 필요하다. 또는 우리가 세운 가정을 확인하는 데 도움이 되는 특이한 사건이나 다른 맥락을 접해야 한다. 우리는 때때로 학생들에게 지극히 개인적인 영역에서 다양한 것들에 대한 숨겨진 가정을 찾도록 요구한다. 비록 우리가 학생들과 그 과정을 공유하지 않더라도, 우리도 똑같이 할 수 있어야 한다.

나는 강의에서 교육자가 자신의 전환 과정을 설명하는 데 도움이 되는 몇 가지 전략을 사용한다. 참가자들에게 그들의 전환학습 경험에 대한 이야기를 들려 달라고 요청하는 것으로 강의를 시작한다. 이때는 이야기를 분석하지 않고, 이론을 다룰 때까지 그저 듣기만 한다. 우리는 강의 후반부에 이야기로 다시 돌아와서, 자신의 이야기에 대한 시를 쓰거나, 콜라주를 만들거나, 그림을 그리고, 짧은 (허구의) 이야기를 쓰고, 좋아하는 음악의 재생 목록을 준비하는 등의 예술 기반 전략을 활용한다. 이러한 활동은 모두 가능한 선택지의 예이며, 참가자는 다른 방법을 통해 자신의 이야기를 표현할 수도 있다. Greene(1995)은 우리가 사는 세계가 아닌 다른 세계의 현실을 상상하는 데 도움이 되는 도구로서 예술을 사용하는 것을 강하게 옹호하였다. Palmer(2004)는 "제3의 대상"(시, 이야기)이 우리의 필요를 이야기에 투사함으로써 내면의 문제를 탐구하는 수단이 될 수 있다고 보았다. 영화, 예술 작품, 소설, 시, 사진 등을 사용하여 가르침에 대한 신념에 대해 논의해 보도록 자극할 수 있

261

다. 다음과 같은 질문을 해 보자. 영화와 소설에서 교사는 어떻게 묘사되는가? 어떤 시가 상징을 통해 가르침을 보여 주는가? 훌륭한 가르침의 특성을 그림으로 표현한다면 무엇을 그리겠는가?

비판적으로 질문하고 상상하기

제2장에서 설명한 내용, 과정, 전제 성찰은 교육자가 자신의 실천에 대한 가정과 신념에 의문을 제기하는 데 흥미로운 프레임워크를 제공한다. 수업 일지를 작성하고 가르침에 대해 동료와 토의하는 것은 성찰의 기초를 형성할 수 있다. 나는 신뢰할 수 있는 동료에게 종종 수업 일지를 보내곤 하는데, 그는 내가 쓴 내용에 대한 논평과 지원, 훌륭하고 비판적인 질문으로 화답하곤 한다. 나는 내가 겪고 있는 문제에 대한 학생들의 반응과 통찰력을 얻기 위해 내 수업 일지의 일부를 발췌하여 학생들과 공유하기도 한다. 또한 서면 및 개방적 토의를 통해 강의에 대한 의견을 정기적으로 묻기도 한다. 이러한 자료는 내가 중요한 질문들을 고려하는 데 도움이 된다.

- 수업, 세션, 워크숍에서 내가 무엇을 했는가? (내용 성찰)
- 나는 어떻게 그런 일을 하게 되었는가? (과정 성찰)
- 이것이 나에게 중요한 이유는 무엇인가? (전제 성찰)

실천을 통한 실험은 대안에 대해 질문을 던지고, 성찰하며, 상상하기 위한 좋은 방법이다. 이는 새로운 방법을 시도하고 그 결과를 관찰하여 추측하는 것처럼 간단할 수도 있고, 구체적인 질문에 대해 체계적으로 탐구하기 위한 실행 연구 프로젝트를 설계하는 것처럼 복잡할 수도 있다.

Kegan(2000)은 Ibsen의 『인형의 집(A Doll's House)』의 약물 투여 장면에서 Nora의 연설을 인용하여, 자신이 무비판적으로 동화된 가정에 동일시하는 것을 거부하는 과정을 아름답게 설명하였다. Kegan이 제안하였듯이, 비판적으로 질문하고 상상하는 것은 단순히 새로운 아이디어를 떠올리는 것이 아니라 "아이디어가 어디에서 왔는지, 누가 이를 승인하고 사실로 만들었는지 등과 같은, 아이디어에 대한 새로운 생각들"에 도달하는 것이다(57쪽).

직업교육 컨설턴트나 인사 담당자와의 상담은 활동에 대한 다른 관점을 제공하고 비판적 성찰을 장려할 수 있다. 상담은 지속적인 토의, 관찰, 세션 촬영, 워크숍, 독서 등 여러 가지 형식으로 이루어질 수 있다. 워크숍이 "어떻게 할 수 있을까요(how-to-do-it)?"와 같은 세션으로 기획되었다 하더라도, 그러한 사고방식으로 접근하면 우리의 실천에 대한 대안적 접근이 가능하다.

다음에서 볼 수 있는, 다른 각도에서 가르침에 대해 생각하거나, 다른 방식으로 가르치는 것을 상상하도록 장려하는 활동들은 도움이 된다.

- 자신과 다른 관점에서 책 읽기
- 자신과 다른 스타일의 동료 관찰하기
- 동료와 수업 일지 교환하기

- 가르침에 대한 연구 읽기
- "비판적인 친구"와 함께 실천에 대해 상호 질문하기
- 우리의 실천 방식에 해당하는 그림과 그렇지 않은 방식에 해당하는 그림 그리기
- 교수·학습에 관한 소설 읽기
- 예술과 문학이 교수·학습에 관해 말해 주는 바에 대해 생각하기

Palmer(2004)는 타인과의 "신뢰의 고리"에서 "제3의 대상을 사용하여 '비스듬히' 영혼의 진실에 접근하는 것"에 대해 썼다(114쪽). 소설과 그림은 타인과의 개방적이고 솔직하며 신뢰성 있는 대화를 통해 우리 자신을 보다 명확하게 볼 수 있게 해 주는 "제3의 대상"이다.

타인을 대화에 참여시키기

대화는 "자기 인식하기, 가정을 명확하게 표현하기, 비판적으로 성찰하기"에 관한 이전 세션들에서 이미 등장했지만, 보다 정교하게 설명할 만큼 중요한 소재이다. 특히 고등교육과 같은 공식적인 환경의 교육자들은 그들의 가르침에 대해 동료들과 논의하지 않는 경향이 있다. 성인교육자들은 타인과 고립되어 일하는 경우가 많으며, 일의 대부분은 시간제, 야간으로 운영되거나 조직의 주변부에서 이루어진다. Wiessner와 Mezirow(2000)는 전환학습 이론의 공통점을 찾는 통합 장에서 "말하기"를 주제 중 하나로 설명하였다. "전환학습을 위한 공간이 만들어진 후에는, 그 공간에서 듣고 말하는 방식이 중요하다."는 것이다(336쪽).

그것이 Belenky와 Stanton(2000)의 원형 대화(full-circle conversation)든, Kegan(2000)의 "내적 갈등 담론"과 "발달적 담론"이든, Palmer(2004)의 "신뢰의 원(circle of trust)"이든, Mezirow(2000)의 담론에서의 공감적 경청에 대한 설명이든, 대화는 모두 중요한 역할을 한다. Wiessner와 Mezirow는 또한 질문과 내러티브의 사용을 전환학습에 대한 다양한 접근 방식에서 공통적으로 나타나는 관심사로 꼽았다. 우리는 학습자와 활동할 때 대화의 가치에 대해 알고 있으며, 우리 자신의 발전을 촉진하는 수단으로서 가르침에 대한 대화의 필요성을 인식해야 한다.

가르침에 대한 전환학습을 목표로 다른 사람들과의 대화에 참여하고자 할 때에는, 다음 활동이 유용할 수 있다.

- 참가자의 실천 또는 실천과 관련된 특정 주제에 대해 토의하기 위한 정기적 토의 모임을 시작하기
- 성인교육에서의 가르침에 관한 책을 읽고 질문하는 토의 모임 만들기
- 비판적인 친구 집단을 만들어, 가르침에 대한 자신의 준거 틀에 도전하도록 돕기
- 가르침과 관련된 하나 이상의 전자 메일링 목록에 가입하기(예: 직업 및 조직 개발 네트워크, 고등교육 교수·학습 학회, 성인교육 교수 위원회)
- 성인교육 연구 컨퍼런스, 국제 전환학습 컨퍼런스, 캐나다 성인교육 연구회 컨퍼런스 등에 참가하기

전환은 내부에서 이루어져야 한다. 타인의 조언을 따르도록 강요당하는 느낌은 단기적으로 변화를 가져올 수 있지만, 깊고 지속적인 관점의

변화로 이어지지는 않는다. Palmer(2004)는 "신뢰의 원"을 촉진할 때 "교정하지도, 구원하지도, 조언하지도, 서로를 바로 세우지도 않는다." 라는 간단한 규칙을 세웠다(115쪽). 그는 서로에게 조언하는 우리의 습관에 어두운 면이 있다고 말하며 다음과 같이 제안하였다.

> 내 조언을 받아들이면 문제는 반드시 해결될 수 있을 것이다. 나의 조건을 받아들였음에도 문제를 해결하지 못했다면 충분히 노력하지 않은 것이다. 내 조언을 받아들이지 않는다면 그걸로 나는 나의 최선을 다한 것이다. 나에게는 책임이 없다. 결과가 어떻게 나오든, 나는 더 이상 당신이나 우리의 귀찮은 문제에 대해 걱정할 필요가 없다(117쪽).

타인을 대화에 참여시키는 우리의 목표는 교정하거나 구원하는 것이 아니라, 보고 듣는 것이어야 한다. Palmer는 자신이 제공할 수 있는 최고의 서비스는, 타인이 내면의 스승에게 귀 기울일 수 있는 공간에 화자를 붙잡아 두는 것이라고 말했다.

교육에 대한 관점 설명하기

실천 이론이라 부르든, 실천 철학이라 부르든, 교육에 대한 관점이라 부르든, 우리는 가르침에 대한 이유, 사명, 비전이 있어야 한다. 우리는 교육에 대해 어떻게 생각하는가? 우리가 최선을 다하게 만드는 원동력은 무엇인가? 우리는 무엇을 성취하고자 하는가? 교육자가 자신이 중립을 유지한다고 생각하더라도, 그 자체로 정치적 입장을 취하는 현 상황

266

을 지지하는 것이다. 집단을 촉진하기 위한 모든 내용과 전략의 선택에는, 우리가 의식하든 의식하지 않든, 바탕이 되는 의미가 있다. 교육에 대한 우리의 준거 틀과 그 안에서 우리의 역할을 명명하고 설명하는 것은 우리의 전환 과정의 일부이다.

교육자들은 다음과 같이 질문할 수 있다.

- 교육자로서 나의 관점은 무엇인가?
- 교육자로서 나의 목표는 무엇인가?
- 이러한 목표를 달성하기 위해 무엇을 해야 하며, 얼마나 성공할 수 있을까?

이러한 질문은 더 구체화할 수 있다.

- 교육자로서 나의 목적은 무엇인가?
- 이 목적과 관련하여 나의 실천을 어떻게 설명할 수 있을까?
- 나의 신념, 가치, 가정, 선호 등을 나의 가르침에 어떻게 반영할 수 있을까?
- 함께 활동하는 학습자를 어떻게 볼 것인가?
- 나의 실천에 변화를 허용하기 위해서는 어떻게 해야 하는가?
- 나는 주로 어떤 방법이나 전략을 사용하며, 그 이유는 무엇인가?
- 학습 평가에 대한 나의 견해는 어떠하며, 이는 실천에 어떻게 적용되는가?
- 나의 실천에 영향을 미치는 제약이나 저항은 무엇인가?
- 내가 잘했는지 여부를 어떻게 알 수 있는가?

267

이러한 질문에 대한 나의 대답은 다음과 같다.

성인교육자로서 나의 목적은 개인의 학습과 발전, 특히 힘을 싣고 전환적으로 만드는 것을 촉진하는 데 있다. 이 목표를 달성하기 위해 나는 학생들과의 관계를 강조한다. 나는 함께 활동하는 사람들을 진심으로 아끼고, 신뢰하며, 경험이 풍부한 전문가로서 존중한다. 나는 나의 전문성을 공유하고, 학습자들을 지원하며, 그들이 이미 알고 있는 것과 배우고 있는 것에 대해 의문을 가지도록 도전한다.

나는 내 자신의 학습 스타일과 교수 스타일, 가치, 선호 등을 인식하고, 학생들과의 관계에서 가능한 한 내가 누구인지 드러내려고 노력한다. 나는 나 자신과 나의 경험에 대한 일화, 나의 실수와 실패를 공유하고, 내가 겪고 있는 문제에 대해 함께 고민하는 것을 주저하지 않는다.

나는 대부분의 실천에서 참가자들과 협력하여 내용을 결정한다. 참가자에게 생소한 분야인 경우 내가 해당 분야를 소개하거나 개관을 제공할 수도 있고, 포함될 수 있는 몇 가지 항목에 대한 지침을 제공할 수도 있지만, 함께 활동할 구체적인 화제를 선택하는 것은 일반적으로 참가자들이다. 이러한 접근 방식은 나와 함께 활동하는 학생들이 경험과 지식이 풍부한 전문가라는 가정에서 비롯된 것이다. 내가 실천 중 사용하는 방법과 전략은 지원, 도전, 협력을 촉진하는 것이다. 나는 토의, (소)집단 활동, 팀 프로젝트, 때로는 개인 또는 독립적인 활동을 사용한다.

나는 참가자들이 배운 내용에 대해 나보다 더 잘 알고 있다고 믿기 때문에, 사람들에게 자신의 학습을 평가하도록 하고, 교육 기관에서 성적을 요구하는 경우 해당 학습을 나타내는 성적을 부여하도록 요청한다. 나는 절대 그들의 평가에 이의를 제기하거나 변경하지 않는다. 나는 채점 과정에서의 권한을 행사하지 않는다.

나는 운이 좋게도 주로 성인교육 대학원 프로그램에서 일하고 있다. 나의 실천에는 정해진 미팅 시간의 제한(온라인 교육에는 적용되지 않는다.)과 성적 제출 마감일에 대한 몇 가지 요구 사항을 제외하고는 제약이 거의 없다.

나는 학습자의 의견, 사람들의 학습 프로젝트, (소)집단 과정의 성격과 질, (소)집단 구성원 간의 논의 내용과 특성을 바탕으로 내 자신의 성공을 평가한다. 또한 하루나 학기가 끝났을 때의 기분으로 나의 성공을 판단한다.

교육에 대한 관점이나 실천 철학을 만드는 데 있어 정해진 형식이나 스타일은 없지만, 이 모델은 어느 정도 지침을 제공할 수 있다. 나는 또한 시, 그림, 사진, 삽화 등과 같은 창의적인 요소를 철학에 통합하는 것을 좋아한다.

개성화: 자아(Self)로서의 교사

제3장에서는 Jung(1971)의 개성화 개념을 사람들이 일반적이고 집단적인 사회로부터 자신을 구별하는 방식이라고 설명하였다. 사람들은 자신이 타인과 어떻게 같으면서도 다른지 알게 되는데, 이것이 바로 전환의 과정이다. 전환은 "자아(Self)"의 출현을 의미한다. 이때의 대문자 "Self"는 소문자 "self"와 구분하여, 의식과 무의식 모두를 표상하는 총체적인 심리적 구성물을 가리킨다.

교사 공동체 안에서 그리고 개인으로서, 교사로서 우리가 누구인지

269

배우는 것은 전환의 여정이다. 신규 교육자는 자신의 자리를 찾고 직업과 기관에서 기대하는 바를 배우게 된다. 그들은 적응하려고 노력하며, 그 과정에서 사회가 그들에게 기대하는 교사의 역할, 페르소나를 받아들이게 된다. 경험이 쌓이고 그 경험에 의미를 부여하면서, 교사는 교사의 페르소나와 다르기도 하고 같기도 한 자신만의 방식을 찾는다. 진정성 있는 교육자가 어떻게 만들어지는지(전환 과정)에 대한 연구에서 나와 동료는 명확한 발달 패턴을 발견하였다(Cranton & Carusetta, 2004a). 진정성의 다섯 가지 측면 각각에 대한 패턴의 개요는 다음과 같다.

〈자기 인식〉
- 교사 자아(teacher-self)와 자아(Self)의 분열
- 교사로서의 자아(Self)를 이해하기 위한 고군분투
- 자아와 가르침의 통합
- 타인과 분리되거나 동일한 자아에 대한 이해

〈타인에 대한 인식 개발〉
- 구체적이며, 의심의 여지가 없는 인식
- 주제 영역 습득과 관련된 개인차 인식
- 타인의 개인적 발달 수준에 대한 인식
- 타인의 다양성에 대한 복합적이고 다면적인 이해

〈관계 발전〉
- 규칙에 기반한 일차원적 관계
- 선호하는 본질의 관계에 대한 표현

- 다양한 맥락에서 학생들과 관계를 맺는 다양한 방식
- 타인의 진정성 발달을 강조하는 관계

〈맥락에 대한 인식 개발〉
- 맥락에 대한 융통성 없는 규칙과 일반화
- 가르침과 진정성에 미치는 맥락의 영향에 대한 인식
- 맥락 문제에 대한 비판적 질문
- 필요한 경우 맥락(시스템)에서 벗어나기

〈비판적 성찰 개발〉
- 특정 기술에 대한 비판적 성찰
- 가르침과 제도적 규범에 대한 비판적 성찰
- 보다 광범위한 문제에 대한 내용, 과정 성찰
- 전제에 대한 비판적 질문(……은 왜 중요한가?)

각 주제의 시작 단계에서 교육자는 기관이나 조직의 규칙을 따르고 대상을 흑백 방식으로 분류하고 보는 경향이 있다. 대부분의 발달 모델에서와 마찬가지로, 사람들은 세상을 더 복잡한 방식으로 보게 되고, 사회적 기대와 자신을 구별하며, 모순적으로 보이는 관점을 가질 수 있게 된다. Jung은 이러한 분석적 과정에 대하여, 잠자고 있는 성격 특성, 태도, 능력 등과 같은 개인의 무의식적 내용을 인식하고, 사회적 존재로서 자신의 역할, 즉 자신의 재능과 능력, 직업에 따라 세계에서 적합한 자신의 위치를 발견하는 단계로 설명하였다. 이를 통해 사람들은 전환의 단계에서 원래 의도했던 모습을 온전히 갖추게 된다. 무의식적 행동은

271

의식적 발달로, 목적 없는 행동은 의미로 대체된다(Sharp, 2001). 자아 (Self)로서 교사의 출현은 의식의 점진적인 발전을 뜻한다.

이 장에서 설명된 활동과 전략을 통해 교육자는 의식적으로 개성화 과정을 거치고, 이를 통해 자신의 실천에 대한 보다 명료하고 정당한 준거 틀과 교사로서 그들이 누구인가에 대한 발전된 생각을 만들 수 있다.

요약

나는 우리가 학습, 특히 실천가로서 전환학습의 중요성에 대해 충분히 생각하고 있는지 궁금하다. 학습과 발달을 통하여 우리는 가르침에 대한 기계적인 접근 방식에서 벗어나고, 이전에 수행한 활동을 반복하는 것이 아니라 우리의 실천에 의문을 제기하고 학습자의 모델이 될 수 있다.

교육자가 자기 자신을 인간이자 실천가로서 인식하는 것은 가르침에 대한 전환학습의 기초이다. 이러한 맥락에서 이 장에서는 심리학적, 사회언어학적, 인식론적 준거 틀에서 우리 자신에게 던질 수 있는 일련의 질문을 제안하였다.

가르침에 대한 가정을 명료히 표현하는 것은 준거 분석 및 위기 결정 (crisis-decision) 시뮬레이션과 같은 구조화된 활동이나, 보다 직관적인 예술 기반 전략에 참여함으로써 도움을 받을 수 있다. 학습자가 그들의 가정을 인식하기 위해 사용한 모든 과정(일지, 생애사, 결정적 사건)은, 우

272

리가 어떤 가정을 가지고 있는지 이해하는 방법으로 바뀔 수 있다.

우리의 실천과 관련된 비판적 자기 성찰과 질문은 내용, 과정, 전제 성찰의 프레임워크 안에서 이루어질 수 있다. 우리는 무엇을 해야 할까? 우리는 어떻게 그런 일을 하게 되었는가? 그것은 왜 중요한가? 직업교육 활동에 참여하고, 실행 연구에 참여하며, 영화와 소설을 통해 사회적 규범의 영향력을 발견하는 것도 가르침에 대한 우리 자신의 생각에 도전하는 데 도움이 될 수 있다.

대화는 실천에 대한 전환적인 학습자가 되기 위한 핵심이다. 성인교육자들은 지원이나 도전 없이 고립되어 있다고 느끼는 경우가 너무 많다. 여기에서는 가르침에 대한 대화를 촉진할 수 있는 환경을 조성하기 위한 다양한 전략에 대해 논의하였다.

우리가 활동에 대한 이유나 비전이 있을 때 우리는 의미 있는 선택을 할 수 있고, 우리가 하는 일에 대해 보다 전환적인 방식으로 생각할 수 있다. 이 장에서는 교육에 대한 기본 관점을 형성하는 데 사용할 수 있는 일련의 질문을 제공하였다.

개성화는 인류라는 집단으로부터 자신을 구별하고, 우리가 타인과 어떻게 같고 다른지를 배우는 과정이다. 교육자 공동체에서 개성화는 교사로서 우리가 누구인지를 교사 집단과 구별하는 것, 즉 교사가 공동체, 기관, 사회 전반에서 행동할 것으로 기대되는 방식과 구별하는 것을 의미한다. 이러한 발달 과정을 보기 위한 하나의 프레임워크로서 사람들이 어떻게 진정성을 갖게 되는지에 대한 연구 결과 몇 가지를 제시하였다.

Palmer(2000)는 다음과 같이 말했다.

원래의 자신이 되기까지는 참으로 오랜 시간이 걸릴 수 있다! 그 과정에서 우리는 자신의 얼굴이 아닌 다른 얼굴로 자신을 가리는 경우가 얼마나 많은가. 우리의 정체성, 진정한 소명의 씨앗인 인간 안의 참된 자아를 발견하기까지 우리는 얼마나 많은 자아(ego)의 해체와 흔들림을 견뎌야 하는가(9쪽).

Argyris, C., & Schon, D. A. (1974). *Theory in practice: Increasing professional effectiveness*. San Francisco, CA: Jossey-Bass.

Baumgartner, L. M. (2001). An update on transformational learning. In S. Merriam (Ed.), *The new update on adult learning theory* (pp. 15-24; New Directions for Adult and Continuing Education No. 89). San Francisco, CA: Jossey-Bass.

Baumgartner, L. M. (2012). Mezirow's theory of transformative learning from 1975 to present. In E. W. Taylor & P. Cranton (Eds.), *The handbook of transformative learning: Theory, research, and practice* (pp. 99-115). San Francisco, CA: Jossey-Bass.

Belenky, M. F., Bond, L. A., & Weinstock, J. S. (1997). *A tradition that has no name*. New York, NY: Basic Books.

Belenky, M. F., Clinchy, B. M., Goldberger, N. R., & Tarule, J. M. (1986). *Women's ways of knowing: The development of self, voice, and mind*. New York, NY: Basic Books.

Belenky, M. F., & Stanton, A. (2000). Inequality, development, and connected knowing. In J. Mezirow & Associates (Eds.), *Learning as transformation: Critical perspectives on a theory in progress* (pp. 71-102). San Francisco, CA: Jossey-Bass.

Boyd, R. D. (1985). Trust in groups: The great mother and transformative education. Paper presented at the Annual Midwest Research-to-Practice Conference in Adult and Continuing Education, Ann Arbor, University of Michigan.

Boyd, R. D. (1989). Facilitating personal transformation in small groups. *Small Group Behavior, 20*(4), 459-474.

Boyd, R. D. (1991). *Personal transformation in small groups: A Jungian perspective*. London, UK: Routledge.

Boyd, R. D., & Myers, J. B. (1988). Transformative education. *International Journal of Lifelong Education, 7*, 261-284.

Brookfield, S. D. (1986). *Understanding and facilitating adult learning*. San Francisco, CA: Jossey-Bass.

Brookfield, S. D. (1991). *Developing critical thinkers: Challenging adults to explore alternative ways of thinking and acting.* San Francisco, CA: Jossey-Bass.

Brookfield, S. D. (1995). *Becoming a critically reflective teacher.* San Francisco, CA: Jossey-Bass.

Brookfield, S. D. (2000). Transformative learning as ideology critique. In J. Mezirow & Associates (Eds.), *Learning as transformation: Critical perspectives on a theory in progress* (pp. 131-146). San Francisco, CA: Jossey-Bass.

Brookfield, S. D. (2001). Unmasking power: Foucault and adult learning. *Canadian Journal for the Study of Adult Education, 15*(1), 1-23.

Brookfield, S. D. (2003). The praxis of transformative education: African American feminist conceptualizations. *Journal of Transformative Education, 1*(3), 212-226.

Brookfield, S. D. (2005). *The power of critical theory: Liberating adult learning and teaching.* San Francisco, CA: Jossey-Bass.

Brookfield, S. D. (2012). Critical theory and transformative learning. In E. W. Taylor & P. Cranton (Eds.), *The handbook of transformative learning: Theory, research, and practice* (pp. 131-146). San Francisco, CA: Jossey-Bass.

Brookfield, S. D., & Holst, J. D. (2010). *Radicalizing learning: Adult education for a just world.* San Francisco, CA: Jossey-Bass.

Brookfield, S. D., & Preskill, S. (1999). *Discussion as a way of teaching: Tools and techniques for democratic classrooms.* San Francisco, CA: Jossey-Bass.

Brookfield, S. D., Sheared, V., Johnson-Bailey, J., & Colin, S. (2005). Racializing the discourse of adult education. In R. J. Hill & R. Keiley (Eds.), *The 46th Annual Adult Education Research Conference* (pp. 337-344). Athens, GA: The University of Georgia.

Buber, M. (1958). *I and thou* (R. G. Smith, Trans.). New York, NY: T&T Clark.

Buber, M. (1961). *Between man and man.* Glasgow, Scotland: Fontana Library.

Cain, C. (2013). *Quiet: The power of introverts in a world that cannot stop.* New York, NY: Broadway Paperbacks.

Campbell, V. N. (1964). Self-direction and programmed instruction for five different types of learning objectives. *Psychology in the Schools, 1,* 348-359.

Candy, P. (1991). *Self-direction for lifelong learning.* San Francisco, CA: Jossey-Bass.

Carter, T. (2000). The voice of relationship: Transformative learning through developmental relationships in the lives of mid-career women (Unpublished doctoral dissertation). George Washington University, Washington, DC.

Charaniya, N. K. (2012). Cultural-spiritual perspective of transformative learning. In E. W. Taylor & P. Cranton (Eds.), *The handbook of transformative learning: Theory, research, and practice* (pp. 231-244). San Francisco, CA: Jossey-Bass.

Clark, C., & Rossiter, M. (2009). Narrative learning in adulthood: Third update on adult learning theory. In S. B. Merriam (Ed.), *Third update on adult learning theory* (pp. 61-70; New Directions for Adult and Continuing Education No. 119). San Francisco, CA: Jossey-Bass.

Clark, M. C., & Wilson, A. L. (1991). Context and rationality in Mezirow's theory of transformational learning. *Adult Education Quarterly, 41* (2), 75-91.

Coady, M. M. (1939). *Masters of their own destiny.* New York, NY: Harper and Brothers.

Cohen, J. B. (2003). Hatha-yoga and transformative learning—The possibility of a union? In C. A. Wiessener, S. R. Meyer, N. Pfahl, & P. Neaman (Eds.), *Transformative learning in action: Building bridges across contexts and disciplines* (pp. 100-105; Proceedings of the Fifth International Conference on Transformative Learning, Teachers College). New York, NY: Columbia University.

Cohen, J. B. (2004). Late for school: Stories of transformation in an adult education program. *Journal of Transformative Education, 2* (2), 242-252.

Coke, P. K., Benson, S., & Hayes, M. (2015). Making meaning of experience: Navigating the transformation from graduate student to tenure-track professor. *Journal of Transformative Education, 13* (2), 110-126.

Collard, S., & Law, M. (1989). The limits of perspective transformation: A critique of Mezirow's theory. *Adult Education Quarterly, 39*, 99-107.

Cranton, P. (1994). *Understanding and promoting transformative learning.* San Francisco, CA: Jossey-Bass.

Cranton, P. (2000). Individual differences in transformative learning. In J. Mezirow & Associates (Eds.), *Learning as transformation: Critical perspectives on a theory in progress* (pp. 181-204). San Francisco, CA: Jossey-Bass.

Cranton, P. (2001). *Becoming an authentic teacher in higher education.*

Malabar, FL: Kreiger.

Cranton, P. (2003). *Finding our way: A guide for adult educators.* Toronto, Ontario: Wall and Emerson.

Cranton, P. (2005). Authenticity. In L. English (Ed.), *Encyclopedia of adult education* (pp. 79-82). London, UK: Palgrave Macmillan.

Cranton, P. (2006). *Understanding and promoting transformative learning* (2nd ed.). San Francisco, CA: Jossey-Bass.

Cranton, P. (2009). From tradesperson to teacher: A transformative transition. In J. Mezirow & E. W. Taylor (Eds.), *Transformative learning in practice: Insights from community, workplace, and higher education* (pp. 182-190). San Francisco, CA: Jossey-Bass.

Cranton, P. (2010). Transformative learning in an online environment. *International Journal of Adult Vocational Education and Technology, 1*(2), 1-9.

Cranton, P. (2011). A theory in progress. In S. B. Merriam & A. P. Grace (Eds.), *The Jossey-Bass reader on contemporary issues in adult education* (pp. 321-339). San Francisco, CA: Jossey-Bass.

Cranton, P. (2012). *Planning instruction for adult learners* (3rd ed.). Toronto, Ontario: Wall & Emerson.

Cranton, P. (2014). Distributing power through curriculum development. In V. C. X. Wang & V. Byrant (Eds.), *Andragogical and pedagogical methods for curriculum and program development* (pp. 22-34). Hershey, PA: IGI Global.

Cranton, P., & Carusetta, E. (2004a). Developing authenticity as a transformative process. *Journal of Transformative Education, 2*(4), 276-293.

Cranton, P., & Carusetta, E. (2004b). Perspectives on authenticity in teaching. *Adult Education Quarterly, 55*(1), 5-22.

Cranton, P., & Dirkx, J. (2005). Integrating theoretical perspectives through online dialogue. Paper presented at the 6th International Transformative Learning Conference, East Lansing, MI.

Cranton, P., & Knoop, R. (1995). Assessing psychological type: The PET type check. *General, Social, and Genetic Psychological Monographs, 121*(2), 247-274.

Cranton, P., & Roy, M. (2003). When the bottom falls out of the bucket: Toward a holistic perspective on transformative learning. *Journal of Transformative Education, 1*(2), 86-98.

Cranton, P., & Taylor, E. W. (2012). Transformative learning: Seeking a more unified theory. In E. W. Taylor & P. Cranton (Eds.), *The handbook of transformative learning: Theory, research, and practice* (pp. 1-20). San Francisco, CA: Jossey-Bass.

Cunningham, P. (1992). From Freire to feminism: The North American experience with critical pedagogy. *Adult Education Quarterly, 42*(3), 180-191.

Daloz, L. (1988). The story of Gladys who refused to grow. *Lifelong Learning, 2,* 47.

Daloz, L. (1999). *Mentor: Guiding the journey of adult learners.* San Francisco, CA: Jossey-Bass.

Daloz, L. (2000). Transformative learning for the common good. In J. Mezirow & Associates (Eds.), *Learning as transformation: Critical perspectives on a theory in progress* (pp. 103-124). San Francisco, CA: Jossey-Bass.

Dewey, J. (1933). *How we think.* New York, NY: Heath.

Dewey, J. (1938). *Experience and education.* New York, NY: Collier Books.

Dirkx, J. (1997). Nurturing soul in adult education. In P. Cranton (Ed.), *Transformative learning in action: Insights from practice* (pp. 79-88; New Directions for Adult and Continuing Education No. 74). San Francisco, CA: Jossey-Bass.

Dirkx, J. (1998). Transformative learning theory in the practice of adult education: An overview. *PAACE Journal of Lifelong Learning, 7,* 1-14.

Dirkx, J. (2000). After the burning bush: Transformative learning as imaginative engagement with everyday experience. In C. A. Wiessner, S. Meyer, & D. Fuller (Eds.), *Challenges of practice: Transformative learning in action* (pp. 247-252; Proceedings of the Third International Conference on Trans-formative Learning, Teachers College). New York, NY: Columbia University.

Dirkx, J. (2001a). Images, transformative learning and the work of soul. *Adult Learning, 12*(3), 15-16.

Dirkx, J. (2001b). The power of feelings: Emotion, imagination, and the construction of meaning in adult learning. In S. Merriam (Ed.), *The new update on adult learning theory* (pp. 63-72; New Directions for Adult and Continuing Education No. 89). San Francisco, CA: Jossey-Bass.

Dirkx, J. (2012). Nurturing soul work: A Jungian approach to transformative learning. In E. W. Taylor & P. Cranton (Eds.), *The handbook of trans-*

formative learning: Theory, research, and practice (pp. 116–130). San Francisco, CA: Jossey–Bass.

Dirkx, J. M., Mezirow, J., & Cranton, P. (2006). Musings and reflections on the meaning, context, and process of transformative learning: A dialogue between John M. Dirkx and Jack Mezirow. *Journal of Transformative Education, 4*(2), 123–139.

Dominice, P. (2000). *Learning from our lives: Using educational biographies with adults.* San Francisco, CA: Jossey–Bass.

Ebert, O., Burford, M. L., & Brian, D. (2003). Highlander: Education for change. *Journal of Transformative Education, 1*(4), 321–340.

English, L. M. (2004). Feminine/feminist: A poststructural reading of relational learning in women's social action organizations. Proceedings of the Joint Adult Education Research Conference and Canadian Association for the Study of Adult Education 23rd National Conference, May 28–30, 2004, University of Victoria, Victoria, British Columbia. Retrieved from http://www.oise.utoronto.ca/CASAE/cnf2004/2004onlineProceedings/E_G.pdf

English, L. M., & Irving, C. U. (2012). Women and transformative learning. In E. W. Taylor & P. Cranton (Eds.), *The handbook of transformative learning: Theory, research, and practice* (pp. 245–259). San Francisco, CA: Jossey–Bass.

Feller, A., Jensen, A., Marie, D., Peddigrew, B., Clinchard–Sepeda, L., & Campbell, E. (2004). Quadrinity online: Toward a fuller expression of trans–formative learning. *Journal of Transformative Education, 2*(3), 219–230.

Fenwick, T. (1998). Questioning the concept of the learning organization. In S. M. Scott, B. Spencer, & A. M. Thomas (Eds.), *Learning for life: Canadian readings in adult education.* Toronto, Ontario: Thompson.

Flanagan, J. (1954). The critical incident technique. *Psychological Bulletin, 51,* 132–136.

Foucault, M. (1980). *Power/knowledge: Selected interviews and other writings 1972–1977.* New York, NY: Pantheon.

Frankl, V. (1984). *Man's search for meaning.* New York, NY: Touchstone.

Freire, P. (1970). *Pedagogy of the oppressed.* New York, NY: Herder and Herder.

Freud, S. (1963). *Civilization and its discontents.* London, UK: Hogarth Press.

Gardner, H., Kornhaber, M. L., & Wake, W. K. (1996). *Intelligence: Multiple perspectives*. New York, NY: Harcourt Brace.

Gilly, M. S. (2004). Experiencing transformative education in the "corridors" of a nontraditional doctoral program. *Journal of Transformative Education, 2*(3), 231–242.

Goleman, D. (1998). *Working with emotional intelligence*. New York, NY: Bantam Books.

Goleman, D. (2011). *The brain and emotional intelligence: New insights*. Northampton, MA: More Than Sound.

Gozawa, J. (2003). Transforming learning as disorienting dilemma. In C. A. Wiessner, S. R. Meyer, N. Pfhal, & P. Neaman (Eds.), *Transformative learning in action: Building bridges across contexts and disciplines* (pp. 202–207; Proceedings of the Fifth International Conference on Transformative Learning, Teachers College). New York, NY: Columbia University.

Greene, M. (1995). *Releasing the imagination: Essays on education, the arts, and social change*. San Francisco, CA: Jossey–Bass.

Gunnlaugson, O. (2003). Toward an integral education for the ecozoic era: A case study in transforming the global learning community of Holma College of Integral Studies. *Journal of Transformative Education, 2*(4), 313–335.

Habermas, J. (1971). *Knowledge and human interests*. Boston, MA: Beacon Press.

Habermas, J. (1984). *The theory of communicative action*. Boston, MA: Beacon Press.

Harrison, J. (1961). *Learning and living 1790–1960*. London, UK: Routledge and Kegan Paul.

Hart, M. (1990). Critical theory and beyond: Further perspectives on emancipatory education. *Adult Education Quarterly, 40*, 125–138.

Hayes, E., & Flannery, D. (2000). *Women as learners: The significance of gender in adult learning*. San Francisco, CA: Jossey–Bass.

Herman, L. (2003). Engaging the disturbing images of evil. In C. A. Wiessner, S. R. Meyer, N. Pfhal, & P. Neaman (Eds.), *Transformative learning in action: Building bridges across contexts and disciplines* (pp. 246–248; Proceedings of the Fifth International Conference on Transformative Learning, Teachers College). New York, NY: Columbia University.

Hillman, J. (2000). Peaks and vales. In B. Sells (Ed.), *Working with images*. Woodstock, CT: Spring Publishers.

Hollis, J. (1998). *Eden project: In search of the magical other*. Toronto, Ontario: Inner City Books.

Hollis, J. (2001). *Creating a life: Finding your individual path*. Toronto, Ontario: Inner City Books.

Jarvis, P. (1992). *Paradoxes of learning: Becoming an individual in society*. San Francisco, CA: Jossey−Bass.

Johanson, F. (Producer), & Newell, M. (Director). (2003). *Mona Lisa smile* [Motion picture]. United States: Columbia Pictures.

Johnson, R. (2003). Autobiography and transformative learning: Narrative in search of self. *Journal of Transformative Education, 1*(3), 227−245.

Jung, C. (1968). *Analytical psychology: Its theory and practice*. New York, NY: Random House.

Jung, C. (1971). *Psychological types*. Princeton, NJ: Princeton University Press. (Original work published 1921).

Kasl, E., & Elias, D. (2000). Creating new habits of mind in small groups. In J. Mezirow & Associates (Eds.), *Learning as transformation: Critical perspectives on a theory in progress* (pp. 229−252). San Francisco, CA: Jossey−Bass.

Kasl, E., Marsick, V. J., & Dechant, K. (1997). Teams as learners: A research−based model of team learning. *Journal of Applied Behavioral Science, 33*, 227−246.

Kasl, E., & Yorks, L. (2012). Learning to be what we know: The pivotal role of presentational knowing in transformative learning. In E. W. Taylor & P. Cranton (Eds.), *The handbook of transformative learning: Theory, research, and practice* (pp. 503−519). San Francisco, CA: Jossey−Bass.

Kegan, R. (1994). *In over our heads*. Cambridge, MA: Harvard University Press.

Kegan, R. (2000). What "form" transforms? A constructive−developmental approach to transformative learning. In J. Mezirow & Associates (Eds.), *Learning as transformation: Critical perspectives on a theory in progress* (pp. 35−70). San Francisco, CA: Jossey−Bass.

King, P., & Kitchener, K. (1994). *Developing reflective judgment*. San Francisco, CA: Jossey−Bass.

282

Knowles, M. (1975). *Self-directed learning: A guide for learners and teachers.* Chicago, IL: Follett.

Knowles, M. (1980). *The modern practice of adult education: From pedagogy to andragogy.* New York, NY: Cambridge.

Kolb, D. (1984). *Experiential learning: Experience as the source of learning and development.* Englewood Cliffs, NJ: Prentice Hall.

Kolb, D. (1999). *Learning style inventory.* Boston, MA: Hay/McBer.

Kolb, D. (2015). *Experiential learning: Experience as the source of learning and development* (2nd ed.). Englewood Cliffs, NJ: Prentice Hall.

Kreber, C. (2012). Critical reflection and transformative learning. In E. W. Taylor & P. Cranton (Eds.), *The handbook of transformative learning: Theory, research, and practice* (pp. 323-341). San Francisco, CA: Jossey-Bass.

Kroth, M., & Cranton, P. (2014). *Stories of transformative learning.* Rotterdam, the Netherlands: Sense.

Kucukaydin, I. (2010). Counter-learning under oppression. *Adult Education Quarterly, 60*(3), 215-232.

Kucukaydin, I., & Cranton, P. (2012). Participatory learning in formal adult education contexts. *International Journal of Adult Vocational Education and Technology, 3*(1), 1-13.

Lawrence, R. (2012). Transformative learning through artistic expression: Getting out of our heads. In E. W. Taylor & P. Cranton (Eds.), *The handbook of transformative learning: Theory, research, and practice* (pp. 471-485). San Francisco, CA: Jossey-Bass.

Lennard, D., Thompson, T., & Booth, G. (2003). The artist's inquiry: Fostering transformative learning through the arts. In C. A. Wiessner, S. R. Meyer, N. Pfhal, & P. Neaman (Eds.), *Transformative learning in action: Building bridges across contexts and disciplines* (pp. 269-273; Proceedings of the Fifth International Conference on Transformative Learning, Teachers College). New York, NY: Columbia University.

Lin, L., & Cranton, P. (2004). Dancing to different drummers: Individual differences and online learning. *Creative College Teaching Journal, 1*(1), 30-40.

Lindeman, E. C. (1926). *The meaning of adult education.* New York, NY: New Republic.

MacKeracher, D. (2004). *Making sense of adult learning* (2nd ed.). Toronto, Ontario: University of Toronto Press.

MacKeracher, D. (2009). Social change in historical perspective. In P. Cranton & L. M. English (Eds.), *Reaching out across the border: Canadian perspectives in adult education* (pp. 25–36; New Directions for Adult and Continuing Education No. 124). San Francisco, CA: Jossey–Bass.

MacKeracher, D. (2012). The role of experience in transformative learning. In E. W. Taylor & P. Cranton (Eds.), *The handbook of transformative learning: Theory, research, and practice* (pp. 342–354). San Francisco, CA: Jossey–Bass.

Marcuse, H. (1978). *The aesthetic dimension: Toward a critique of Marxist aesthetics.* Boston, MA: Beacon Press.

Markos, L., & McWhinney, W. (2004). Editors' perspectives: Building on and toward a shared vision. *Journal of Transformative Education, 2*(2), 75–79.

Mejiuni, O. (2012). *Women and power: Education, religion and identity.* Ibadan, Nigeria: University Press.

Merriam, S. (2004). The role of cognitive development in Mezirow's trans—formative learning theory. *Adult Education Quarterly, 55*(1), 60–68.

Merriam, S., & Brockett, R. (1997). *The profession and practice of adult education: An introduction.* San Francisco, CA: Jossey–Bass.

Mezirow, J. (1975). *Education for perspective transformation: Women's reentry programs in community colleges.* New York, NY: Center for Adult Education, Teachers College, Columbia University.

Mezirow, J. (1978). Perspective transformation. *Adult Education, 28,* 100–110.

Mezirow, J. (1981). A critical theory of adult learning and education. *Adult Education, 32,* 3–24.

Mezirow, J. (1985). A critical theory of self–directed learning. In S. Brookfield (Ed.), *Self–directed learning: From theory to practice* (pp. 17–30; New Directions for Continuing Education No. 25). San Francisco, CA: Jossey–Bass.

Mezirow, J. (1989). Transformative learning and social action: A response to Collard and Law. *Adult Education Quarterly, 39,* 169–175.

Mezirow, J. (Ed.). (1990). *Fostering critical reflection in adulthood: A guide to transformative and emancipatory learning.* San Francisco, CA: Jossey–Bass.

Mezirow, J. (1991). *Transformative dimensions of adult learning.* San Francisco,

CA: Jossey-Bass.

Mezirow, J. (1997). Transformative theory out of context. *Adult Education Quarterly, 48*(1), 60-62.

Mezirow, J. (2000). Learning to think like an adult. In J. Mezirow & Associates (Eds.), *Learning as transformation: Critical perspectives on a theory in progress* (pp. 3-33). San Francisco, CA: Jossey-Bass.

Mezirow, J. (2003a). Epistemology of transformative learning. In C. Wiessner, S. Meyer, N. Pfhal, & P. Neaman (Eds.), *Transformative learning in action: Building bridges across contexts and disciplines* (pp. 310-314; Proceedings of the Fifth International Conference on Transformative Learning, Teachers College). New York, NY: Columbia University.

Mezirow, J. (2003b). Transformative learning as discourse. *Journal of Transformative Education, 1*(1), 58-63.

Mezirow, J. (2004). Forum content on Sharan Merriam's "The role of cognitive development in Mezirow's transformational learning theory." *Adult Education Quarterly, 55*(1), 69-70.

Mezirow, J. (2012). Learning to think like an adult: Core concepts of transformation theory. In E. W. Taylor & P. Cranton (Eds.), *The handbook of transformative learning: Theory, research, and practice* (pp. 73-96). San Francisco, CA: Jossey-Bass.

Moore, J. (2005). Is higher education ready for transformative learning? A question explored in the study of sustainability. *Journal of Transformative Education, 3*(1), 76-91.

Moore, T. (1996). *The re-enchantment of everyday life.* New York, NY: HarperCollins.

Myers, I. B. (1980). *Gifts differing.* Palo Alto, CA: Consulting Psychologists Press.

Nesbit, T. (2004). Class and teaching. In R. St. Clair & J. A. Sandlin (Eds.), *Promoting critical practice in adult education* (pp. 15-24; New Directions for Adult and Continuing Education No. 102). San Francisco, CA: Jossey-Bass.

Nesbit, T., Brigham, S. M., Taber, N., & Gibb, T. (2013). *Building on critical traditions: Adult education and learning in Canada.* Toronto, Ontario: Thompson.

Newman, M. (2012). Calling transformative learning into question: Some mutinous thoughts. *Adult Education Quarterly, 62*(1), 36–55.

O'Hara, M. (2003). Cultivating consciousness: Carl R. Rogers' person–centered group process as transformative andragogy. *Journal of Transformative Education, 1*(1), 64–79.

Ontario Institute for Studies in Education. (2004, November). *The Transformative Learning Centre.* Retrieved from http://legacy.oise.utoronto.ca/research/tlcent re/about.html

O'Sullivan, E. (2003). The ecological terrain of transformative learning: A vision statement. In C. A. Wiessner, S. R. Meyer, N. Pfhal, & P. Neaman (Eds.), *Transformative learning in action: Building bridges across contexts and disciplines* (pp. 352–357; Proceedings of the Fifth International Conference on Transformative Learning, Teachers College). New York, NY: Columbia University.

O'Sullivan, E. (2012). Deep transformation: Forging a planetary world view. In E. W. Taylor & P. Cranton (Eds.), *The handbook of transformative learning: Theory, research, and practice* (pp. 162–177). San Francisco, CA: Jossey–Bass.

Palmer, P. (1998). *The courage to teach: Exploring the inner landscape of a teacher's life.* San Francisco, CA: Jossey–Bass.

Palmer, P. (2000). *Let your life speak: Listening for the voice of vocation.* San Francisco, CA: Jossey–Bass.

Palmer, P. (2004). *A hidden wholeness: The journey toward an undivided life.* San Francisco, CA: Jossey–Bass.

Perry, W. G. (1970). *Forms of intellectual and ethical development in the college years.* Austin, TX: Holt, Rinehart, & Winston.

Pratt, D. D., & Collins, J. B. (2014). *Teaching Perspectives Inventory* [Online measurement instrument]. Retrieved from http://www.teachingperspectives. com/

Progoff, I. (1992). *At a journal workshop: Writing to ace the power of the unconscious and evoke creative ability.* New York, NY: Penguin Putnam.

Quindlen, A. (2002). *Blessings.* New York, NY: Random House.

Robinson, P. (2004). Meditation: Its role in transformative learning and the fostering of an integrative vision for higher education. *Journal of Trans–formative Education, 2*(2), 107–122.

Rogers, C. R. (1961). *On becoming a person: A therapist's view of psycho-therapy*. Boston, MA: Houghton Mifflin.

Sawyer, L. (2003). Transformative learning at the intersection of body, mind, and spirit. In C. A. Wiessner, S. R. Meyer, N. Pfhal, & P. Neaman (Eds.), *Transformative learning in action: Building bridges across contexts and disciplines* (pp. 369-374; Proceedings of the Fifth International Conference on Transformative Learning, Teachers College). New York, NY: Columbia University.

Schapiro, S. A., Wasserman, I. L., & Gallegos, P. V. (2012). Group work and dialogue: Spaces and processes for transformative learning in relationships. In E. W. Taylor & P. Cranton (Eds.), *The handbook of transformative learning: Theory, research, and practice* (pp. 355-372). San Francisco, CA: Jossey-Bass.

Scott, S. (2003). The social construction of transformation. *Journal of Transformative Education, 1*(3), 264-284.

Senge, P. M. (1990). *The fifth discipline: The art and practice of the learning organization*. New York, NY: Doubleday.

Shahjahan, R. A. (2004). Centering spirituality in the academy: Toward a transformative way of teaching and learning. *Journal of Transformative Education, 2*(4), 294-312.

Sharp, D. (1987). *Personality types: Jung's model of typology*. Toronto, Ontario: Inner City Books.

Sharp, D. (2001). *Digesting Jung: Food for the journey*. Toronto, Ontario: Inner City Books.

Smith, S. (2004). Insider and outsider status: An African American perspective. In M. Wise & M. Glowacki-Dudka (Eds.), *Embracing and enhancing the margins of adult education* (pp. 57-65; New Directions for Adult and Continuing Education No. 104). San Francisco, CA: Jossey-Bass.

Stuckey, H., Taylor, E. W., & Cranton, P. (2014). Assessing transformative learning processes and outcomes. *Journal of Transformative Education, 11*(4), 211-228.

Taylor, E. W. (2000). Analyzing research on transformative learning theory. In J. Mezirow & Associates (Eds.), *Learning as transformation: Critical perspectives on a theory in progress* (pp. 285-328). San Francisco, CA:

Jossey—Bass.

Taylor, E. W. (2008). Transformative learning theory. In S. B. Merriam (Ed.), *Third update on adult learning theory* (pp. 5–16; New Directions for Adult and Continuing Education No. 119). San Francisco, CA: Jossey—Bass.

Taylor, E. W. (2009). Fostering transformative learning. In J. Mezirow & E. W. Taylor (Eds.), *Transformative learning in practice: Insights from community, workplace, and higher education* (pp. 3–17). San Francisco, CA: Jossey—Bass.

Taylor, E. W., & Snyder, M. (2012). A critical review of research on transformative learning theory, 2006–2010. In E. W. Taylor & P. Cranton (Eds.), *The handbook of transformative learning: Theory, research, and practice* (pp. 37–55). San Francisco, CA: Jossey—Bass.

Taylor, K. (2000). Teaching with developmental intention. In J. Mezirow & Associates (Eds.), *Learning as transformation: Critical perspective on a theory in progress* (pp. 151–180). San Francisco, CA: Jossey—Bass.

Taylor, K., & Elias, D. (2012). Transformative learning: A developmental perspective. In E. W. Taylor & P. Cranton (Eds.), *The handbook of transformative learning: Theory, research, and practice* (pp. 147–161). San Francisco, CA: Jossey—Bass.

Tennant, M. (1993). Perspective transformation and adult development. *Adult Education Quarterly, 44*(1), 34–42.

Tennant, M. (2012). *The learning self: Understanding the potential for transformation.* San Francisco, CA: Jossey—Bass.

Tisdell, E. J. (2003). *Exploring spirituality and culture in adult and higher education.* San Francisco, CA: Jossey—Bass.

Tisdell, E. J., & Tolliver, D. E. (2001). The role of spirituality in culturally relevant and transformative adult education. *Adult Learning, 12*(3), 13–14.

Torres, C. A. (2003). Paulo Freire, education and transformative social justice learning. In C. A. Wiessner, S. R. Meyer, N. Pfhal, & P. Neaman (Eds.), *Transformative learning in action: Building bridges across contexts and disciplines* (pp. 427–430; Proceedings of the Fifth International Conference on Transformative Learning, Teachers College). New York, NY: Columbia University.

Tyler, J. A., & Swartz, A. L. (2012). Storytelling and transformative learning. In

E. W. Taylor & P. Cranton (Eds.), *The handbook of transformative learning: Theory, research, and practice* (pp. 455-470). San Francisco, CA: Jossey-Bass.

Vella, J. (2002). *Learning to listen, learning to teach: The power of dialogue in educating adults.* San Francisco, CA: Jossey-Bass.

Watkins, K., & Marsick, V. J. (1993). *Sculpting the learning organization: Lessons in the art and science of systemic change.* San Francisco, CA: Jossey-Bass.

Watkins, K. E., Marsick, V. J., & Faller, P. G. (2012). Transformative learning in the workplace: Leading learning for self and organizational change. In E. W. Taylor & P. Cranton (Eds.), *The handbook of transformative learning: Theory, research, and practice* (pp. 373-387). San Francisco, CA: Jossey-Bass.

Watkins, M. (2000). *Invisible guests: The development of imaginal dialogue.* Woodstock, CT: Spring Publishers.

Wiessner, C. A. (2000). Passin' it on. In C. A. Wiessner, S. Meyer, & D. Fuller (Eds.), *Challenges of practice: Transformative learning in action* (pp. 147-152; Proceedings of the Third International Conference on Transformative Learning, Teachers College). New York, NY: Columbia University.

Wiessner, C. A., & Mezirow, J. (2000). Theory building and the search for common ground. In J. Mezirow & Associates (Eds.), *Learning as transformation: Critical perspectives on a theory in progress* (pp. 329-358). San Francisco, CA: Jossey-Bass.

Wright, B., Cranton, P., & Quigley, A. (2007). Literacy educators' perspectives of transformation and authenticity. Paper presented at the 48th Annual Adult Education Research Conference, Halifax, Nova Scotia.

Yorks, L., & Marsick, V. J. (2000). Organizational learning and transformation. In J. Mezirow & Associates (Eds.), *Learning as transformation: Critical perspectives on a theory in progress* (pp. 253-281). San Francisco, CA: Jossey-Bass.

Yukl, G. (1989). *Leadership in organizations* (2nd ed.). Upper Saddle River, NJ: Prentice-Hall.

인 명

Argyris, C. 80

Baumgartner, L. M. 9, 47, 69
Belenky, M. F. 8, 26, 47, 56, 72, 73,
　145, 167, 231, 265
Benson, S. 50, 255
Bloom, B. 204
Bond, L. A. 167
Booth, G. 83
Boyd, R. D. 83, 84, 85, 235
Brian, D. 76
Brigham, S. M. 7
Brockett, R. 28
Brookfield, S. 7, 8, 10, 21, 22, 29,
　51, 53, 72, 77, 78, 91, 99, 103,
　149, 154, 157, 159, 160, 161, 162,
　163, 169, 176, 177, 178, 182, 186,
　187, 188, 207, 209, 219, 220, 236,
　246, 248
Buber, M. 229, 233
Burford, M. L. 76

Cain, C. 125
Campbell, E. 185
Candy, P. 20, 186
Carter, T. 74

Carusetta, E. 111, 165, 167, 255, 270
Charaniya, N. K. 8
Clark, C. 116
Clark, M. C. 69
Clinchy, B. M. 56, 73
Coady, M. M. 75, 76, 184
Cohen, J. B. 70, 111
Coke, P. K. 50, 255
Colin, S. 51, 103
Collard, S. 69, 75
Collins, J. B. 10, 152, 154, 155, 156,
　257
Cranton, P. 7, 18, 23, 28, 63, 73, 74,
　78, 83, 87, 89, 92, 95, 101, 104,
　111, 113, 116, 123, 135, 142, 151,
　153, 164, 165, 167, 181, 183, 188,
　192, 200, 204, 223, 232, 233, 234,
　255, 270
Cunningham, P. 75

Daloz, L. 47, 70, 199, 229, 230
Davis, A. 77
Dechant, K. 80
Dewey, J. 21, 60, 216
Dirkx, J. 8, 18, 26, 49, 59, 69, 70,
　84, 85, 88, 91, 92, 105, 106, 107,
　108, 116, 117, 123, 144, 221
Dominicé, P. 211, 212

291

내용

저자 소개

■ Patricia Cranton(1949~2016)

Patricia Cranton은 성인교육과 전환학습 분야에서 세계적으로 널리 알려진 권위자이다. 1976년 토론토대학교에서 박사학위를 취득한 후, 미국과 캐나다의 여러 대학에서 교수로 재직하며 학문적 기여를 이어 갔다. Jack Mezirow가 제안한 전환학습 이론을 심화하고, 이를 실천적으로 적용할 수 있는 다양한 접근법을 제시하며 이론의 발전에 크게 기여했다. 특히 성인학습자가 자신의 경험과 신념을 비판적으로 성찰함으로써 더 깊은 이해와 변화를 이루는 과정을 탐구한 연구로 주목받았다. 2016년 67세의 나이로 별세하였으며, 그녀의 학문적 업적을 기리기 위해 2018년부터 패트리샤 크랜턴 우수 학위논문상(Patricia Cranton Distinguished Dissertation Award)이 제정되어 전환학습 분야에서 우수한 박사학위 논문에 수여되고 있다.

역자 소개

■ 장성민(Chang Sung Min)

인하대학교 국어교육과 교수이다. 서울대학교 국어교육과에서 학부와 대학원을 졸업했다. 서울문영여자고등학교 교사, 한국교육과정평가원 부연구위원 등을 거쳤다. 작문, 독서, 화법 교육 및 생성형 인공지능 시대의 리터러시 실천에 대한 연구를 주로 진행해 왔다. 주요 논저로 『AI 시대의 글쓰기』(커뮤니케이션북스, 2024), 『리터러시교육론』(사회평론아카데미, 2025) 등이 있으며, "인공지능 활용 국어능력 진단체계 개발 기초 연구"(국립국어원, 2022), "중등 국어 AI 디지털교과서 서비스 모델 프로토타입 개발 연구"(한국교육학술정보원, 2024), "읽걷쓰 교육 프로그램 운영을 위한 모듈형 학습 프레임워크 개발 연구"(인천광역시교육청학생교육원, 2024) 등의 연구 과제를 수행하였다.

성찰로 학습하기:
전환학습의 이해와 촉진
UNDERSTANDING AND PROMOTING
TRANSFORMATIVE LEARNING:
A Guide to Theory and Practice

2025년 4월 5일 1판 1쇄 인쇄
2025년 4월 15일 1판 1쇄 발행

지은이 • Patricia Cranton
옮긴이 • 장성민
펴낸이 • 김진환
펴낸곳 • (주) **학지사**

04031 서울특별시 마포구 양화로 15길 20 마인드월드빌딩
대표전화 • 02)330-5114   팩스 • 02)324-2345
등록번호 • 제313-2006-000265호

홈페이지 • http://www.hakjisa.co.kr
인스타그램 • https://www.instagram.com/hakjisa

ISBN 978-89-997-3395-6   93370

정가 17,000원

출판미디어기업 **학지사**
간호보건의학출판 **학지사메디컬** www.hakjisamd.co.kr
심리검사연구소 **인싸이트** www.inpsyt.co.kr
학술논문서비스 **뉴논문** www.newnonmun.com
교육연수원 **카운피아** www.counpia.com
대학교재전자책플랫폼 **캠퍼스북** www.campusbook.co.kr